译文经典

心灵、自我与社会
Mind, Self and Society

George H. Mead

〔美〕乔治·H.米德 著

赵月瑟 译

上海译文出版社

目 录

编者序言 ·································· 001

编者导言 ·································· 001

第一篇　社会行为主义的观点

1. 社会心理学与行为主义 ························ 001
2. 态度在行为主义研究中的意义 ··················· 009
3. 姿态在行为主义研究中的意义 ··················· 015
4. 平行论在心理学中的兴起 ······················ 021
5. 平行论与"意识"的歧义性 ····················· 031
6. 行为主义的纲领 ·························· 037

第二篇　心　灵

7. 冯特与姿态这个概念 ························ 047
8. 模仿以及语言的起源 ························ 057

9. 有声的姿态与表意的符号 ……………………………… 069

10. 思想、交流和表意的符号 ……………………………… 077

11. 意义 ………………………………………………………… 086

12. 普遍性 ……………………………………………………… 093

13. 反思智能的本质 …………………………………………… 104

14. 行为主义、华生主义与反思 …………………………… 115

15. 行为主义与心理学平行论 ……………………………… 125

16. 心灵与符号 ………………………………………………… 133

17. 心灵与反应及环境的关系 ……………………………… 142

第三篇 自 我

18. 自我与有机体 ……………………………………………… 153

19. 自我产生的背景 …………………………………………… 164

20. 玩耍、游戏、泛化的他人 ……………………………… 173

21. 自我与主体 ………………………………………………… 186

22. "主我"与"客我" ……………………………………… 197

23. 社会态度与物理世界 …………………………………… 203

24. 作为社会过程之个体输入的心灵 ……………………… 212

25. 作为自我的两个方面的"主我"与"客我" ………… 218

26. 自我在社会情境中的实现 ……………………………… 228

27. "客我"与"主我"的贡献 …………………………… 238

28. 突现的自我的社会创造力 ……………………………… 243

29. 个人主义自我理论与社会自我理论的对比 ………… 253

第四篇　社　会

30. 人类社会的基础：人与昆虫 ………………………… 258
31. 人类社会的基础：人与脊椎动物 …………………… 269
32. 有机体、共同体与环境 ……………………………… 277
33. 思想与交流的社会基础及功能 ……………………… 285
34. 共同体与制度 ………………………………………… 294
35. "主我"与"客我"在社会活动中的融合 …………… 308
36. 民主与社会中的普遍性 ……………………………… 317
37. 对宗教态度和经济态度的进一步思考 ……………… 326
38. 同情的本质 …………………………………………… 336
39. 冲突与整合 …………………………………………… 341
40. 人格与理性在社会组织中的作用 …………………… 349
41. 理想社会发展中的障碍与前景 ……………………… 356
42. 概要与结论 …………………………………………… 368

补充论文

1. 意象在行动中的作用 ………………………………… 378
2. 生物学个体 …………………………………………… 388

3. 自我与反思过程 ………………………………… 395
4. 伦理学片断 ……………………………………… 422

乔治·赫伯特·米德著作表 ……………………… 435

译后记 …………………………………………………… 442

编者序言

本书展示了乔治·H.米德社会心理学体系的基本轮廓。米德的观点是自 1900 年以来在芝加哥大学讲授"社会心理学"课程的过程中展开的。这门课名气很大，影响颇广。一年又一年，对心理学、社会学、语言学、教育学、慈善事业和哲学感兴趣的学生来听这门课，往往一听数年；一本接一本书，证明了米德的思想对其众多学生的影响。对于那些有着同样兴趣的人来说，本书包含的许多内容将是很有价值的。对于米德的许多听众来说，他的人本主义的博学的观点逐渐成为他们确定整个理智生活和评价生活方向的焦点。这门社会心理学课程奠定了米德思想的基础。实际上，米德是个科学家；他在哲学上的详细阐述和对社会活动的参与都以此为基础。在本书之后还将出版《19 世纪思想运动》和《行动哲学》。这三本书合起来可以体现米德的三个主要研究领域：社会心理学和社会哲学，思想史，系统的实用主义。已经出版的《当代哲学》则是这几本书的补充。《当代哲学》系阿瑟·E. 墨菲编, 芝加哥欧彭考特出版公司 1932 年出版。

虽然米德教授发表了许多社会心理学方面的论文（如本书末的著作表所示），他却从未用更长的篇幅把自己的观点和结论系统地表述出来。本书旨在通过整理材料以及在适当地方参考已发表的文章来做这个系统化的工作。它将给人们提供一条进入乔治·H. 米德的理智世界的自然通道。

这里所用的材料以前都未发表过。本书主要由两套出色的学生课堂笔记构成, 加上从其他一些笔记上所作的摘录和从米德先生几份未发表的手稿中作的摘选。我们用 1927 年社会心理学课程的一个速记稿作为基本材料。这套笔记以及其他课程几个类似的笔记得以保存, 多亏了乔治·阿纳诺斯先生的热心和先见之明。作为一名学生, 他意识到米德先生这些往往不用讲稿的讲演材料至关重要。他找到阿尔文·卡勒斯先生这位和他有同感的合作者。卡勒斯能够提供必需的资金雇人把各门课程逐字记录下来。这些材料的完整程度各有不同, 但是作为本书基本材料的记录稿相当完整。整本书并不是法庭记录, 但它无疑是对一位大思想家最后几年思想的充分而可靠的记录。这份材料现保存在芝加哥大学哲学系。

这份基本的记录稿得到另一名忠实学生罗伯特·佩奇先生准确而完整的笔记的补充。他这些笔记的特殊价值在于它们是1930年的笔记，而那是芝加哥大学以完整的形式开设该课程的最后一年。1927年的材料经过重新整理，删除不必要的重复，作了文体上的修订，然后插入了1930年的部分材料，正文和脚注中都有这种补充。对其他课程的材料也作了这样的利用，只是要少得多。凡从1927年和1930年之外的本子里所作的摘录，都在摘录文字后面标明了年份。从手稿中作的摘引也都随后标明"手稿"字样。所有标题都系编者所加。编者所作的其他补充则括在方括号里。

补充论文1、2、3放在一起，实际上构成了一部未发表的手稿。论文4系根据1927年基础伦理学课程的一套速记本汇编而成。感谢阿纳诺斯先生、卡勒斯先生和佩奇先生，我们所用的大部分材料得自他们的帮助。T. V. 史密斯教授和赫伯特·布卢默教授审读了手稿的某些部分并作了评注。约翰·M. 布鲁斯特先生和艾伯特·M. 邓纳姆教授花费大量时间介绍他们所熟悉的米德的观点。热情提供课堂笔记的学生很多，无法一一提及，但我要向他们表达诚挚的谢意。有关文献目录的工作主要由邓纳姆教授承担，布鲁斯特先生、V. 刘易斯·巴锡先生以及梅里特·H. 穆尔教授也撰写了部分条目。阿瑟·C. 伯格霍茨先生负责文献目录的定稿。芝加哥大学人文主义研究委员会的允准，给我准备书稿以宝贵的援助。雷切尔·W. 史蒂文森夫人负责纠正混乱的标点。詹姆斯·H. 塔夫茨教授帮助审读校样。我妻子帮助编写索引。编辑本书的每一步都得到大学出版社工作人员的有效帮助。

我完全明白，我们共同所作的一切努力，并未能产生一本如我们所希望的由乔治·H. 米德本人撰写的著作。不过即使米德能活得更长一些，他也不会动手把这材料写成书。他不是一个体系的写作者，这是因为事实上他始终忙于建造一个体系。他思想的内在发展极为丰富，不允许他把自己的思想摆进整齐的阵势。他的天才最充分地表现在课堂上。也许这样的一本书，启发式的、透彻的、未完成的、会话式的书，是最适合他思想的形式；30年来，米德先生的社会心理学讲演在他的听众中声名卓著，但听众人数毕竟有限，也许这样一本书能够把他"思想的冒险"（借用怀特海先生的警句）介绍给时空上更为广泛的读者。

C. W. 莫里斯

编者导言
身为社会心理学家和
社会哲学家的米德

一

在哲学上，米德是一位实用主义者；在科学上，他是一位社会心理学家。他属于一种古老传统，即亚里士多德、笛卡儿、莱布尼茨的传统，罗素、怀特海、杜威的传统。这一传统看不到科学活动与哲学活动之间有任何明显区别或对立，而且它的成员本身既是科学家又是哲学家。这些在自己的科学活动中为其哲学提供养料的人对于哲学作出的贡献是不大会被过分强调的。米德在他的一次讲演中说："一个时期的哲学总是解释这一时期最可靠的知识的尝试。"虽然这句话也许需要根据价值考虑在哲学概括中的地位作出限定，它却为研究米德自己的发展以及研究一般实用主义提供了线索。

到上个世纪末，没有一项知识比生物进化论看上去更为可靠。这一理论显著地引起人们注意到世上发展变化的因素，正如物理学和数学以前曾显示结构稳定的要素一样。这种理论意味着，不单是人类有机体，而且心灵的整个生活，都必须在进化发展的范围内予以解释，分有其变化特性，并且在有机体与环境的相互作用中产生。心灵必须在行动中出现，可能还必须在行动中保留。必须把社会本身设想为复杂的生物实体并使它与进化的范畴相符。后达尔文主义思潮使生物学、心理学和社会学的各种术语变得显要起来，用它们重新解释心灵和智能概念，并从这一新的观点出发重新考虑哲学的问题和任务，已成为实用主义的哲学任务。这个任务远远没有完成，表明这一点的事实是，形成体系的时期几乎还未出现。不过已经可以清楚看到建立在生物学、心理学和社会学的资料与态度之上的一种经验自然主义的基本原则。这种自然主义认为，有思考能力的人处于自然之中，并企图避免有关心与物、经验与自然、哲学与科学、目的论与机械论、理论与实践的传统的二元论。用米德的话来说，它是这样一种哲学，它反对"古代哲学的……理性的彼岸性，基督教教义的……灵魂的彼岸性，文艺复兴二元论的……心灵的彼岸性"。在探索与之相随的种种态度对于教育、美学、逻辑、伦理学、宗教、科学方法和认识论的影响方面也同样如此。对于经验方法的实用主义的依赖，加上这一运动与民主传统之间道德的和评价的联系，产生了一种既关心事实又关心价值的哲学概念；以及一种有关当代道德问题的概念，即根据实验方法的态度与结果重新确定和表述人类行为的问题。达尔文主义，实验方法以及民主，是实用主义之流的源头。

在许多方面，实用主义至今取得的最可靠、给人印象最深的成果，是它关于智能和心灵的理论。这样一个理论无疑是整个结构的基础。发展和阐释这一理论，便是乔治·H.米德毕生的任务。米德和杜威的工作在许多方面互相补充，而且就我所知，从未有过重大分歧。从密歇根大学时代起，他们就是密友；在芝加哥大学期间，他们经常一起讨论问题。结果他们在同一任务上作了自然的分工。他们之间的关系是相互学习的关系；依我看，两人虽有不同特点，但在智力上不相上下；他们凭借各自的独特天才，在交换意见中相得益彰。[①]如果说杜威提供了范围和远见，米德则提供了分析的深度和科学的精确性。如果说杜威既是当代实用主义车轮的滚动轮辋，又是其辐射状的轮辐，米德则是轮毂。虽然计算里程的话，轮辋走的距离最远，但是按直线距离它不可能比轮毂走得更远。米德的思想紧紧依靠几个基本的观念，这些观念在许多年中得到精细阐述。与他自己所说的话

[①] 杜威对米德的论述见《哲学杂志》第28卷（1931年）第309—314页；亦见《芝加哥大学汇刊》（新系列）第17卷（1931年）第173—177页。米德对杜威的论述见《国际伦理学杂志》第40卷（1930年），第211—231页，以及"约翰·杜威的哲学"一文，发表在这份杂志的1936年卷上。

相符，米德晚年越来越注意研究的哲学是对基本观念的一种详细阐述，一种"描述性的概括"。这些基本观念代表了他身为科学家所能掌握的最可靠的有关知识。不过，我们这里的任务，不是从总体上考察那一哲学，[①]而是考察该哲学所依赖的科学基础（米德身为科学家对这一基础的产生做了许多工作），以及它的社会的和伦理的方面。

二

身为科学家的米德是一位社会心理学家。今天大家都承认，科学靠理论与观察两条腿走路；科学的逻辑方面（基本范畴的分离和界定的方面，建造体系的方面）对于事实发现者和检验者的活动具有同等重要性。对于用独特的调查方法确定的社会科学的事实主体，米德没有添加什么东西；而对于观念的和概念的结构，他作出了许多贡献。诚然，科学的这两个方面最终不可分割，不涉及事实，科学的观念就不可能得到富有成果的发展和分析；但是米德所诉诸的观察大部分是任何人都能进行的，它们并不牵涉专门的科学技术。他的贡献并不在于数字、图表和仪器方面，而是在于对心灵、

[①] 见米德的著作：《当代哲学》（阿瑟·E.墨菲编）；《行动哲学》（约翰·M.布鲁斯特，艾伯特·M.邓纳姆，查尔斯·W.莫里斯编）；《19世纪思想运动》（梅里埃·H.穆尔编）。

自我与社会的本性的洞察。

"社会"与"心理学家"这两个词在一起出现的时间并不长，与生物学范畴放在一起的时间也不长。传统把心理学等同于对个体的自我或心灵的研究。甚至后达尔文主义生物学概念的影响在很长时间里都未打破传统的个人主义的前提（赫胥黎想在进化过程中为道德行为寻找一个地位所遇到的种种困难表明了这一点），虽然它已把这个问题表述为人类的心灵如何在动物行为史中出现的问题。在下面这些篇章里，米德追溯了生物学的考虑如何迫使心理学历经联想主义、平行主义、机能主义和行为主义各个阶段。米德本人的立场是行为主义的，但这是一种社会行为主义，而不是一种个人主义的内在的行为主义；他没有从任何心理学阶段或心理学学派中找到心灵如何在自然行为史中出现的答案。这里的心灵指的是成熟的、思考的、创造性的、可靠的、自觉的心灵。必须考虑另外一个因素，那便是社会。不过，当着浓郁的心理学空气凝结成机能主义和行为主义之际，米德在芝加哥大学可谓是一种幸运。[①]

这另外一个因素即社会如何进入米德的思想，不容易说清楚，因为他本人没有描绘过这一发展过程。米德处于心理

[①] 那些日子的这种气氛，以及认为机能心理学包含着一种完整哲学的自信，可以从詹姆斯·R.安杰尔的文章"构造心理学与机能心理学同哲学的关系"中看出，《十年纪念刊》，第3卷，第55—73页，芝加哥大学，1903年。

学和社会心理学开始采取科学的形式这样一种氛围中，又是一件幸事。唯心主义哲学诸如黑格尔哲学和罗伊斯哲学强调自我与道德的社会性，而米德曾在罗伊斯指导下从事研究。到了1900年，塔尔德和鲍德温对社会心理学已经作出了许多贡献。吉丁斯已经完成了他的主要工作。库利在密歇根大学也已开始了他的社会学生涯；而米德是库利的朋友，并在那个环境里教了三年书。当时，人们，尤其是德国人，已经逐渐把注意力放到语言的社会性上，放到神话学上，放到宗教上，而米德曾在德国学习过。虽然他在柏林，而不是在莱比锡与冯特一起，但他通过考察姿态在其中发生作用的社会情境而将这个概念分离出来，这无疑要归功于冯特的影响；姿态不仅仅是达尔文所说的"情绪的表达"，它开始被看作一个有机体动作的前阶段，另一有机体对它作出的反应表明该社会动作的后阶段。米德明确地从社会角度考虑姿态，并从这样的姿态出发描绘真正的语言交流的发展。因此，在某种意义上可以说，米德所走的道路在某种程度上是由冯特指出的；并且很显然，通过使用社会性范畴，冯特帮助他纠正了个人主义心理学的不足之处。[1]

---

[1] 要归功于冯特的是他的唯意志论，并且据说他"提出了有声的姿态"（1930年）。另一方面，"冯特没有把姿态本身分析为动作的组成部分。他是作为一个解剖学家而不是作为一个心理学家来论述它们的"。"冯特后来才考虑情绪表达的社会功能；起先他认为它们仅仅是与心理过程相平行的"（1912年）。冯特的平行论被拒斥了，并被作了方法论的解释。

不过，米德并不仅仅是罗伊斯、塔尔德、鲍德温、吉丁斯、库利或冯特的追随者。正如以下篇章所表明的，他对他们全都持有一种基本的批评意见：他们都没有完全地解释心灵及自我如何从行动中产生。这种批评分为两个部分：(1) 他们都在某种意义上把实存的心灵或自我作为社会过程发生的先决条件；(2) 即使就他们的确试图从社会角度予以说明的心灵与自我的那些侧面而言，他们也未能将其机制分析出来。准备从中抽出心灵和自我来的那顶社会魔帽，事先已塞了些东西；除此之外，就只有一个虚伪的预告，说是可以变一番戏法，而这个节目本身从未上演过。米德力图表明，心灵与自我完全是社会的产物；而语言，作为一种有声的姿态，为它们的出现提供了机制。

我认为，米德成功地完成了这些任务，特别是成功地分析了语言的机制。借助这一机制，心灵社会地构成了；借助这一机制，意识到本身是一个对象的自我出现了。有这样一个问题：在把心灵等同于符号的作用时，是否必须认为这些符号全是具有一种社会起源与语音起源的语言符号。如果不是这样，那么在人和动物的心灵中便可能有某些不属于米德术语范围的个体的方面。用现在的术语来说，这个问题是指记号情境（非语言符号）与符号情境（语言符号）在发生上孰先孰后的问题。在这里，争端主要在于"心灵"和"符号"这些词的外延上，因为米德在某些地方承认霍林沃思所强调的重整作用和亨特所强调的延缓反应这些事实，但和他们不一样，他认为这些过程并不属于"表意的符号"或"心灵"之类。米德承认，个体有机体必须具备某些生理条件以发展语言符号；那些想要在广义上使用心灵和符号的人不妨补充说，个体如果不能对非语言的、因而非社会性的记号作出反应、使得一事件在某一中心器官导致对某些其他事件的预期或重整的话，就不能发展语言符号。① 不管是否接受米德对"心灵"与"自我"这些术语的用法，在我看来，他已表明心灵和自我完全是在社会过程中产生的，并且他第一个分析了这一发生过程。无需赘言，一个比它小得多的成就已足以成为科学和哲学中的一个里程碑。米德的工作标志着社会心理学作为一门科学真正诞生的初期阶段，因为他的基本思想可以追溯到20世纪初。②

事实上米德用生物社会学的术语回答了人的心灵与自我如何在行为过程中产生的问题。他不像传统的心理学家那样忽视使人类得以发展的社会过程；也不像传统的社会科学家那样忽视社会过程的生物学方面，而求助于一种心灵主义和

---

① H. L. 霍林沃思：《心理学》；W. S. 亨特：《动物与儿童的延缓反应》，以及他在1924年《心理学评论》上的文章。约翰·F. 马基提出了一个实质上近似于米德的论点：《符号过程及其在儿童身上的重整作用》。但是米德说，他认为这个说明过于简单了。米德对非表意的符号和表意的符号所作的区分并不就是以往对记号、符号的区分，因为前两者都是社会的。从第23节可以看出米德所作的区分以及这一区分的性质。
② 1912年社会心理学讲座的一个速记本表明他的一些根本思想已经处于一种成熟的形式。

主观主义的社会概念，即以心灵为前提的社会概念。[①]米德避免了这两种极端，诉诸相互作用的生物有机体的不断发展的社会过程，在这个过程中，通过姿态（以有声姿态的形式）的会话的内在化，心灵与自我产生了。米德还避免了第三种极端即生物学个体主义，他承认使心灵得以产生的基本生物过程的社会性。

在社会动作的范围内看待个体动作；在生物学基础上把心理学和社会学统一起来；把社会心理学建立在社会行为主义的基础上。正是用这些方法，米德努力解决由进化论思想提出的这样一个重要问题：如何弥补冲动与理性之间的裂隙的问题，表明某些生物有机体如何获得自我意识能力、思考能力、抽象推理能力、有目的行为能力、道德信仰能力的问题；简言之，人这种理性的动物是如何出现的问题。

三

虽然米德没有用"社会行为主义"这个词，但这个词可以用来表明米德的论点与约翰·B.华生的论点之间的关系。米德认为华生的观点过于简单化，因为他从整体的即社会的

---

① 本书中对华生的批评已显而易见。关于这里简单提及的米德与库利在观点上的歧异，可以进一步参看他的文章："库利对美国社会学思想的贡献"，载《美国社会学杂志》，第35卷（1930年），第693页以下。

动作中只抽取出个体的部分。尽管华生对语言谈论得很多，但他绝口未提存在于某种社会相互作用之中、隐藏在其外表背后的语言的本质。即便他提到了语言的本质，也只是说它隐藏在声带的振动之下，或隐藏在取代有声反应的那些反应中，最终完全失落在内隐的反应中。相反，在米德看来，语言是在某个社会群体中相互作用的客观现象，一种复杂的姿态情境，即使在被内在化从而构成个体心灵的内在讲坛时，它仍然是社会性的——个体由他自己的姿态在自身引出参与同一社会活动的其他个体的态度和角色。

第二个区别在于对个人经验的论述。正如克勒在他的《格式塔心理学》中说过的，华生的论点本质上偏爱于一种认识论；它实际所说的是，个人经验不能归入科学，虽然人们能够知道它是存在的；因此我们必须描写在我们面前的人类动物。描写如此显而易见的东西完全无可非议，但是身为人类动物，我们事实上确能从我们的态度、意象、思想、情绪中看到自己的某些方面，对其他人身上的这些东西则看不到这么完全；而且这一事实是可以交流的。华生派给人的印象是，它把一种成熟的心理学必须解释的那些内容拒之门外。米德深切了解这种情况，但他显然认为，他自己的那种行为主义适合于这一任务。它不仅要包括动作的被忽视的社会方面，而且包括主要（但不是惟一）为动作的个体本人所观察到的那些动作的内在方面。心灵不是被归结为非心理行为，而是被看作起源于非心理类型的一种行为类型。因此对米德来说，行为主义不是否认个人经验，也不是忽视意识，而是根据行动来研究所有经验。可能有人觉得，广义地使用行为主义这个术语是失策的，这个术语是华生的术语。不过，现在的用法包括本来的行为主义者所能观察和定量的一切东西，而在可能产生混淆的地方，这个更加广义的行为主义又有别于华生派。时间作出的判断也许将把华生派看作是为了初始的实验研究而在方法论上简单化了的行为主义。米德（及杜威）对"行为主义"这个词的用法指的是按照行动来研究经验，包括反省的与非反省的经验，无非是用一个适当的名称突出地表明隐含在实用主义进化论研究中的方向，这个方向在华生登上舞台之前早已确立，在他已从专业上离开它之后继续存在着。

第三个区别产生于下述事实。与杜威1896年的论文《心理学中的反射弧概念》一致，米德强调刺激与反应的相关性。世界的各个方面成为心理学环境的组成部分，成为刺激，仅仅是就它们使不断发展的冲动得以进一步释放而言的。[①]因此，有机体的感受性和活动性决定它的有效环境正如物理环境影响有机体的感受性一样真实。由此产生的观点

[①] 对于这个在很大程度上归功于米德的论点的阐述，见 L. L. 瑟斯顿：《智能的本性》。米德的行为主义吸收了精神分析学、格式塔心理学和存在心理学的许多因素。

比华生派更公正地看待行为的能动的进取的方面，而华生派给人的印象是把有机体看成一个木偶，它身上的引线由物理环境牵着。因而，华生将反省的思考完全与老鼠的条件反射同等看待，米德则能够根据有机体对未来刺激的自我条件作用对这种反省进行深入的分析，因为有机体能够通过符号向自己指明对这些刺激的某类反应的后果。这一说明可以解释华生对老鼠进行条件反射实验时的行为，而不只是解释条件反射的老鼠由此产生的行为。

最后一个基本的区别反映在这一事实上，即许多人认为华生派不仅否认个人的经验，而且抽去了"经验"中除"反应"之外的一切意义。某些极端的行为主义者直率地把"我看见 X"等同于"我眼睛的肌肉收缩了一下"；并且同样直率地承认这一等同导致一种行为主义的唯我论。这样一个局面正是长期困扰科学思想的逻辑方法论丑闻在心理学中的表现：一方面，科学为自己是经验的而自豪，为其最精妙的理论能经受观察结果的检验而自豪；另一方面，科学倾向于接受一种形而上学，这种形而上学把观察资料看作是主观主义的和心理的，它否认研究对象具有人们经验到的它们似乎具有的那些特性。米德那样的实用主义者不能同意批判实在论把这种局面说成是合意的。这位实用主义者认为，世界，科学所表达的世界，是在人们所经验的更广泛、更丰富的世界中发现的；科学的世界不是被用以贬低经验到的世界的"真实世界"，相反，它的起源应该按照经验去追溯。因此，米德认为，物理的东西，虽然先于科学而存在，在经验上却是从社会对象派生出来的，即，处于从社会派生出来的经验层次上。按照米德的观点，科学的世界是由对各种各样观察者都同样真实的东西组成的，是运用符号系统阐述的共同经验或者说社会经验的世界。米德对这个谜提出的解答在于，坚持观察的基本资料是这样一个世界，在它之中，其他自我及对象具有与观察者对本人所具有的同样直接的可及性（虽然这种可及性的完整程度不同）。米德把经验到的世界看作一个自然事件的王国，它通过有机体的感受性而出现，这些事件同观察到的东西一样并不为有机体所有。从哲学上讲，这个论点是一种客观相对主义：对象的性质是相对一个有条件反射作用的有机体而言的。世界的某一部分，作为被经验到的部分，是个人的；但是这个部分又是社会的或共同的，科学对之作出表述。个人经验和共同经验是两种相反的概念；个人的只能相对于共同的来定义。

这里不可能探讨社会经验这个概念对于认识论和科学哲学的意义。① 这里提到这个概念是为了表明米德的行为主义并不把经验到的世界归结为神经和肌肉的运动，虽然它坚持说这个世界的特性是追求表达的各种冲动的作用。这个观点

---

① 很显然，这个概念对传统认为的认识论的个人主义基础提出了挑战。见《行动哲学》，第1部分。

并不认为经验是心理的或个体的。这是因为经验具有社会性，因为自我或有机体是和其他人一起给定在一个领域内的，米德有权根据经验从社会动作着手并把他的社会心理学建立在一种社会行为主义基础上。由此产生的更丰富更恰当的行为主义概念使他的说明在心理学发展上具有极为重要的意义，同时第一次提出了一种堪称足以解决哲学问题的行为主义。①

四

根据米德的说明，生物个体转变为具有心灵的有机体即自我，是通过语言这个媒介而发生的，而语言又是以某种类型的社会和某些个体有机体的生理能力为前提的。

最低限度的社会必定由生物个体组成，它们参与一个社会动作并且把各自动作的初期阶段作为姿态，即作为完成该动作的指导。在狗打架的"姿态会话"中，每条狗根据另一条狗正在开始做的动作来决定它的行为；对于拳击手、剑术师以及循着母鸡的咯咯叫声朝母鸡跑去的小鸡来说，也是如此。这种动作是一种交流；在某种意义上姿态是符号，它们

---

① 米德也许没有最大限度地利用他的行为主义，没有能对个人经验的所在作出更为明确的说明。关于一种可能的发展见我的《心论六种》第62、63节。米德往往过分地满足于从方法论上看待行为主义，仅仅把它看作一种控制手段。见本书第6节。

是动作的初期阶段，它们指示、代表并引起适合于该动作以后诸阶段并且适合于这种动作所涉及对象的动作。[①]在这个意义上，可以说姿态具有意义，即，它们意味着即将发生的动作的后阶段，其次还意味着所涉及的对象：捏紧的拳头意味着殴打，伸出的手意味着朝对象打过去。这些意义不是主观的，不是个人的，不是心理的，而是客观地处于社会情境中。

不过，这种类型的交流还不是语言本身；意义还不是"心里的"；生物个体还不是有意识地交流自我。要使这些结果出现，符号或姿态必须成为表意的符号或姿态。个体必须知道他要做什么；知道他自己，而不是只知道那些对他作出反应的人，必须能够解释他自己的姿态的意义。从行为主义的角度看，这就是说，生物个体必须能够在他自身唤起他的姿态在他人身上唤起的反应，然后利用这一他人的反应来

[①] 米德常常忽略不提非社会性对象，如在第11节中。这里看起来他指的始终是动作的后阶段。显然这个论点是说，事情原先如此，后来才涉及事物，因为它们通过社会过程才被卷进来并被赋予意义。在第7节，他谈到所指的是"处于社会行为领域中的这个那个对象"。这个解释与他所认为的物理对象在社会过程中与社会对象彼此隔离的观点一致。这就使我们能够理解许多令人迷惑不解的篇章。在那些地方，意义时而被等同于第二个有机体对第一个有机体的姿态的反应，时而被等同于包括该姿态在内的那个动作的后阶段，时而又被等同于所指的对象。在1924年的一个陈述中，意义是"另一方的反应在发出该符号的一方身上出现"，对此必须加以限制，要承认，根据米德的说明，这"另一方"有时可能是指物理对象。"把内容赋予对象的方法是符号论的方法，代表动作后阶段的东西在前阶段起了作用；对我们来说，把钉子钉进去这个最后的动作即是锤子的意义。事物的意义是支配现在动作的结果；动作的目的出现在进行过程中。"（1927年）

控制他自己下一步行动。这样的姿态是表意的符号。通过使用这些符号，个体在调整他自己行动的过程中"扮演了他人的角色"。人在本质上是扮演角色的动物。在自我和他人身上唤起同一反应，为意义交流提供了必不可少的共同内容。

为了说明表意的符号，米德用了这样一个例子，即当人们在拥挤的剧院里看到烟时，都会情不自禁地喊起来："火！"这个喊声的即刻发出可能只是一个被引发的动作的组成部分，至多是一个非表意的符号。但是当喊出"火！"这一倾向像影响他人一样影响该个体的时候，当它本身受到这些效果的支配时，这个有声的姿态就成了一个表意的符号；个体意识到[①]他在做什么；他已达到真正语言的阶段而不是无意识的交流；现在可以说他在使用符号，而不只是对记号作出反应；现在他获得了心灵。

在寻找能够成为表意的符号、因而能够把生物个体转变成一个具有心灵的有机体的姿态时，米德发现了有声的姿态。任何其他姿态都不会像影响他人一样地影响个体本身。我们听到自己讲话就像他人听到一样，但我们看不见自己的面部表情，通常也看不到自己的动作。在米德看来，有声的

---

① 对于意识的这一用法应该同指示特定（"经验"）领域的意识相区别，还应同第三种用法相区别，第三种用法与区别于社会经验的个人经验同义。在现在的用法上，"当我们准备要做的事支配着我们正在做的事的时候，我们是有意识的"（1924年）。这三种区别也适用于"心灵"这个词。心灵作为表意的符号的所在，既不等于一般经验，也不等于个人经验。

姿态是语言本身以及各种衍生的符号体系的实际源泉；也是心灵的源泉。

心灵是表意的符号在行为中的所在。它是使意义得以出现的社会交流过程在个体身上的内在化。它是向人的自我表明他的姿态所引起的他人的反应（以及涉及的对象），并根据这些来控制反应本身的能力。表意的姿态，本身是社会过程的一个组成部分，它使那些在姿态交流的早期非表意阶段出现的意义内在化，并使组成该过程的生物个体获得这些意义。米德不是从个体的心灵出发引出社会，而是从一个客观的社会过程开始，借助于有声的姿态这一媒介把社会交流过程输入个体内部。然后个体把社会动作化为自己的动作。心灵仍然是社会的；甚至在内心讲坛上，如此获得发展的思想，也是通过某人扮演他人角色并按照这种角色扮演控制自己行为而持续下去的。在米德看来，人与物理东西的区别取决于人有扮演他人角色的能力，并且关于这些对象的思想包括扮演它们的角色，因此，即使科学家对物理性质的思考也是一个社会的过程，虽然所思考的对象不再是社会的。[1]

并非所有在姿态会话水平上交流的动物都能达到表意符号的水平。实际上，米德显然认为，只有人这一种动物完成

---

[1] 物理的东西是社会动作所涉及的对象，我们可以扮演它们的角色而它们不能扮演我们的角色。见第23节；亦见《当代哲学》，补充论文2；《行动哲学》，第2部分。

了从冲动到理性的转变，虽然他总是补充说，没有可以提出相反论点的证据。他的论点似乎是，只有人类有机体具有表意的符号所必需的神经学构造。米德关于神经学所讲的话，常常使用行为主义喜欢用的比较陈旧的静态的说法，如神经细胞的数量，细胞的可能组合，过去的联想因素的中断和重组等等，而不是使用蔡尔德、拉什利、克勒和巴甫洛夫的更为动态的概念。不过，他的基本观点与生物学范畴中的这些变化并无关系。在讨论表意符号的神经学条件时，他一方面强调皮层的重要性，另一方面强调他所称的人的神经系统的时间性，即一个缓慢地展开的动作在其发展中被它本身引起的各种动作所控制的能力。我想，所有"未来"的控制都以这种行为的可能性为基础。很可能，是人的皮层（反射学家十分清楚地说明了它在高级反射作用中的地位）和神经系统的时间性（它使人能根据作出某姿态而引起的后果来控制该姿态）使得只有人类动物能够从姿态会话的水平进到表意的语言符号的水平，而缺乏这些则使学舌的鸟不能真正讲话。这两个特征，加上人手在使人脱离物理对象的过程中的地位，也许便是决定人与动物的生物学分化的根据。

五

按照这一理论，正是语言这个媒介使自我的出现成为可能。实际上，自我，心灵，"意识"以及表意的符号，在某种意义上是一起突然产生的。米德发现，自我独特的品性在于，具有心灵的有机体能够成为其自身的对象。根据行为主义的观点，使这一点成为可能的机制，是在角色扮演中发现的，而角色扮演包含在语言符号中。就人能够扮演他人的角色而言，可以说，他能从那个视界返视他自身（对他自己作出反应），因而成为他自己的对象。因此，又是只有在社会过程中，作为与生物有机体相区别的自我、已经意识到其自身的存在的自我才可能出现。

并非只有意识到人的自我这个过程是社会的：人开始以这种方式意识到的自我本身在形式上就是社会的，虽然在内容上并不总是社会的。米德强调了自我发展的两个阶段：玩耍阶段和游戏阶段。在玩耍中，儿童只是挨个扮演以各种方式进入他生活的人或动物的角色。人们在这里看到，可以说是明显地看到，通过有声姿态的自我刺激作用而采取他人的态度，在以后的生活中，这种态度则要隐蔽得多，不容易察觉。然而，在游戏中，可以说，一个人已成为参与共同活动的所有其他人。因为，要成功地发挥他自己的作用，他的自我必须对整个有组织的活动胸中有数。在这里，他并不只是扮演某个特定的他人的角色，而是扮演参与这个共同活动的任何一个他人的角色；他已经泛化了角色扮演的态度。用米德最喜欢的一个术语和最丰富的一个概念来说，他已采取了"泛化的他人"的态度或角色。①

于是,所有他人的态度(无论是特定的还是泛化的)组织起来并被一个人的自我所接收,构成了"客我"。如果这便是自我的一切,这个说明便是一种极端的、片面的说明,创造活动和重建活动便毫无余地了;自我便不只是反映社会结构,而且就是那一反映本身了。但是,米德所认为的完整的自我,既是"主我"又是"客我"。"主我"是动作的原则和冲动的原则;它在其行动中改变社会的结构。正如米德在表达杜威的观点时所说:"个体绝不是社会的奴隶。个体构成社会恰如社会构成个体一样实在。"实际上,个体的一切动作,无论是在非语言的还是语言的交流水平上的动作,都在某种程度上改变了社会的结构,在大多数情况下是细微的改变,而就天才和领袖来说则是巨大的改变。

不仅在生物有机体的基础上发展起来的作为社会存在物的自我,甚至作为一个具有复杂秩序的有机整体的社会自身,也不能与其可予以区别、辨认的成分(初级社会水平上的生物个体,高级社会水平上的自我)相对立。这个观点值得说一说。因为有些读者得出这样一种印象,认为实用主义

---

① 米德强调角色扮演和泛化的他人这两个概念,他很可能受到过英国联想学派的影响。这里,问题也在于发现个体凭什么采取群体的立场、判断他自己的冲动、按照社会的福利认可他的利益,甚至把他人的幸福作为他自己的追求目标。休谟从同情中探索这一机制,亚当·斯密用道德情操概念对此作了详细论述,穆勒和贝恩则以观念联想学说探讨这一机制。

已使个体失落在社会中。米德的有些话可能不时使人想到这一点。但是米德承认生物个体(与"客我"相对的"主我"),承认事实上自我虽以一个先在的社会过程为前提,但反过来又使组织一个独特的人类社会成为可能,这一点当能消除人们的一切疑虑。米德的工具主义和伦理学说强调思想是一种重建活动,强调个体思想者是(用杜威的话来说)"重建社会的中心",任何其他的解释都是与此不相容的。[①]

于是,通过一个社会过程,具有适当的机体素质的生物个体获得了心灵和自我。通过社会,冲动的动物成为理性的动物,成为人。[②]由于社会交流过程的内在化或输入,个体获得了反省思考的机制(根据对不同行动路线之后果的预见来指导其行动的能力);获得了使他成为他自己的对象并在一个共同的道德世界和科学世界中生活的能力;变成了一个道德个体,他所具有的冲动性的目标变成了对既定目标的自

[①] T. V. 史密斯评论米德的文章,同时抱着同情和批评的态度。在我看来,他的文章忽视了生物个体在米德的自我理论中的地位。因为已经有了下述文章,我觉得不需要再论述米德的某些思想了:"乔治·赫伯特·米德的社会哲学",载《美国心理学杂志》,第37卷(1931年),第368—385页;"乔治·赫伯特·米德与博爱主义哲学",载《社会服务评论》,第6卷(1932年),第37—54页;"乔治·赫伯特·米德,一位世俗人士的宗教态度",载《宗教杂志》,第12卷(1932年),第200—213页。亦见《社会科学百科全书》上的"乔治·赫伯特·米德"条,载第10卷,第241—242页;范米特·艾姆斯:"评乔治·H. 米德",载《芝加哥大学学报》,第23卷(1930—1931年),第370页。

[②] 心身问题或灵肉问题很自然地用生物个体与自我之间的对照来解释。正如社会过程的初级水平在达到较高水平之后仍然存在一样,生物个体在被组织成为自我之后也依然存在。变态心理学揭示了许多不能充分整合人格的这些基本侧面的情况。

觉追求。

由于这样一种个体的出现，社会也随之发生变化。通过思考的、社会的自我，社会接受了人类社会特有的组织；人类个体不像昆虫那样根据生理的分化承担其社会职责，也不是单单凭借姿态对他人的影响发挥作用，而是通过承担共同活动所牵涉的其他人的角色来调节他在社会行动中的作用。由于有了一种新的社会组织原则，社会便获得一种新的控制方法，现在它已置身于其成员之中，根据个体的预期动作对他人产生的影响成功地调节个体的行为。最后，在这个过程中，社会为自身的改变提供了方法。它可以合理地希望，通过"客我"，把行动在其中进行的社会背景提供给它的各个成员，并且使各个成员对由于这一动作而受到影响的社会价值观负责。社会不能不感谢创造性的"主我"的道德行为给社会舞台所带来的变化，否则，它会受到停滞不前的惩罚。

六

这里不是论述米德编织在其总框架中的种种真知灼见的地方；不准备讨论它们对教育学、精神病理学、社会学、心理学和语言学的意义；也不准备讨论他的哲学如何与他的社会心理学密切呼应。但是为了说明他的基本思想的丰富性，我不能不提一下两个相关论点：共相理论和泛化的他人这个概念。这里的问题不是狭隘的哲学问题，而是关涉按照一种实用主义的、相对论的和经验主义的观点公正地对待具有整体性、稳定性和普遍性的因素的问题。正是这些因素得到数学和自然科学的高度重视，而后达尔文主义生物学和社会科学则突出了变化和过程这些范畴。如果现代经验主义仅仅重建一种与存在哲学并肩而立的生成哲学，重蹈希腊思想的覆辙，那将是现代经验主义不足的标志。

常常有人说，实用主义者必定是唯名论者，并且不可能公正地对待普遍性这个事实。实际上，实用主义在这一点上最接近于中世纪的概念论。仅当符号只是一个贫乏空洞的殊相，不加区别地代表若干其他殊相时，才会产生唯名论。然而，事实上，表意的符号，作为一种姿态，不是任意的，而始终是某一动作的一个阶段，并因而分有该动作所具有的任何普遍性。正如查尔斯·皮尔士以及很久以前的奥卡姆所见，普遍性与习惯紧密相连。一个动作是普遍的，因为许多物体或物体的许多方面都可以作为合适的刺激：任何可供人就座的物体都是座位；任何可以敲钉了的物体都是锤子。语词"座位"和"锤子"，作为共相，本身就是有关态度的一部分，而非孤立的殊相；个体对这些语词的重复，犹如一个具体的坐的动作或敲的动作，是该态度的普遍性的实例（复制品，用皮尔士的术语来说）。作为一个共相的观念或概念正存在于这个态度中。这些概念指称任何满足该动作要求的物体，即，任何具有适合于刺激这个正在进行的动作的特征的物体。普遍性因而不是一种实体，而是一系列姿态和物体之间符号化的作用关系，其中的个体成员是这个共相的"实例"。

这个论点实质上是关于共相理论的一种客观相对主义，对它的阐述有点超出了米德的简短论述。正如对米德来说物体在涉及有机体的特定情境下具有色彩和价值一样，相对于一个能够被各种物体或物体某些方面所推进的动作而言，物体具有普遍性特征。物体相对于它们不加区别予以支持的动作具有普遍性；该动作具有普遍性即没有区别地为一系列物体所支持的特征。在这种情境中，该动作或动作的组成部分即姿态可以被看作一共相，作为殊相的刺激物属于该共相或分有该共相；而这些物体的普遍性则在于它们共同具有的作为对该动作的刺激的特征。通过把普遍性与动作相联系，它被带进了一种经验科学和哲学的领域。根据这种论述，被否认的只是把这种共相实体化、从而建立起存在与发生的对立的必要性。从柏拉图到怀特海，这种对立已经被证明是致命的。

对普遍性的论述的第二个要素是社会因素。泛化的他人，按照刚才所给的说明，可被看作角色扮演过程的普遍化：泛化的他人是任何一个他人亦即所有他人，他作为或可能作为殊相而与即将到来的合作过程中的角色扮演态度相对立。从动作的观点来看，泛化的他人是普遍意义上的角色扮演动作。

如果某个体的言行能够为一个共同活动（没有共同活动便不会有意义的共同体）所涉及的任何其他个体所理解、接受或信任的话，他的言行便有了一种新的普遍性——社会的普遍性。这种普遍性在一种意义上与客观性同义。对于实证论者来说，这是最重要的一种客观性，有人会说是惟一可能的一种客观性。当个体通过交流发现他的经验为他人所共有，即他的经验和他人的经验属于同一共相（在这个词的第一个意义上）时，他便超越了只赋予他个人的东西。当这一共相的殊相或实例适合于不同的经验视界时，普遍性便呈现了社会性。可以说，个体通过扮演他人的角色，已经超出了他的有限的世界，因为通过以经验为基础、以经验为检验的交流，他确信，在所有这些场合，世界全都呈现着同一面貌。在达到这一点的地方，经验便是社会的、共同的、分享的；只有同这一共同世界相对，个体自己的个人经验才表现出其特色。

至少，科学以语词形式记录了这样一个共同世界的更为普遍的面貌。由于发现了对许多观察者（在理想状况下对全体观察者）来说共同的东西，科学达到了独立于特定观察者的视界这样的高度。米德在他对身体的相对性所作的透彻的社会心理学分析（这种相对性因而成为他的角色扮演一般理论的实例)中表明,人们所追求和发现的不变性在于分离出一个公式,该公式无论从何种观察角度看,对于世界来说都成立。"独立于经验"和"普遍真理"兴许比"独立于任何特殊经验"和"对一切观察都成立"有更多的含义,但不会有更少的含义。

存在各种程度不等的社会普遍性。尽管在道德和艺术中不乏普遍性,但它在科学中更为广泛,并且科学中的普遍性程度与形式化的可能程度相称。世界的关系结构显示了最大的普遍性;数学和逻辑无非是寻求结构不变性的最终结果。作为话语领域、动作领域和所论世界的最小公分母,可以说,它们为一切有理性的人所共有。虽然米德本人没有详细论述他偶然提及的逻辑,他的说明蕴含着一种逻辑理论和一种数学哲学的萌芽。

当人们认识到社会的普遍性有可能向过去和未来延伸时,人们也就会认识到米德的观点与这样一种认识一致,即,相对于最一般的合作动作,世界具有一些非常恒定的特征。实用主义立场的突现的、暂时性的面貌,与经验到的世界事实上显示的任何恒定性并不矛盾,与形式逻辑和数学所能达到的恒定性也能相容。实用主义不过是想避免这些问题上的盲目信从。它劝告人们明智地对待存在和生成的共同原则,指出,从经验上说,普遍性是事物相对于动作的特性,不管这一动作是个体的,抑或是社会的。普遍性本身是多与少的问题，而不是全与无的问题。①

如果篇幅允许的话，讨论一下由泛化的他人这个概念提出的其他问题会十分有趣。例如，柏拉图主义者和相对主义者之间的差别在多大程度上取决于人们扮演泛化的他人这个角色的程度？角色扮演过程朝物理东西的延伸会允许人们完全超出观察者，从而使人们能够有意识地从社会实证论（米德有时把它看作有意义的形而上学的极限②）转变为一种哲学实在论吗？③当米德的学说与社会经验这个概念结合时，对于真理和知识的本性有什么影响？泛化的他人在多大程度上为上帝这个历史概念、唯心论者的绝对概念以及实在与现象的对比提供了心理学上的对应物？这里只能提一提这些问题，也许对某些读者来说，这样偏离和扩展米德的思想，已属不当。我这样做是为了表明，米德的社会心理学对于探讨实用主义没有充分讨论的那些问题所具有的力量；在这些问题上，批评家们十分正确地发现了实用主义的疏漏之处。

---

① 这样用作用来说明共相，在某种意义上使米德获得了后达尔文主义的亚里士多德的地位——由于生物学的发展而使自己摆脱了柏拉图主义不足之处的亚里士多德。米德毕生都是亚里士多德的学生。
② 尤见《当代哲学》，第117、118页。
③ 我在"实用主义与形而上学"中讨论了这个问题，该文载《哲学评论》，1934年。

七

米德，与詹姆斯以来的所有实用主义者一样，持有一种利益价值论：凡是满足一种利益或冲动的便是善的。①不过米德的陈述再次使用了客观相对主义的术语：价值是一个对象能够满足一种利益的特征——它既非仅仅存在于对象之中，也非仅仅存在于主体的情绪状态之中。然而，利益或冲动是冲突的，由此产生了价值标准问题和进行评价的需要。

审美的对象带着具有情绪色彩的冲动进入一个和谐的整体；能够这样刺激和整合各种冲动的对象具有审美的特征或价值。通过具有这样一种特征的对象，人们享受到"在部分成就中重获最终成就感"的乐趣，"品尝到他正在追求的目标的滋味"。②艺术家利用各种态度，运用各种手段，在他自身唤起各种情绪，这些情绪乃是其作品在不同程度上向他人传达并在他们身上唤起的那种态度的表现。如果这一点做到了，艺术的崇高便是通过对象而实现的"主我"与"客我"的融合。虽然没有作详细论述，米德相信，他的这种行

---

① 米德常说价值是"对象未来的特征，因为它决定你对它的行动"。这里所指的仅是他的价值论用法。米德在《行动哲学》中对价值作了更充分讨论，可作为本书的补充。
② "审美经验的性质"，载《国际伦理学杂志》，第 36 卷（1926 年），第 387、385 页。

为主义心理学为审美理论提供了一个富有成果的基础。

可以说，审美价值是由自然或由艺术家奉送给自我的完美礼物；道德生活的任务是，通过反思努力，在相互作用的自我的水平上建立一种类似冲动的整合。①

就其实质而言，米德的伦理学说与杜威的一样，不过他通过对自我的社会心理学研究，使这个概念获得新的解释。由于自我是社会的，就不存在自我如何能够在他的思考活动中考虑他人这样的心理学问题，正如根据下述观点不存在克服享乐主义的问题一样，这种观点把针对对象的动作作为其基本单位。作为由其各种冲动组成的自我，他正在寻找能够使这些冲动得到完满实现的各种对象。作为社会的自我，他通过语言过程使自己采取他人的态度，在这个意义上他成了他人，而他人的价值观成为他自己的价值观；自我扮演了泛化的他人的角色，在这个意义上，他的价值观即该社会过程本身的价值观。在认识论上抓住一个包含他人观点的自我来摆脱自我中心论的困境，正如在价值论中抓住一个包含他人价值观的自我一样。对米德的实际陈述所蕴含的意义作这样一种自由解释，表明他对价值领域所作探讨的丰富性。这肯

---

① 1926年的笔记这样提到这个问题："审美的对象把生活中止在某一点上。就好像你兑现了你的生命保险单。审美的对象是对生活的组织以便达到最完满的结果。它给你的生活付保险费。"

定能比伦理学家们凭借其心理学素养通常所能做到的分析更清楚地阐明利己主义还是利他主义、突出一己还是舍己为人这样一些二者择一的问题。

在伦理学的范围里,米德坚持说,在道德行动中,行动的动机乃是针对一个社会目的的冲动本身。社会的自我具有社会的冲动,这些冲动像任何其他冲动一样迫切要求表现。对米德来说,道德目的之所以是社会目的,首先是因为,冲动可以接受的惟一标准在于对下述问题的回答,即,所谈的冲动在得到满足时是否平息下去了,它是发展、调和了其他冲动,还是限制、挫败了其他冲动;其次是因为,自我作为一个社会的存在,必定从里到外地干预各种冲动的社会协调。

由此得出,道德任务便是严格遵守存在于特定生活情境中的所有价值标准,[①]反思这些价值标准,努力使有关的冲动得到最大限度的满足和发展,达到最大限度的能动的和谐。道德行动是有理智的、有社会目的的行动,在这样的行动中,人们不但想着自我而且想着他人的利益。这里要求的不是从利益转到理性,而是从孤立的利益转到蕴含个人行为在内的社会利益体系中的利益。照我的看法,这便是米德

[①] 在陈述这一观点时,有一次米德有点粗暴地说,这不是那种观点,即"道德的标准在于施行最为社会性的善"(1927年)。米德强调特定的情境,而不是模糊不清难以达到的功利主义的"一般社会"。

的，也是实用主义的伦理学说的核心。正义的行动，相对于这个情境而言，却是客观的和普遍的，因为它要求所有理性的人的同意。正义既非主观随意的幻想，也非永恒的本质；它的普遍性是一种社会的普遍性。

这样一种观点使道德生活成为一种紧张而活跃的生活。道德受社会目的的支持，并以科学所能提供的所有知识为养料，但它仍需要"主我"的创造性，比"客我"更重要的自我的创造性。正是在一个这样的自我的社会中，米德看到了社会的理想。这个社会的目标不会是勉强维持和达致任何一套现存的或由权威规定的价值标准——米德称之为奥古斯丁式的历史哲学。相反，它的历史哲学会是实验性的，恰如它的实验方法本身一样。它将关心用现有的最好的知识重新解释情境，从而重新制订价值标准的方法，而这一方法看起来只能是道德本身。

这样一种道德的人的社会看起来是米德式的民主理想。虽然一个自然发生的宇宙不能保证将来，米德确实相信，人类生活的媒介和制度（语言、宗教、经济过程）事实上的确扩展着它们所包含的角色扮演过程。以家庭关系中的互助型式为基础的宗教态度，①以及为了本人所需要的物品而向他

---

① 米德将社会态度扩展到整个宇宙从而发现宗教经验的神秘性。令人惊讶的是，米德在任何地方都没有明确提出人格化的上帝概念与泛化的他人这个概念之间的联系。

心灵、自我与社会 | 031

人提供某些盈余产品的经济态度，实际上是普遍的，而语言能够随着共同活动的扩展而扩展。在这个意义上，越来越多的人更大程度地扮演他人角色的能力看来是朝着民主理想的方向发展，条件即是这些自我成为道德的自我。[①]这样一种民主，正如米德清楚地看到的，没有那种令人讨厌的拉平趋势，不奖励平庸无能的人。相反，它与能力和贡献上的巨大差异和谐共存。民主的真正含义是，每个人都能通过对一个合作过程的道德参与而实现他自己。合乎理想的是，"个体作出他自己特有的贡献，从而在他人中实现他自己"。民主社会并不崇尚阶级、财产或权力本身的优势，它必定极其珍视由履行各种社会职能的优势而产生的优越感和自豪感。

适用于个体的话在这里也适用于国家。米德是一位国际主义者，因为，从理论上讲，如果不能自觉地与人类社会认同并参与其活动的话，他所描述的社会态度便无从存在。他经常提到，国际联盟是各个国家为了达成一个更广阔的社会

[①] 在"社会的"这个词的非道德的意义上，战争、不和、瓦解与其对立面一样是社会的。米德没能强调这样一个事实，即问题在于抓住道德的自我而不只是社会的自我。有时，这就给人一种印象，似乎他对人类社会的未来发展不加批判地抱有信心，虽然在其他一些时候他充分敏感到行为给社会带来混乱的方面（尤其见第39节）。作为他的伦理学说的逻辑推论，实用主义者十分强调教育：教育的目标是为道德的自我（有理智的社会化的自我）的发展提供条件。米德关于教育的论文强调这样5点：（1）学校在提供共同意义、共同语言工具上的重要性；（2）科学在学校课程中的地位；（3）操纵性活动的必要性，这些活动与动作接触阶段的现实感相应；（4）玩耍的意义，它为扮演他人的角色提供素材，自我便是从这种扮演中建立的；（5）学校培养道德自我的责任。有关论文的题目见米德著作表。

所作的尝试，它们觉得自己是该社会的组成部分，但是还没能作为发挥一定作用的角色进入该社会。因此，它们不得不仍然凭借权势来维护自己的利益。国家还没有学会扮演其他国家的角色，还不能自觉地合乎道德地参与它们实际上已经进入的更广阔的社会过程。与个体类似，国家仍然处于生物个体的水平；它们还没有达到道德的人格；它们的"主我"还没有在由一个国际的"客我"设立的舞台上表演。正如在各个社会群体内奖赏发挥各种不同作用的自我所作的贡献一样，国际主义并不要求消灭各个国家，而是要求它们在社会自我的道德水平上肯定自我。

米德的说明公正地对待个体的进取精神和社会公共事务这两方面因素。它在国家内部和国与国之间把个人主义原则同社会主义原则有机地结合起来，把先驱者的态度同人的兄弟关系这一特征有机地结合起来，这些因素的结合便是民主的标志。

是朝霞还是夕照？ 如果民主理想趋于实现，乔治·H.米德将和约翰·杜威一起成为它的一位主要哲学代言人，成为思想王国里的沃尔特·惠特曼；如果左的势力或右的势力迫使这一理想无法实现，米德将帮助写下它的墓志铭。

无论民主理想的命运如何，乔治·H.米德异常丰富的思想，不仅使他在社会心理学的创立者中间占有牢固的地位，导致各种具有内在价值的社会学说和伦理学说，以"行动哲学"的形式为实用主义的重大发展提供了基地，而且处处表明它们自身具有丰富社会科学各种概念的力量，为经验研究指出了新的途径，并为哲学解释打开了新的视野。

查尔斯·W. 莫里斯

第一篇
社会行为主义的观点

1. 社会心理学与行为主义

一般地说，社会心理学已从有关个体经验的心理学观点出发论述了社会经验的各个方面。我想提出的一种研究方法，其要点在于从社会的观点、至少从社会秩序所必需的交流的观点出发来论述经验。根据这一观点，社会心理学包括从个体的观点出发研究经验，不过它还必须对这一经验的内容作出说明，因为个体本身属于一种社会结构，属于一种社会秩序。

在社会心理学与个体心理学之间不可能划出一条泾渭分明的界线。社会心理学特别关心的是社会群体对于决定个体成员的经验与行动所具有的影响。如果我们抛弃生来便具有个体自我的独立存在的心灵这个概念，那么我们可以认为，个体自我的发展，个体的自我意识在其经验范围内的发展，乃是社会心理学家的主要兴趣所在。心理学的某些方面注意研究个体有机体与其所属社会群体的关系，这些方面构成了一般心理学的一个分支即社会心理学。因而，在研究个体有机体或自我的经验与行为对其所属社会群体的依赖关系时，我们便对社会心理学的研究范围作出了一种限定。

虽然心灵与自我本质上是社会的产物，是人类经验的社会性的产物或现象，作为经验基础的生理机制对心灵与自我的发生及存在却决不是不相干的，事实上是必不可少的。因为个体的经验与行为无疑是社会的经验与行为的生理基础：后者的作用过程与机制（包括对心灵与自我的产生及存在必不可少的那一些）在生理上依赖于前者的作用过程与机制，并依赖于它们的社会功能。不过，个体心理学显然概括了某些情境因素，而社会心理学对于情境则从其具体的总体上作了更为仔细的研究。我们将从一个行为主义者的观点探讨这后一领域。

从约翰·B.华生那里我们看到行为主义所阐述的一般心理学理论。我们将要采用的行为主义比华生所采用的更加充分。这个更广义的行为主义便是根据个体的行动，特别是（但并非只是）能被他人观察到的行动来研究个体的经验的方法。从历史上看，行为主义经由动物心理学之门进入心理学。在那里，人们发现用所谓内省的方法是行不通的。人们不可能诉诸动物的内省，而必须根据外在的行动来研究动物。早期的动物心理学还对意识与行动的关系作出推论，甚至许诺要找出意识在行动中出现的位置。这个推论或许有不同程度的可能性，但它不能用实验检验。因此就科学研究而言，这个推论只能被丢在一边。它对于研究个体动物的行动并不必要。由于对低等动物采用了行为主义的观点，把它转用于人类也是可能的。

虽然如此，内省的领域依然存在，个体的、属于个体本身的经验亦即一般称为主观经验的领域依然存在。对这些经验如何处置？约翰·B.华生的态度与《艾丽丝漫游奇境记》里那位女王的态度一样："让它们见鬼去吧！"——根本不存在这样的东西。不存在意象，也不存在意识。华生用语言符号来说明所谓内省的领域。[①]这些符号不一定大声说出来让其他人听见，常常只是喉头肌肉动一下而没有听得见的言语。那便是思考。人思考，但人是用语言思考的。华生就这样用外在的行为解释了全部内在的经验。他不把这种行为称作主观的，而是把它看作惟有个体本身才能进入的行为领域。一个人能够观察他自己的运动和他自己的发音器官，这些是其他人通常观察不到的。某些领域只有个体自身能够进入，但是观察并没有性质上的不同；差别只在其他人达到某

---

① ［尤见《行为：比较心理学导论》，第10章；《从行为主义者的观点看心理学》，第9章；《行为主义》，第10、11章。］

些观察的程度上。某人可以单独待在一间屋子里观察其他人都不能观察的某些东西。某人在这间屋子里观察到的东西是他自己的经验。在个体的喉头或体内以这种方式发生某些其他人所观察不到的事。当然，有一些科学仪器能够接触喉部或身体从而揭示发生运动的趋向。有些运动很容易观察，另一些运动只有个体本身能够察觉，但这两种情况并无质的区别。众所周知，观察器械取得成功的程度各有不同。简单地说，这便是华生的行为主义心理学的观点。其要旨在于观察行动发生时的情况，并利用该行动去说明个体的经验，而不用引进对内在经验即意识本身的观察。

对意识还有另一种抨击，即威廉·詹姆斯1904年在其题为"'意识'存在吗？"一文①中提出的抨击。詹姆斯指出，如果某人在一间屋子里，他可以从两种观点来看房间内部的物体。例如，对于家具，他可以从购买者和使用者的观点考虑，可以从观察者心中对它的各种评价考虑，包括它的审美价值、它的经济价值、它的传统价值。所有这些我们都可以从心理学角度来谈论；可以把它们置于与个体经验的关系之中。某人给它一种评价，另一个人则给它另一种评价。但是，同样地这些物体也可以被看作是一个物理的房间的物理的组成部分。詹姆斯坚持认为，这两种情况的差别仅仅在

---

① [发表在《哲学、心理学和科学方法杂志》上。重印在《彻底的经验主义论文集》中。]

于把某些内容安排在不同的系列中。家具、墙壁、房子本身属于同一历史系列。我们谈到房子,它是造好了的房子;我们谈到家具,它是制作好了的家具。当某人走进来并根据他自己的经验对这些物体进行估价时,我们便把房子和家具放进了另一个系列。他在谈论同一把椅子,不过现在这椅子对于他是具有某种外形、某种颜色的东西,按照他本人的经验予以接受。它包含着该个体的经验。我们不妨对这两种顺序都进行剖视,那么便会在某一点看到这两个系列的交叉。谈论意识的陈述仅仅意味着承认该房间不只是处于历史系列中,而且处于个体的经验中。近来,哲学界越来越认识到詹姆斯的主张的重要性,这个主张即,大量被放在意识中的东西必须放回到所谓的客观世界中去。[①]

心理学本身不太可能成为只研究意识领域的学科;它必然是对一个更为广泛的领域的研究。但是,心理学在个体经验范围之内研究其他学科所不讨论的现象——惟有个体本身能够经验到的现象,就此而言,它是的确运用了内省的科学。那些(在经验上)属于个体本身所特有的、惟有他自己才可及的东西,当然包括在心理学领域中,不管其他的东西是否也这样包括在内。要把心理学与其他领域区分开,这是最好的线索。因此,可以用可及性对心理资料作出最好的定

---

① 现代哲学实在论促使心理学从对有关心理状态的哲学的关注中解放出来(1924年)。

义。在个体的经验中，那些惟有个体本身才能接近的东西便是心理的东西。

不过，我想指出，即使我们着手讨论这种"内部的"经验，也可以从行为主义者的观点出发来研究它，只要不把这种观点设想得过分狭窄便行。必须坚持的是，客观上可观察的行为在个体中间表现出来，并不是说在另一个世界、一个主观的世界表现出来，而是说在他的机体中表现出来。这一行为的某些方面出现在我们所称的"态度"中，即动作的开端中。如果回想这种态度，我们发现它们引起了各种各样的反应。一个新手手中的望远镜，并不是威尔逊山顶上那些人的望远镜。如果我们想追溯天文学家的反应，那么，必须追溯到他的中枢神经系统，追溯到整个神经元系统；在那里发现某些情况，与天文学家在特定条件下研制这一仪器的精密方法相符。那即是一个动作的开端；它是该动作的组成部分。我们所观察到的外部动作是一个从内部开始的过程的一部分；我们所说的该仪器具有的价值①是贯穿于该物体与抱有那种态度的人的关系之中的价值。如果一个人不具有那种特别的神经系统，该仪器便可能没有价值。它便不会是一架望远镜。

在两种形式的行为主义中，事物所具有的某些特征与个

---

① 价值，就其决定你对它的动作而言，便是物体将来的特征（1924年）。

体所具有的某些经验可以说都是出现在动作之中。①但是该动作的一部分是在有机体内部并且后来才表现出来；我想华生所忽视的正是行为的这一方面。动作本身有一个方面不是外部的，但它属于该动作，有机体内部的行动有一些特征，它们在我们的态度，尤其是与言语相关的态度中显露出来。如果行为主义观点把这些态度考虑进去，我们便会发现它完全适用于心理学领域。总之，这一方法特别重要，因为它可以探讨交流的领域，而华生和内省论者都做不到这一点。我们不想从语言所要表达的内部意义来研究语言，而是想从借助符号与姿态在群体中进行合作的更大范围来研究语言。②意义出现在那一过程中。我们的行为主义是一种社会行为主义。

社会心理学把个体的活动或行为置于社会过程中来研究；个体是一定社会群体的成员，他的行为只有根据整个群

---

① 一个动作即是一次冲动，通过选择它所需要的某些刺激来维持其生命过程。由此，有机体创造了它的环境。刺激乃是使冲动表现出来的诱因。

　　刺激是手段，倾向才是实在的东西。智能便在于选择那些将释放和保持生命并帮助它重建的刺激（1927年）。

　　目的可以不予"考虑"，但是关于动作的陈述包括了动作所朝向的目标。这是一种自然目的论，与机械论的陈述不谋而合（1925年）。

② 对语言或言语（它的产生及发展）过程的研究是社会心理学的一个分支，因为只有根据一个相互作用的有机体群体内的社会行为过程才能理解它，因为它乃是这样一个群体的活动之一。但是，语言学家往往持有密室囚犯的见解。囚犯知道其他人处在相同的地位，他想同他们联系。因此他开始用某种交流方法，某种任意的办法，比如在墙上轻轻敲击。根据这种观点，我们被关闭在各自的意识密室中，知道其他人也如此关闭着，便想出各种方法与他们建立交流关系。

体的行为才能得到理解，因为他个人的动作包含在一个范围更大的、超出他自身并且牵涉到该群体其他成员的社会动作中。

在社会心理学中，我们不是用组成社会群体的单个个体的行为来合成该群体的行为；相反，我们从一个具有复杂群体活动的特定社会整体出发，从中分析组成该群体的身为其成员的单个个体各自的行为。也即是说，我们试图用社会群体的有组织的行动解释个体的行动，而不是用属于该群体的单个个体的行动解释社会群体的有组织的行动。对于社会心理学来说，整体（社会）先于部分（个体），而不是部分先于整体；是用整体解释部分，而不是用一个部分或几个部分解释整体。不是用刺激加反应来构成并解释社会动作[①]；它必须被看作一个能动的整体，看作某种进行中的东西，它的任何部分都不能单独地予以考虑或理解，它是一个复杂的有机过程，蕴含在它所涉及的每一个个体的刺激与反应里。

在社会心理学中，我们既可以从内部也可以从外部来了解社会过程。社会心理学从一个有待于科学地予以研究分析

[①] "一个社会动作可以这样来定义：在这个动作中，释放一次冲动的诱因或刺激存在于一个生物的特征或行动中，这个生物属于其自己的环境，是该环境的推动力。不过，我希望把社会动作限制在这样一类动作，它包括两个以上个体的合作，其对象由该动作所限定，是柏格森所说的一种社会的对象。我所说的社会对象，指的是符合该复杂动作的所有部分的对象，虽然这些部分存在于不同个体的行动中。因而那些动作的客观性存在于群体的生活过程中，而不是仅存在于单独的个体中。"〔摘自"自我的起源与社会控制"，载《国际伦理学杂志》，第35期（1925年），第263—264页。〕

的可观察的活动出发，即从能动的、进行中的社会过程以及作为其组成成分的社会动作出发，就此而言，它是行为主义的。但是社会心理学不是忽视个体内部经验即上述过程或活动的内在方面那个意义上的行为主义。相反，它特别关注内部经验在整个过程中的产生。可以说，在努力搞清这些经验究竟如何在过程之中产生时，它是从外面研究到里面，而不是从里面研究到外面。因此，按照行为主义的观点，社会心理学和个体心理学的基本材料是动作，而不是神经通路，动作既有其内侧面，也有其外侧面，既有一个内在的方面，也有一个外在的方面。

这些概述谈论的是我们的研究方法的要点。它是行为主义的，但是和华生的行为主义不一样，它承认动作的不能被外部观察的那些部分，并且它强调人类个体在其自然的社会情境中的动作。

2. 态度在行为主义研究中的意义

对人类心理学显得至关重要的问题所涉及的领域是由内省开发的领域；这个领域显然不能用纯客观的心理学来探讨，这种心理学只研究发生在观察者面前的行动。为了使这一领域处于客观心理学的范围之内，华生那样的行为主义者，竭尽所能缩小这个领域，否认某些据说仅存在于该领域的现象，诸如不同于无意识行动的"意识"。动物心理学家研究行动，而没有提出那种行动是否是有意识行动的问题。①但是当我们接触人类行动的领域时，我们事实上能够区分无意识地发生的反射作用。于是，似乎存在着一个行为主义心理学所不能达致的领域。华生派行为主义者则竭尽所能地低估这一差别。

行为主义者的研究范围大都是对婴幼儿的调查，那里运用的方法正是动物心理学的方法。他力图弄明白婴幼儿的行为过程，力图弄明白婴儿的活动如何可能用以解释成人的活动。正是在这里，心理学家引进了条件反射。他证明，通过对某些刺激的联想，可以获得单从这些继发的刺激所得不到的结果。这一条件反射作用可以转用到其他地方，比如说，婴儿所受的惊恐。只须把某物同产生恐怖的东西联在一起，便可使婴儿害怕它。可以用同样的方法来解释更复杂的行动。把某些因素同某些并非直接相关的事件联在一起，据认为，通过详细阐述这一条件作用，我们便能解释更为宽泛的论证和推理过程。这样，一种属于客观心理学的方法便被转

---

① 比较心理学使普通心理学不再局限于中枢神经系统范围，由于生理心理学家，中枢神经系统曾取代意识本身而成为心理学研究的领域。它使普通心理学能够把动作作为一个整体来考虑，作为包括在或发生在整个社会行为过程中的行动来考虑。换句话说，比较心理学以及作为其分支的行为主义已经扩展了普通心理学的领域，使之超出了个体有机体的中枢神经系统，并促使心理学家把个体的动作作为一个更大的社会整体的一部分来考虑，事实上，该个体属于这个整体，确切地说，个体的动作从这个社会整体获得其意义；虽然他们当然不会因此失去对中枢神经系统以及在其中发生的生理过程的兴趣。

用到通常靠内省来论述的领域。即，我们不说当我们具有某些经验时便有某些想法，这些想法暗含着某种其他东西；而是说，某一经验在第一个经验产生的同时产生了，因此这第二个经验激起了属于原来那个经验的反应。

对于还有一些内容，比如意象的内容，运用上述分析便不太好办了。对于不符合任何给定经验的反应，我们能说什么呢？当然，我们可以说，它们是过去经验的结果。但是对内容本身呢？比如，某人具有的实际的生动的意象：它有轮廓，有颜色，有价值，还有其他更难加以分离的特征。这种经验在我们的知觉和行动中起着作用，而且是相当大的作用；然而它是一种只能用内省来揭示的经验。如果行为主义者打算坚持华生派行为主义心理学，他便只能绕开这种经验。

这样的行为主义者想要分析动作，不管是个体的还是社会的动作，他都不想具体涉及任何意识，也根本不想把它放在有机体行为的范围内或一般现实这个更大的范围内。简言之，他想完全否认意识的存在。华生坚持说，科学心理学，无论是个体的还是社会的心理学的领域完全由客观上可观察的行为构成。他把"心灵"、"意识"的观念作为谬误撇在一边，并试图把所有"心理"现象都归为条件反射和类似的生理机制，一句话，归入纯粹行为主义的术语。当然，这一企图误入了歧途并且未获成功，因为心灵或意识的存在本身在某种意义上是必须承认的，否认它必然导致明显的谬误。不过，虽然不可能把心灵或意识归入纯粹的行为主义术语，不可能借此把它搪塞过去并完全否认它的存在，但是用这些术语来解释它而不是把它搪塞过去或至少不否认它的存在却并非不可能。华生显然认为，否认心灵或意识作为精神的本质、实质或实体的存在，就是完全否认它的存在，对它本身作自然主义的或行为主义的说明是不可能的。但是，正相反，我们可以否认它作为精神实体的存在而一点不否认它在某种其他意义上的存在；如果我们从机能上考虑它，把它作为一种自然的而非超验的现象，便有可能用行为主义的术语来论述它。简言之，否认心灵、意识或心理现象的存在既不可能也无必要。相反，利用行为主义术语来说明或论述它们是可能的，这些术语同华生用于论述非心理的心理学现象（根据他对心理学领域的定义，即所有存在的心理学现象）的那些术语恰恰是相似的。心理行为不能归入非心理的行为。但是心理行为或现象可以用非心理行为或现象来解释，前者是后者引起的，是在后者的复杂情况中产生的。

如果我们准备用行为主义心理学解释意识行为，我们对动作的陈述必须比华生更加彻底。我们不仅要说明完整的即社会的动作，还要说明当个体开始动作和组织动作时中枢神经系统中所发生的一切。当然，那会使我们超出直接观察的领域。它使我们超出该领域，是因为我们不可能观察该过程本身。那是一个或多或少关闭着的领域，看来这是由那个有待研究的领域本身的困难造成的。对中枢神经系统的探究还只达到一定程度。不过，现有的研究结果表明，动作是依据态度组织的，它把神经系统将要引起动作的不同部分组织起来，它不仅代表当下发生的行动，而且代表将要发生的后来阶段。如果某人走近远处的一个物体，他对它的接近与他到达那里时准备做的事有关。如果某人正在走近一把锤子，他的肌肉处于时刻准备抓住锤把的状态。该动作的后阶段出现在前阶段中，这不仅是指它们完全做好开始的准备，而且是指它们能够控制该过程本身。它们决定了我们将如何走近这个物体，决定了在开始操纵它时采取的步骤。于是我们可以看出，中枢神经系统中某些细胞群的神经刺激能事先发动该动作的后阶段。该动作作为一个整体可能在那里决定着该过程。

在对待物体的这样一种一般态度中，我们还可以看出一种体现不同反应的态度，例如当我们谈论我们关于某物体的各种想法时所涉及的反应。一个很熟悉某匹马的人走近那匹马，是作为一个准备骑马的人走过去的。他顺势朝马的侧面走过去并准备翻身上鞍。他的趋近决定了整个过程的成功。不过，马并不只是必须被人骑的东西。它是一个必须吃料的动物。它属于某人所有。它有特定的经济价值。那个人准备做一系列关系到这匹马的事，而那种准备状态包括在各种动作诸多阶段的任何一个阶段中。它是一匹他正要去骑的马；它是一个生物学意义上的动物；它是一个有经济价值的动物。这些特征包括在关于一匹马的种种观念中。如果我们在中枢神经系统搜寻马的这种观念特征，必须在它所发动的种种动作的诸多不同部分中去寻找。人们不能不认为每个部分都与他使用该马的其他过程联在一起，因此不管具体的动作是什么，以这些不同的方式对马采取动作的准备状态都是存在的。在此意义上，在动作的开端我们所能发现的正是我们赋予一个观念的"马"或一个概念的"马"的那些特征。

如果我们要在中枢神经系统中寻找这一观念，我们便必须在神经元中寻找，特别是在神经元的联结中寻找。存在整族的联结，它们具有这样一种特性，使我们可以许多方式动作，并且这些可能的动作对我们实际上采用的动作方式有影响。例如，如果该马属于该骑手，该骑手的动作方式便不同于它属于其他人时的情况。这里所涉及的其他过程决定了当下的动作本身，尤其决定了该动作的后阶段，以致对该动作的短暂组织可能出现在当下的过程中。我们不知道那一短暂的组织在中枢神经系统中是如何发生的。在某种意义上，这些将要发生的、在某种意义上已经发生的后来的过程，是被纳入当下的过程的。行为主义的论述，只要它是足够宽泛的，只要它利用神经系统中实际存在的无限的错综复杂性，便能证明它适用于许多领域，适用于那些被人们认为只能由内省占领的领域。当然，这里的论述有许多只能是假说性的。对于神经联结是什么，我们所知道的东西一天天多起来，但它们大半是假说性的。不过，至少可以用行为主义形式来说明它们。因此，在原则上，我们可以用行为主义的方式来说明我们所说的观念。

3. 姿态在行为主义研究中的意义

华生式的行为主义者动辄把他的条件反射原理搬用到语言领域。由于一种条件反射作用，马已经和"马"这个词联在一起，而这反过来又释放了一系列反应。当使用这个词时，所释放的反应可能是骑马，买马，卖马或驯马。我们有做所有这些事的准备。不过，这一陈述没有认识到，被行为主义者等同于"马"这个词的这些不同过程必须纳入该动作本身，或围绕马而发生的一组动作中。它们有助于在我们的经验中构成该对象，而且这个词的作用在对动作的组织中有其地位；但它并非整个过程。我们发现同样的组织活动似乎还扩展到比人低等的动物的行动中：有助于构成我们的对象的那些过程大概也出现在动物那里，只是它们没有使用语言。语言使我们能够控制对动作的组织，这无疑是语言的重要价值，或它的重要价值之一。这一点后面还将详细考虑，不过重要的是要认识到，该词所指的某种东西不使用语言也能存在于个体的经验中。语言从经验中区别出这一内容并加以组织。它是实现这一目的的一种工具。

语言是社会行为的一个部分。①有无数的记号或符号可以起到我们所称的"语言"的作用。我们在解释其他人的行动的意义，而他们或许并没意识到这意义。有某些东西向我们泄露了他的目的——仅仅一个眼色或身体的姿势便导致这样的反应。以这种方式在个体之间建立起来的交流可能是很完善的。也许可以进行姿态的会话，但这是无法转译成发音清晰的言语的。低等动物也是如此。带着敌意相互逼近的两条狗便在运用这样一种姿态语言。它们相互绕着对方转，嗥叫，咆哮，伺机扑上前去。这里有一个可能产生语言的过程，即，一个个体的某种态度引起另一个个体的反应，后者又引起一种不同的态度和不同的反应，并且可以不停地进行下去。事实上我们将会看到，语言确实是在这样一个过程中产生的。不过，我们太易于像语言学家那样研究语言，即从

---

① 社会过程得以进行的基本途径是什么？是姿态，姿态使社会过程所涉及的不同个体有机体有可能对彼此的行为作出适当反应。在任何特定的社会动作中，顺应都是凭借姿态、凭借其中一个有机体针对另一个有机体的动作而采取的动作实现的。姿态是第一个有机体的运动，是唤起第二个有机体相应的社会反应的具体刺激。姿态的作用领域是这样一个领域，它使得人类智能的产生及发展通过经验的符号化过程而发生，姿态（尤其是有声的姿态）使这种符号化过程成为可能。归根结底，由于人类在这一姿态领域中的特化作用，才有今日人类社会及知识的发端与生长，才能凭借科学而对自然和人类环境所做的一切有所控制。

所使用的符号的观点出发研究语言。[1]我们分析那个符号，弄清某人使用那个符号的意图，然后试图发现这符号是否在另一个人心中呈现出这意图。我们假定人们心中有着一套一套的观念，这些个体使用某些任意的符号来表达他们所抱的意图。但是如果我们准备在我所讲的意义上扩充语言概念，使得语言包括作为基础的态度，我们便可以看到，所谓的意图，我们正在谈论的观念，是包含在我们正在运用的姿态或态度中的。给进屋来的人端张椅子，本身便是一个有礼貌的动作。我们不必假定那个人对自己说此人需要一张椅子。对一个有礼貌的人来说，端张椅子这件事几乎是本能的。这正是那个人的态度。从观察者的角度看，这是一种姿态。社会动作的这样一些早期阶段先于严格意义上的符号，先于深思熟虑的交流。

现代心理学尤其是语言心理学史上的一部重要文献是达尔文的《人与动物的情绪表达》。在这本书里，达尔文把他的进化论贯彻到我们所称的"意识经验"领域。达尔文所做的是，表明存在一整套的动作或动作的开端，它们引起反应，这些反应实际上表达了各种情绪。如果一条狗进攻另一条狗，或是正要进攻之际，或是准备争夺另一条狗的骨头

---

[1] ["心理学与语言学的关系"，载《心理学通报》，第1期（1904年），第375页以下。]

时，它的动作引起狂暴的反应，这种反应表达了后一条狗的愤怒。从那里我们看到一系列态度，表达了狗的情绪；我们可以把这一分析转用到人类情绪的表达上。

我们身上最生动并且最容易表达情绪的是面部，达尔文从这个观点出发研究面部。他很自然地以演员为例，因为演员要做的事便是通过面部表情的活动来表达情绪；他还研究肌肉的活动。在研究中他试图指出面部的这些变化在实际表演中的价值。我们谈论比如愤怒的表情，注意血液如何一下涌上面部，然后又如何退下去。达尔文对人在畏惧和惊恐时的血液流动情况进行了研究。当处于这些情绪之中时，可以发现血液流动本身发生的变化。这些变化有其价值，它们显然体现了人在做各种动作时血液循环的变化。这些动作一般都是快动作，而且只有当血液迅速流动时才会发生。血液循环节律必定有所变化，而它一般会流露在面部表情中。

人们许多敌意的动作在面部表情上显示出来，就像用牙齿发动进攻的动物一样。态度，或用一个更概括的词，姿态，在动作的价值消失之后仍然保存着。达尔文著作的题目表明了他的主要观点。他论述这些富有表情的姿态、态度，同时认为，姿态具有表达情绪的功能。按照这个观点，在动作的价值消失之后，那个态度仍然保留着。这一姿态似乎是为了表达情绪而保留的。人们自然地假定，动物经验里有一种态度在某种意义上与人类的相应。这里也可以运用适者生存学说。这样说暗含的意思是：这些姿态或态度已失却了在原先动作中的意义，但它们本身保存了下来。明确地说，它们保存下来是因为它们发挥了某种有价值的作用，这里指的乃是表达情绪的作用。达尔文的这一观点反映在其他心理学家的著作中。他们像达尔文一样注意对动作的研究，注意某个个体通过其态度传递给另一个体的信息。他们假定这些动作有存在的理由，因为它们表达了个体内心的某种东西。这种观点和语言学家的观点相似。他们假定语言是为了传递某种观念、某种情感而存在的。

如果动动脑筋，便会发现这是一种错误的观点。根本无法设想动物会去表达它们的情绪。它们显然不会为了其他动物而表达自己的情绪。最多只能说，"表情"确实释放了个体的一种特定情绪，可以说，它是一个安全阀，释放了动物在某种意义上需要摆脱的一种情绪。它们当然不可能作为表达情绪的方式存在于低等动物中；不能从表达个体内心某种东西的观点来看待它们。当然，我们明白，对于演员来说，表情肯定能成为一种语言。例如，一个演员叫以表达他的愤怒，他可以通过面部表情来表达，把他打算表达的情绪传达给观众。不过，他并不是表达他自己的情绪，而只是向观众显示出愤怒的样子。如果演得成功，他可能比一个真正动怒的人更能打动观众。从演员身上我们可以看到这些为表达情绪而作出的姿态，但是不能认为它们的出现本身就是一种表达情绪的语言。因此，我们必须从姿态型的行动出发研究语言，它存在于该行动中，但本身还不是一种确定的语言。我们还必须弄清楚交流的功能如何从那种居先的行动中产生出来。

达尔文心理学假定情绪是一种心理状态，一种意识状态，并且这种状态不能用个体的态度或行为来阐述。它假定情绪存在着并且某些活动可以给它提供证据。这个证据会被其他同类个体所接受和作用。就是说，它预先假定了与生物有机体相对的意识状态。这种意识状态有待于姿态或态度来表现。它有待于在行为中表现出来，并通过这一表达手段以某种现存于其他个体意识中的方式组织起来。这便是达尔文所接受的一般心理学观点。

然而，与达尔文相反，我们没有发现任何证据可以表明这样一种意识的优先存在：它造成某个有机体的行为，引起另一有机体的调整反应，而它本身并不依赖这种行为。相反，我们必须得出的结论是，意识是从这种行为中突现的；意识决非社会动作的前提，社会动作倒是意识的前提。描述社会动作的机制可以不引进意识的概念，意识乃该动作中的一个可分离的成分；因而，社会动作在其较为基本的阶段或形式中，是可以离开或撤开意识的某种形式的。

4. 平行论在心理学中的兴起

必须把强调平行论的心理学与强调联想的心理学区别开。后者认为，某些意识状态存在于个体的心灵中，并按照它们自己的联想律相继发生。把休谟奉为圭臬的整个心理学学说显而易见是联想主义的。某些意识状态被设想为由其他相似元素结合起来。这些元素中有愉快元素和痛苦元素。与这种有关联合的意识状态原子论相联系的是一种动作心理学，它建立在愉快、痛苦同某些其他感觉、经验相联结的基础上。联想说是占优势地位的心理学学说；它论述静态的经验而非动态的经验。

心理学研究越来越深入地推进到中枢神经系统，揭示出存在着种种成为完整系列的经验，可以称之为感觉，但它们迥然不同于那些可说是静态的感觉，诸如声音、嗅觉、味觉和颜色等。联想属于这个静态的世界。我们的经验中有很大部分是动态的，人们已愈益认识到这一点。[①]实际活动形式出现在某些感觉中，这些感觉与感觉神经的分布一致。人们还研究了与内脏相连的神经通路，这些当然是与情绪经验相一致的。血液循环的全过程以及涉及血液循环的突然变化的

---

① 联想的路线遵循动作的路线（1924年）。

动作过程被展示出来。致使个体立即行动的害怕、敌意、愤怒，或者使个体丧失行动能力的恐惧，都反映在内脏的状况中；它们的感觉方面与中枢神经系统也有联系。因此，有一种经验不属于静态的世界。威廉·冯特从这样一种生理学的观点出发探讨问题，它提供了一条线索，使得人们能从有机体本身的机制来探究各种动态的经验。

人们对中枢神经系统及其运动神经和感觉神经做过这样的试验，以一股神经电流刺激中枢神经系统，使之在"意识"中造成一种感觉。如果要对我们所说的动作作一个完整说明，就必须跟踪感觉找出由于在意识中发生的变化而导致的运动结果。我所说的这种生理学在某种意义上脱离了意识领域。要把这样的机制照搬到低等动物身上去很不容易。至少，它使心理学家越出了动物经验的领域。达尔文认为，人类的行动及人类的形态乃由动物进化而来，如果真是这样，那么必定是指在某种意义上的意识进化。

由此产生了从行动本身的观点出发进行研究的方法，并且由此引进了平行论原理。意识中所发生的与中枢神经系统中所发生的状况是平行的。因此对形式上是生理学的内容的研究，必定也是心理学的研究。意识的中枢记载着影响神经系统的东西，从它之中出现了由感觉和记忆表象引起的行动，这个中枢超出于生理机制的范围；但人们必定从发生在神经系统中的状况与生理学家断定为意识的状况中发现平行之处。就情绪而言，我所谈到的这些似乎为发生在意识中的东西提出了生理学上的对等物。意识这个领域似乎特别属于生命的心理方面。憎恶，爱慕，愤怒，这些似乎是心理的状态。如何能用生理学术语来说明它们？从进化论的观点研究动作本身，并研究有机体处于我们所说的情绪的影响之下时它本身发生的变化，展示了与这些情绪状况类似的状况。人们可以看到与那些情绪完全相应的某些状况。

对这一点作进一步的发挥，便导致詹姆斯的情绪理论。人们害怕时会逃跑，人们愤怒时会动手打人，因此，我们可以从有机体的生理方面发现某些与害怕、愤怒相应的东西。那便是有机体的态度，它与这些情绪状况尤其是我提到过的内脏状况以及已知与这些情绪相联的血液循环的突然变化相应。于是，把心理状况与生理状况联系起来便成为可能。结果是，人们能够用生理学术语对个体的行动作出更为完整得多的陈述，能够在身体机制中和在该机制的作用中找到与用意识所作的陈述相应的东西。这样一种心理学极其自然地被称作生理心理学。它用有机体内发生的状况来说明心理学家所探讨的内容。动物的动作中与这些各不相同的所谓心理学范畴相应的东西是什么？与感觉、运动反应相应的东西是什么？如果从生理学方面回答这些问题，它们无疑会涉及位于动作之中的那些机制，因为身体内所发生的一切便是动作。它可以是延迟的动作，但是并不存在本身就是一种状态、一种可与静止状态相提并论的生理状态。于是我们转向感觉，并着手用完全的反射动作来说明它们。我们从刺激的观点出发论述感觉，当我们开始论述各种情绪状态时，便从为动作所做的准备和进行中的动作本身来论述。①也就是说，把一组心理状态与动作的不同阶段联系起来现已成为关键。于是，平行论也就成了在动作与经验内容之间寻找类似关系的一种尝试。

这一分析的必然结果是把心理学从静态的形式推进到一种动态的形式。问题并不在于把内省中发现的东西与有机体中发现的东西联在一起；问题已成为用动态的方式把内省中发现的那些东西连在一起，生理学基础与有机体的生命就是以这种动态方式连在一起的。心理学依次成为联想心理学、运动心理学、机能心理学，最后是行为主义心理学。

心理学的历史转化乃是一个逐渐发生的过程。意识这个东西不能简单地置之不顾。在早期心理学里，曾经有人笨拙地尝试把意识解释为大脑的某种分泌物，然而这不过是转化中的一个可笑阶段。意识曾是某种存在的东西，但是可以使它与身体内部发生的状况处于越来越密切的关系中。身体内部发生的状况有某种确定的次序。身体内部发生的一切都是动作的组成部分。早先的中枢神经系统理论假设心灵的某些

---

① 例如，约翰·杜威补充詹姆斯的学说，指出动作中的冲突对于情绪产生的必要性。

机能可以定位于大脑某些部分，但是对中枢神经系统的研究并未揭示任何这样的关系。中枢神经系统中除了通路别无他物，这已是显而易见的。①脑细胞被视作神经通路的组成部分，为维持该系统提供养料，但是那里找不到维持一个观念的东西。中枢神经系统中并没有什么东西使我们能够确定进行抽象活动的神经通路的位置。人们一度把额叶看作思维过程的所在处，但是额叶除了通路之外也别无他物。这些通路使非常复杂的行动成为可能，它们通过大脑的作用过程使动作变得极其复杂；但是它们并没有建立任何在机能上与观念相应的结构。因此，从有机体的观点出发研究意识，势必导致人们从动作的观点出发来看待意识本身。

例如，与握紧拳头相应的内心经验是什么？生理心理学通过臂与手的肌肉神经来探讨该动作。于是该动作的经验就是对正在发生的状况的感觉；对意识而言就是明白该器官正在干什么；这里就有一种平行，器官中正在发生的状况和意识中所发生的状况之间的平行。当然，这种平行并非完全的平行。有些意识只与感觉神经相对应。②我们意识到某些事，意识不到其他的事，而在决定意识到哪些事方面，注意

---

① [哲学家中，亨利·柏格森特别强调这一点。参见他的《物质与记忆》。]
② 我们往往意识到我们已经干的事，从不意识到正在干的事。我们直接意识到的往往只是感觉过程，从不直接意识到运动过程；因此我们只有通过感觉过程才意识到运动过程，而感觉过程乃是运动过程的结果。为此，意识的内容必须作为动态的、正在进行的过程而与生理系统相关联、相呼应。

起着非常大的作用。我们转述的平行论看来并不完整，而只是在不同方面出现的平行论。有趣的是，现在为分析提供线索的是有机体。反应只有某些部分会在意识中出现。有机体占据了第一位。实验心理学从它在生理系统中所能掌握的东西出发，然后着手揭示意识中与之相应的东西。实验心理学家认为，要从神经系统中认出这些事实，他和生理学家有同样的把握，而有了这些事实之后，他便可以研究意识。从神经官能症出发，然后记下在精神病中所发现的情况，则更为简单。因此，承认意识内容与中枢神经系统生理过程之间有某种平行，便得出对意识内容的动态的（关于动作的）概念，而不是静态的（关于状态的）概念。这样，对意识内容的研究便是从下面（即自然主义地）而不是从上面（即超验地）进行的，借助于对中枢神经系统生理过程的研究以确定与有机体的生理活动相对应的心理活动。

关于统一行动的指示中心存在一个问题。我们很容易像看待电话总机那样来想象中枢神经系统：来电从这里接进，回电从这里送出。某些中枢逐渐被看作基本中枢。如果追溯到大脑的底部，追溯到作为低等动物的中枢神经系统的实体部位，便会发现，有一种构造的活动控制着其他活动；但是就人类的行动而言，找不到任何这样的有单个指示中枢或中枢群的系统。人们可以看到，逃离危险所涉及的各种过程可能是这样一些过程，它们与其他活动密切相关从而使构造内部形成了控制作用。如果有一头公牛在追赶一个人，他就会把那棵树看作一个可脱身之处；而一般地说，人们都会发现能结束所发生之事的东西。在个体的整个活动中，决定的因素可能是一个变动的中枢群。这个概念还被引入了对发育的研究。胚胎的某些部分开始发育，并控制着生长活动，直到其他某个过程进入控制。在皮层中，即在某种意义上与人的智能相应的那个器官中，我们找不到任何惟一的、不变的控制，即是说，在该结构中找不到这种控制的任何证据。在某种意义上，我们可以假设皮层作为一个整体而动作，但是我们不可能追溯到某些中枢，说心灵就是在此思考和行动的。有无数互相联结的细胞，它们的神经分布在某种意义上导致一个整体的行动，但是那个整体几乎不可能用中枢神经系统来说明。看来在发生的一切事情中皮层的所有不同部分都被牵涉进去了。进入大脑的一切刺激都反射到大脑的所有部分，但我们确实得出一个整体的动作。因此，依然存在着一个根本没有明确解决的问题：中枢神经系统活动的统一问题。冯特着手寻找可能造成这种统一的中枢，但是人脑本身的结构中并没有什么东西能够分离出大脑的任何部分来指示整个行动。这个统一是整合的统一，虽然我们说不出这种整合究竟是如何具体发生的。

我想阐明的是，从有机体的观点出发探讨心理学理论，必定要强调行动，强调动态的东西而不是静态的东西。当然，从另一个方向研究也是可能的，即，从心理学家的观点出发考察经验并且对中枢神经系统中发生的情况作出结论。例如，可以承认，我们并没有完全受到在中枢神经系统中起作用的各种不同刺激的支配，这是生理学家一贯的观点。我们能够看到这些器官调整自身以适应不同类型的刺激。当气流进入时，它们影响耳朵这一特定器官；当滋味和气味进入时，刺激到达作出反应的那些专门器官的通道。看起来可能只有有机体对刺激所作的反应。这一论点被斯宾塞的心理学所袭用。斯宾塞接受了达尔文的进化原理。环境的影响施加到有机体身上，有机体的适应产生于环境对它的影响。斯宾塞认为，中枢神经系统连续不断地受到刺激的作用，这些刺激设立了某些通道，因此是环境塑造了有机体。

然而，各种注意现象对行动提供了一种不同图像。人类是有注意力的动物，他的注意可能放在比较微弱的刺激上。人们可以听到远处的声音。我们的全部智能过程似乎就在于有选择地注意某些类型的刺激。[1]其他轰击该系统的刺激则以某种方式被撇在一边。我们把注意放在某一特别的事物上，这不只是对某些刺激敞开大门而对其他刺激关了门，我们的注意既是一个选择过程，又是一个组织过程。当把注意放在我们正要去做的事情上时，我们挑出了呈现为连续活动

---

[1] [参见第13、14节。]

的整群刺激。注意使我们能把准备动作的范围组织起来。我们在此使有机体作用于其环境并决定其环境。它并不只是一组受外来刺激作用的被动的感官。有机体面向外界并决定它要对什么作出反应，并且组织那个世界。一个有机体选择这一事物，另一有机体选择另一事物，因为它准备以一种不同的方式动作。这是研究中枢神经系统内部活动的一种方法，从心理学家到生理学家都进行了这种研究。

有关注意的生理学依然是一块未发现的大陆。有机体使其自身适应于某种类型的行动，而这对于决定该动物将要做的事具有相当重要的意义。在有机体身上还有一些反应，诸如逃离危险这种反应，表现出一种特别的敏感性。来自其他某个方向的声音可能不会有同样的效果。眼睛对处于视野中央以外的运动极其敏感，虽然该部位的视网膜对于形状和色差不那么敏感。在图书馆找一本书时，你带着有关该书封面的意象；要去会见一个朋友时，你使自己对该人的特定形象格外敏感。我们可以使自己对某些类型的刺激变得敏感，并且能够建立准备去进行的活动类型。在一连串的反应中，低等动物实现了一种本能的反应之后发现它自己面对着另一种刺激，如此继续下去；而作为有理智的人，我们自己建立这种有组织的反应。注意的领域是这样一个领域，其中一定有一种机制，凭借它我们可参照其他刺激组织不同的刺激，从而能够作出某些反应。通过研究自己的行动，我们能够对此作出描述。现在至多只能说到这里。

心理学平行论在很大程度上受制于对中枢神经系统的研究，这就不可避免地导致机能心理学、运动心理学、唯意志论心理学，最终导致行为主义心理学。人们越是能够用中枢神经系统来说明个体的过程，人们也就越有可能运用他在中枢神经系统中发现的模式来解释行动。我要强调的是，人们在中枢神经系统中发现的模式是动作的模式，不是沉思的模式，不是评价本身的模式，而是动作的模式。另一方面，我想指出，人们能够从心理学家的观点出发研究中枢神经系统而把某些问题交给生理学家去解决。生理学家将如何解释注意？当生理学家试图解释时，他必定要用各种通路来解释。如果他打算说明为何选了这一条通路而不选另外一条，就势必要回到这些通路和动作的条件上来。不可能在中枢神经系统中建立一个自始至终普遍适用的选择原则；不能说中枢神经系统中有某个特定的东西与动作相关；不能说有一种一般的注意力。因为必须明确地说明，所以，即使从心理学观点出发指导对中枢神经系统的研究，人们将得出的说明也必须是用代表动作的通路作出的。

总之，这就是平行论式的生理心理学出现的历史。生理心理学已经超越联想论阶段而进入了下一个阶段。在追溯这一演变过程时人们一般地强调了注意，但是对注意的强调在很大程度上来源于对有机体本身的研究，因此，它应当被放在我们所提出的更大的范围来考察。

5. 平行论与"意识"的歧义性

"意识"是个含义十分模糊的词。人们往往把意识看作某种确凿的东西,只是它在某些条件下存在,在其他条件下不存在。人们十分自然地认为,意识是在有机体的某些状况下发生的某种东西,因此,它可以被看作是与神经系统中的某些现象保持平行,与其他一些现象则不平行。似乎不存在与运动过程本身相应的意识;我们对自己的动作所具有的意识是感觉型的,它与来自感觉神经的电流相应,而感觉神经受肌肉收缩的影响。我们意识不到实际的运动过程,但是我们有一个与之相应的感觉过程。平行论心理学便是由此产生的。它从某种意义上意味着,一个健全的有机体似乎没有意识也行。一个人全身麻醉时继续活着。意识离他而去,又重新回来,有机体本身并未中断过存在。人们越是能够完整地用中枢神经系统说明心理过程,这个意识便越是变得无足轻重。

胡戈·明斯特尔贝格作了一个极端的说明。[①]他假设有机体自身简单地存在着,不过它对某些神经变化作出反应,

---

① [参见《意志行为》。]

于是有了意识状态。如果某人说他做了某事，那即是说，他意识到了在做那事时他身体肌肉的运动；对动作开端的意识即被他解释成其行动意志的东西。只存在一种对正在进行的某些过程的意识。然而，这种极端形式的平行论对于注意的过程和意识的选择性恰恰未予说明。如果生理学家能够指出用以组织动作的中枢神经系统的机制，那么，认为个体只是对有机体作出的选择具有意识的极端平行论陈述便会继续占优势地位。但是选择过程本身如此复杂，要说明它几乎不可能，特别是从这样的角度。意识本身特别具有选择性，而选择过程，使器官对刺激变得敏感的过程，极难从中枢神经系统中分离出来。威廉·詹姆斯指出，为了使某个刺激显得突出，只需很小的差别，而且他能够想象针对某种刺激作出的一个有意动作，仅仅使该刺激比没有该动作时稍微突出了一点。冯特力图使平行论站住脚，他假设可能有某些神经中枢能够执行这一选择的职能。但是对于人们理解有机体和意识之间的相互作用的方式，对于意识作用于中枢神经系统的方式，并没有任何令人满意的说明。因此在心理学发展的这一阶段，我们所获得的是平行论而不是相互作用论。

心理学平行论阶段的出现，并不只是作为一种曾在心理学研究中偶然出现、转瞬即逝的形式，而是一种有着明确目的、符合一种十分显然的需要的心理学。

我们在某种意义上把我们称之为意识的经验与发生在周

围世界中的经验予以区分。我们看见一种颜色并给它一个确定的名称。我们发现，由于视力不佳，我们搞错了，于是回过头去看光谱色并作出分析。我们说存在某种独立于我们的直接感觉过程的东西。我们试图把握住那一部分可说是独立于我们自己的直接反应的经验。我们想把握它是为了能解决差错问题。要不是出了差错，我们原本不会作这种区分。如果我们看到远处一棵树，走近时却发现没有树，我们必定是把其他什么东西误当作树了。因而，必须有一个我们能把自己的经验归之于其中的范围；而且还需要被公认为独立于我们自己的视力的对象。我们需要在任何时候都能作出这种区分的机制，并以这种方式推而广之。我们建立了关于外部刺激的感性知觉论，使得我们能够把握可以信赖的经验，以便把它与不可同样信赖的经验区分开来。甚至对一个实际存在的对象也能作如此分解。在实验室里我们可以把刺激和感觉经验区分开。实验者开亮了一盏灯，他知道那是什么灯。他能够说出视网膜和中枢神经系统中发生了什么，然后他问这些经验是什么。他把各种因素都放在这个过程中，使得被试者搞不清楚它究竟是什么。他一方面抓住意识资料，另一方面抓住正在进行的物理过程。他只把这一分析用于对他的调查研究有关的范围；在那以外他自己还有可用同样方式加以分析的种种对象。

我们希望能把属于自己的经验的东西与那些可用科学术

语加以陈述的东西区分开。我们对某些过程是有把握的，但对人们对这些过程的反应并无把握。我们知道各个体之间有着千差万别。我们必须作出区分，所以必须指出在这样两类事物之间的平行关系：一类是存在着并且对所有人具有同样价值的事物，一类是随某些个体而变的事物。看来我们得出了一个意识的领域和一个没有意识的物理事物的领域。

我想区分在使用"意识"这个词上的差别，即用来表示某些内容的可及性的"意识"，以及用作某些内容本身的同义词的"意识"。当你闭上双眼时，你使自己脱离了某些刺激。当某人被麻醉时，世界对他来说是不可及的。同样，睡眠使人成为对世界不可及的。我想把用于表示人们对某些领域可及或不可及的"意识"同由个体的经验所决定的这些内容本身区别开。我们希望能够论述一种随不同个体而改变的经验，论述这些在某种意义上代表着同一对象的不同内容。我们希望能够把那些因人而异的内容同那些在某种意义上对大家一样的内容区别开。我们的心理学家们所论述的无疑是因人而异的经验。这些经验有的取决于个体的视界，有的仅为某一特殊器官所有。如果某人色盲，他便有不同于视力正常者的经验。

因此，当我们用"意识"这个词说到那些可随个体经验而变的状况时，这种用法完全不同于使人成为对世界不可及的用法。①有时遇到某人正要入睡的情况，我们分散或集中他的注意力，部分地或完全地排除现场的某些部分。另一种用法用于那种不同于其他任何人的经验的个体经验，而且不仅是与他人的经验不同，还不同于他自己在不同时间的经验。我们的经验不仅随自己的机体而变化，而且是瞬息即变；但它是对某物的经验，而该物并不随我们的经验而改变，我们要想能研究处于这种变化形式中的经验，便必须提出某种平行论。人们可以试图超出身体的范围建立某种平行论，但是对刺激的研究必然使我们转入对身体本身的研究。

对于放在某处的一个分币这样一个对象，不同的位置会导致不同的经验。此外，还有些现象取决于眼睛的特性，或取决于以往经验的影响。它在某人眼里是这样一个分币，在另一个人看来是一个不同的分币；但是这个分币作为一个实体独自存在着。我们希望能够论述个体之间这些空间位置上的视界差异。从心理学观点看，更重要的是记忆的视界，据此，某人看到这样一个分币，而另一个人看到另一个分币。这是我们想加以区分的特性，是我们的平行论的根据所在，就是说，平行论的根据在于可从物理和生理上确定为对大家都一样的对象同只有特定有机体、特定个体才有的经验之间

---

① [顺便说一下，也不同于第三种用法，其中"意识"被限制于符号操作水平。关于意识，参见"精神现象定义"，载《芝加哥大学十年纪念刊》，第3卷（1903年），第77页以下；"心理学须以哪些社会对象为前提？"载《哲学杂志》，第7卷（1910年），第174页以下。]

的区别。

提出这一区别作为一种心理学的原理，便有了冯特十分有力、极为详细地阐述的那种心理学。他试图把有机体及其环境描述成对任何经验都相同的物理对象，虽然它们在不同经验中的反映是完全不同的。在解剖台边研究同一中枢神经系统的两个人所看到的会略有不同；但他们观看的是同一中枢神经系统。在那个过程中两人各有不同的经验。现在，把有机体及其环境放在一边作为共同的对象，然后把其余的东西（打个比方）放在各个个体的经验中，结果便是一种平行论：一方面是物理的世界，另一方面是意识。

如我们所看到的，这种区分的基础是熟悉而合理的，但是像冯特所做的那样把它放进心理学中时，就达到了其极限；超出这个极限则导向困境。这个合理的区分能使人从一种经验中辨别出为他自身所特有的方面，必须根据他个人经历中的某一瞬间来研究的方面。有些事实的重要性仅在于它们存在于个人的经历中。那样一种区分的方法一方面回溯到生理环境，另一方面回溯到经验。这样，对象本身的经验与个体的经验形成对照，一方面是意识，另一方面是无意识的世界。

如果探究这一区分直至其极限，我们便达到一个对所有人都一样的生理有机体，它受一组刺激的作用，这些刺激对所有人也都一样。我们想沿着这些刺激在中枢神经系统中的影响，找到一个特定个体具有一种独特经验的地方。当我们在一个特定个案的研究中达到这一点时，便把它作为推广那种区分的根据。我们可以说，一方面存在着物理的东西，另一方面存在着心理的事件。我们假设可以把各人经验到的世界看作是存在于他大脑中的一个因果系列的结果。我们追踪着刺激进入大脑，我们说意识在那里闪现出来。这样，我们最终还是把所有经验都放进了大脑，于是，旧认识论的幽灵又出现了。那是谁的大脑？如何认识那个大脑？大脑存在于何处？结果，整个世界都存在于观察者的大脑里面；而观察者的大脑又存在于其他每一个人的大脑里，如此循环不尽。如果想把这一平行论的划分上升为形而上的划分，便会产生各种各样的困难。这种划分本质上的实用性必须现在予以指出。

6. 行为主义的纲领

我们已经看到，在试图说明个体的经验时，会涉及一种平行论。这里所说的个体经验即作为个体的某个人所特有的经验。对于只有该个体才可及的东西，对于仅仅发生在他自己的内在生活中的东西，必须从它与它在其中发生的那个环境的关系来说明。某人有一种经验，另一个人有另一种经验，两者都用其个人经历来说明；但是此外还存在对所有人的经验都一样的东西。我们的科学陈述把个体自己经验的东西、归根结底只能用他的经验来说明的东西同属于所有人的经验联系起来。这种联系很有必要,这样才能解释为个体所特有的东西。我们往往把为自己的反应所特有、我们能够明白而其他人不能明白的东西同对大家都一样的东西区分开。我们把仅属于个体经验的东西归诸一种共同的语言、一个共同的世界。当我们把这种关系、这种相互联系加诸心理上和生理上所发生的东西时,便得出了一种平行论心理学。

任何一个人所经验的特定颜色或气味都是一种个人的状态。它有别于其他个体的经验,然而,存在着它所涉及的共同对象。这些经验涉及同样的光线,同样的玫瑰花。我们力图跟随这些共同的刺激进入这些个体中的每一个人的神经系统。我们的目标是得出一个普遍性的、将与那些特殊状况相应的说明。我们想尽可能地控制它们,只要确定了特殊经验得以发生的条件,便能够实现那种控制。①

如果某人说他对某对象的经验是由不同的感觉构成,然后着手说明这些感觉在何种条件下发生,他可以说是在用自己的经验说明那些条件。但是这些条件对大家是一样的。他衡量、测定正在发生的情况,但他用以测量的工具归根结底由他的感觉经验组成。热的东西或冷的东西,粗糙的东西或

---

① [下面对平行论所作的方法论解释,在第15节还有进一步的论述。]

光滑的东西，这些对象本身是用感觉来陈述的；但是我们可以用感觉来陈述它们，使感觉成为普遍的，我们抓住经验的这些共同特性并根据它们去发现为不同个体所特有的东西。

心理学注意这一相互联系，注意搞清当某人有某种感觉经验时物理世界所发生的情况与有机体内所发生的情况之间的关系。赫尔曼·亥姆霍兹贯彻了这一纲领。① 世界存在着，这可以用科学规律来说明，也就是说，刺激是用物理的术语陈述的。中枢神经系统中发生的情况可以得到越来越精确的表述，而这可能是与个体在他自己生活中发现的某些确定的经验相联系的。心理学家还注意搞清这一经验发生的条件同个体所特有经验之间的相互关联。他希望使这些陈述尽可能地具有普遍性，从而成为科学的陈述。他想根据他能控制的范围即一个个体经验所由发生的条件来尽可能准确地说明那一经验。很自然，他力图用该个体的反应能力来说明他的行动，并且尽其可能地把个体的比较复杂的反应能力回溯到比较简单的动作形式。他尽其所能地使用一种行为主义的陈述，因为那可以用他所控制的同一领域的话来表述。

现代心理学背后的动机在心理测验场中表现出来，在那里人们掌握了某些情境与某些反应之间的相互关联。这种心理学的特征在于，它不仅尽可能是行为主义的（因为它尽可

---

① [《音觉原理》；《生理学光学手册》。]

能完全地用客观的术语说明个体经验),而且它注意掌握这样的陈述和相互关联,从而尽可能地控制人的行动。我们发现现代心理学感兴趣的是实际问题,特别是教育问题。我们必须把婴幼儿的智能引入某些媒介的确定用法和某些确定的反应类型。我们如何接受一个带着自己种种特点的个体,并把他纳入一种近乎统一的反应类型?他必须与其他人有同样的语言,同样的度量单位;他必须接受一种确定的文化作为自己的经验的背景。他必须置身于某种社会结构并使之成为自身的一部分。怎样去实现它呢?我们论述的是分离的个体,但这些个体必成为一个共同整体的一部分。我们想要掌握这个共同的世界与个体所特有的东西之间的相互关联。因此,我们的心理学致力于学习的问题、学校的问题,并试图分析不同的智能,这样我们便可以用尽可能普遍的措辞来说明它们;我们需要某种能同孩子们必须完成的任务相关联的东西。言语中涉及某些确定的过程。我们可据以判定个体能干些什么以及他必须接受何种特殊训练的那种始终如一的东西是什么?心理学还涉足其他领域,如商业问题、推销术、人事问题;它还涉足变态问题的研究,试图把握反常个体的特征,并使之适应常态或整体性,而这种整体性正是在这些反常中得到表现的。有趣的是,我们看到,心理学的出发点是搞清个体经验与经验得以发生的条件之间的关联问题,并且用行为来说明这种经验;它很快便致力于把它发现的这种相互关联实际地运用到训练和控制上。实质上它正在变成一种实用科学，而把与先前的联想心理学教义密切相关的心理学、哲学问题推到一边去了。这些便是在行为主义心理学中发生影响的因素。

这种心理学并不是（也不应当被看作是）为了反对联想心理学而提出的一种理论。它力图做的是弄清个体经验由以产生的那些条件是什么。那是这样一种经验，它使我们回想起该行动以便能够照它办。正是它给一种心理学研究打上了显著的标记。历史学及所有社会科学都研究人，但它们并非主要是心理学的。心理学在许多问题的研究中都可能是很重要的。比如说，经济问题，价值问题，欲求问题，政治学问题，个体与国家的关系问题，就个体而言必须考虑的人际关系问题。可以发现一切社会科学都有其心理学的方面。历史学无非是传记，一整套一整套的传记；然而所有这些社会科学都是从其共性来论述个体的；当个体被作为异常的人置于显著地位时，是从他在整个社会中取得的成就或他可能造成的破坏作用这一观点来看待他的。但是，我们并不像社会学家那样首先忙于研究他的经验本身。心理学是要提出一种技术，使它能够论述任何个体在其生活的任何瞬间都可能会有的经验，以及只有某个个体特有的经验。而论述这样一种经验的方法是弄清那一个体经验发生的条件。我们应该尽我们所能地用该个体经验得以产生的条件来说明那一经验。这实质上是一个控制的问题，心理学家正致力于解决的问题。当然，这个问题有其探求知识的一面。我们要增进知识，但是在这背后的企图是通过我们获得的知识达到控制；看到我们的现代心理学正越来越深入某些能够实现这种控制的领域之中，这是十分有趣的；就它能弄清可予以检测的相互关联而言，它是成功的。我们要抓住这样一些属于个体的因素：它们虽然也为社会全体成员所有，但是具体表现在特定个体身上。这些问题正越来越把自己推上前沿。

我应该谈谈新近心理学的另外一个方面，即完形心理学或格式塔心理学，近年来它一直是引人注意的。从那里我们看出经验的某些成分或方面对于个体经验和该经验所由产生的那些条件而言是共同的。[①]有一些普遍形式既存在于个体经验的知觉域中，也存在于对象自身中。它们是可以识别的。我们不可能拿住像颜色之类的东西，也无法用某些感觉把它构造出来。经验，即使个体的经验，都必须从某个整体出发。必须涉及某个整体，才能得到我们所寻找的成分。对我们尤为重要的是承认一种共有的成分，它为个体的知觉所有，并被看作该知觉由以产生的一个条件。这个论点与一种经验的分析相对立，该分析根据的是下述假设：我们知觉中的整体只不过是对这些分离的成分的一种组织。格式塔心理

---

① [W. 克勒：《休息和静止状态下的物理格式塔》；《格式塔心理学》。]

学给了我们另一成分，它是个体的经验和决定该经验产生条件的世界所共有的。以前人们必须利用刺激和中枢神经系统可能出现的情况，然后与个体的经验联系起来作出解释，现在我们有了一个确定的结构，它既存在于个体经验中，也存在于这个起条件作用的世界中。

行为主义心理学体现了一种明确的趋向而不是一个体系，即尽可能地说明个体经验在怎样的条件下产生。相互关联在平行论中表现出来。这个术语不太恰当，因为它带有心与身之间、心理与生理之间的区别的意味。诚然，刺激的全部作用可以通过中枢神经系统来探索，因此我们不妨认为问题在我们的表皮之下并追溯到有机体内部的中枢神经系统，它是外界发生的一切事情的代表。如果我们说到某种光影响着我们，那么实际上，只有当光触及眼睛视网膜时才会影响我们，只有当声音传到耳朵里时才产生影响。如此等等。因此我们可以说整个世界都能用在有机体内部发生的事情来说明。可以说，我们力图使这两个方面相互关联：一方面是中枢神经系统中发生的事，另一方面是个体的经验。

不过，必须承认我们作了武断的简化。我们不能单独研究中枢神经系统，也不能单独研究物理对象。整个过程从一个刺激开始并包括发生的一切事情。因此，心理学把知觉的差异同刺激的物理强度联系起来。我们可以用中枢神经系统说明我们正在举起的重物的强度，但那样说明它会很困难。那不是心理学所想做的。它并不想把一组精神状态和一组神经状态联系起来。它想做的是，用个体经验所由产生的条件来说明这种经验，而这种条件很少能够用神经状态来加以说明。我们偶尔能顺着这一过程深入中枢神经系统，但是用它来说明大多数条件是完全不可能的。我们用所感受到的光线的强度、用我们制造的响声控制我们的经验，用热和冷对我们造成的影响来控制经验。我们从那里获得控制。可以通过对有机体的处理来改变这些经验，但在一般情况下，我们试图把个体的经验同该经验所由产生的情境联系起来。为了理解那种控制，我们必须有一个概括的陈述。我们想要知道经验可能由之出现的条件。我们注意寻找我们所能找到的最一般的关联规律。不过心理学家的兴趣在于寻找那种可同个体经验联系起来的条件。我们力图用尽可能普通的术语来说明个体的经验和环境。我们所说的行为主义心理学正是在这一点上获得其重要性。它并不是一种刚刚兴起并取代一种旧体系的新心理学。

客观的心理学并不企图摆脱意识，而是试图清楚地说明个体的智能活动，它将使我们明白智能是如何活动的，以及它如何可能得到改进。因此，很自然，这样一种心理学应当追求的一种陈述，将使经验的这两个方面尽可能地彼此接近，即把它们转换成两个领域共有的语言。我们不想要两种语言，一种关于某些物理事实，一种关于某些意识事实。如果把那个分析推至极限，便得出这样的结论：你所说的以某种方式发生在意识中的一切必定位于头脑之中，因为你正在探究某种影响意识的因果关系。你所谈论的头脑不是用你正在观察的头脑来说明的。伯特兰·罗素说，他实际上所指的头脑不是生理学家正在观察的头脑，而是生理学家自己的头脑。不管情况是否如此，对于心理学家来说，这根本无关紧要。那不是当代心理学中的问题，行为主义也不准备被看作在一定程度上合法、尔后便垮台的学说。行为主义心理学只准备提出一个共同的陈述，一个重要的、使我们的相互关联说成功的陈述。心理学的历史便是一部朝此方向前进的历史。任何人，只要注意到现时心理学学会中发生的一切以及心理学正在转向其他领域的方式，便都能明白，这些现象背后的兴趣、冲动便是抓住这样一种相互关联，它将使科学能控制住经验的各种条件。

"平行论"这个术语有一种不尽妥当的含义，因为在历史上和哲学上，它都和物理的东西与心理的东西之间、意识与无意识世界之间的对立联在一起。实际上，我们只是说明一种经验如何与它所由产生的条件相对应。那个事实存在于"平行论"后面，而为了实现那一相互关联，必须尽可能用一种共同的语言来说明两个领域，行为主义不过是那一方向的一个运动。心理学并非是论述意识的学科；心理学从个体

心灵、自我与社会 | 045

经验与其所由发生的条件的关系来论述这种经验。当这种条件是社会的条件时,它便是社会心理学。通过对行动的研究来探讨经验,这便是行为主义。①

---

① 为了进一步避免某种形而上学的言外之意,我要说,不能因为我们一方面有属于个体的即个人的经验(在我谈到私密的意义上),另一方面有一个公共的世界,便推论出有两个互相分离的存在或实在层次,可以在形而上的意义上区分开来。许多多看上去完全是个体的经验、个体自己的感觉或知觉的东西,后来成了公共的。每一个发现本身都始于必须以发现者的个人经历来说明的经验。能注意到其他人没有看到的例外和含义的人,只能根据他自己的经验来记录它们。他把它们放在那种形式中,以便其他人也能得到类似的经验,然后着手寻找对这些陌生事实的解释。他提出假说,检验这些假说,此后它们便成为公共所有。就是说,心理的与物理的,个人的与公共的,这两个领域之间有密切的联系。我们对之加以区分,承认同一因素可能现在只是个人的而以后可以变成公共的。发现者的任务是通过他的观察和他的假说及实验,不断地把他自己的个人经验转变为一种普遍的形式。这对其他领域也适用,比如大艺术家的作品,他掌握自己的情绪并给它们以普遍的形式,使得其他人可以领略。

第二篇
心　灵

7. 冯特与姿态这个概念

我们所关注的这一社会科学领域是由达尔文的工作和冯特的更加详尽的阐述开发出来的。

如果我们采取冯特的平行论陈述，我们便获得了可用以研究社会经验问题的着眼点。冯特着手证明以中枢神经系统过程为代表的体内状况与个体认为属于他自己的那些经验之间的平行。他必须找出这两个领域共有的东西——心理经验中可以用物理术语来指称的东西。①

冯特分解出一个非常有用的概念：姿态。姿态后来成了一种符号，但是在其早期，它是社会性动作的一个部分。②社会动作的这个部分对于该社会动作所涉及的其他个体起了刺激作用。我以狗打架为例，对姿态作了描述。每条狗的动作成为使对方作出反应的刺激。于是在这两者之间便有了一种关系；而因为该动作已由另一条狗作出反应，它反过来又经历了变化。一条狗准备进攻另一只狗，这个事实就成了对另一条狗的刺激，使它改变自己的位置或态度。第二条狗刚刚改变的态度反过来又引起第一条狗改变它的态度。这里我们看到一种姿态的会话。不过，这些姿态还不是表意的姿态。我们并不认为狗对它自己说："如果这家伙从这个方向来，准是要扑向我的喉咙，我得这样转个身才行。"实际上发生的是，它根据另一条狗来的方向改变了自己的位置。

在拳击和舞剑中我们发现相似的情形，比如一方的佯攻引起另一方的闪避。然后两者中的第一个又改变了他的攻击；在一着真正击中之前可能要经过相当多回合。这和狗打架的情形一样。如果一方的进攻相当成功，很可能并不考虑防守，这一定是即刻发生的。他必定"本能地"适应另一方的态度。当然，他可能会费一番思索。他可能故意佯攻以便造成一个进攻的机会。但大量动作都不可能是深思熟虑的。

---

① [参阅《生理心理学原理》。]

冯特的心身平行论的根本缺陷乃是一切心身平行论的缺陷：所要求的平行事实上并非在心理方面完成的，因为经验的生理过程中只有感觉阶段而非运动阶段具有心理的关联，因此所要求的平行的心理方面只有从生理上去完成，于是这种平行论失败了。冯特的心身平行论的这一根本缺陷使得他对社会经验（特别是对交流）的分析失效，他的这种分析是以平行论假设为基础的。

② [《民族心理学》，第 1 卷。有关米德对冯特的论述，参见"心理学与哲学的关系"，载《心理学通报》，第 1 卷（1904 年），第 375 页以下；以及更具批判性的："冯特论神话与宗教中的想象"，载同上，第 3 卷（1906 年），第 393 页以下。]

于是我们看到这样一种情境，其中动作的某些部分成了对另一方的刺激，使之作出调适反应；而这一调整又成为对第一个人的刺激，使其改变自己的动作并开始另一动作。双方有一连串的态度、姿势，它们是各种动作的开端，是引起各种反应的刺激。一个反应的开端成为对第一个人的刺激，使他改变态度，采取一个不同的动作。"姿态"这个词可以等同于社会动作的开端，这些动作是使其他人作出反应的刺激。达尔文对这些姿态感兴趣，是因为它们表达了情绪，在他的大量论述中，这似乎是它们的惟一功能。他认为姿态所起的作用关系到其他动物，这一点是根据他自己的观察得出的。在达尔文看来，姿态表达了动物的情绪；他从狗的态度中看出它陪伴主人散步时的快乐。他对姿态的论述大体上都是用这样的话。

对冯特来说，不难证明这并不是解决姿态问题的合理出发点。实质上姿态并不履行表达情绪的作用。它们之所以成为刺激的原因，并不在于表达了情绪，而是因为它们乃是涉及个同动物的复杂动作的组成部分。它们成了其他动物由以作出反应的工具。当它们确实引起某一反应时，自身便也变化了，这是对另一动物所发生的变化的反应。它们是社会动作的组成部分，是其中非常重要的成分。对于人类来说，它们是情绪的表达，而且表达情绪的功能可以合法地成为艺术家和演员的专业。演员和诗人处于同样地位：他用自己的态度、声调、姿态来表达情绪，正如诗人用诗表达自己的情绪并唤起他人的那一情绪一样。我们在此看到的这种功能，在动物的社会动作和我们自己的大量行动例如拳击手和舞剑者的行动中是找不到的。这里有一种相互影响，姿态发挥其作用，激起对方的反应，这些反应又成为再调整的刺激，直到最后社会动作本身得以实现。关于这一点的另一例证是父母与婴儿之间的关系——作为刺激的哭声，父母回答的声调，随后婴儿哭声的改变。这里双方的一系列调整实现了在照料婴儿时所包含的一个共同的社会动作。于是，在所有这些例子里，我们看到一个社会过程，可以从中分解出姿态，它在该过程中有其作用，它可以成为一种情绪的表达，以后还可以变成一种意义、一种思想的表达。

基本的情境是包括各方交互作用的社会动作情境，因而包括各方在完成该社会过程中的彼此适应的行动。在这个过程里，人们可以发现我们所称的姿态，引起另一方的顺应反应的那些动作状态。这些动作状态带有观察者所看出的态度，还带有我们所称的内心态度。动物可能发怒或害怕。有这样的情绪态度，它们存在于这些动作背后，但这些只是正在进行的整个过程的一部分。愤怒表现为进攻；害怕表现为逃跑。于是我们可以看出，姿态意味着该动物的这些态度，即，它们对于我们具有那种意义。我们看出，一个动物在发怒并且正要进攻。我们知道这一点，是从动物的动作中得知的，是由动物的态度显示出来的。我们不能说该动物意欲进攻，意即它经过思考决定进攻。某人打另一个人，可能事先并没打算打；某人跳起来躲开他背后一个响声，可能并不知道自己在干什么。如果他心里有念头，他的姿态便不仅对观察者来说有此意味，而且意味着他所具有的那个念头。在狗的例子里，观察者看出狗的那一态度意味着进攻，但他不说这意味着狗作出一个有意的进攻决定。然而，如果某人对着你挥拳，你会认为他不仅持敌对态度，而且在此态度背后有某种想法。你认为这不仅意味着一个可能的进攻，而且该个体想到了他的某一经验。

既然那个姿态意味着它背后的这个想法并且在另一个人那里也引起这个想法，我们便有了一种表意的符号。在狗打架的例子里，我们看到一种引起相应反应的姿态，在现在这个例子里，我们看到一种符号，它符合第一个人经验中的一种意义且在第二个人那里唤起那个意义。在姿态达到那样一步时，它便成了我们所称的"语言"。现在它是一种表意的符号，它表示一种意义。①

姿态是个体动作的一个方面，社会行为过程中的其他个体根据它作出调整。当有声的姿态对作出这一姿态的人产生它对其对象亦即明确对它作出反应的人所具有的同样影响，

---

① [参见"对表意符号的行为主义说明"，载《哲学杂志》，第19卷（1922年），第157页以下。]

并因而涉及作出这一姿态的那个个体的自我时，它便成了一种表意的符号（仅就经验的情感方面而言，它本身并不重要）。一般而言的姿态，以及具体的有声姿态，标示出社会行为领域中的这一个或那一个对象，对于那些为特定社会动作所涉及，因而对该对象予以注意的所有个体来说，这是一个大家共同感兴趣的对象。姿态的作用乃是使有关个体中间的适应调整成为可能。"有关个体"指关于某一或某些对象的任何特定社会动作所涉及的个体；表意的姿态或表意的符号比起非表意的姿态来，能够为这些调整或再调整提供远为大得多的便利，因为它使作出这一姿态的个体和那些一同参与该动作的其他个体对它（或它的意义）产生同样的态度，从而使他意识到他们对待它（他的行为的一个成分）的态度，并使他能根据那一态度调整他后来的行为以适应他们的行为。总之，有意识的或表意的姿态会话比起无意识的或非表意的姿态会话来，是在社会动作中互相适应的更为适当而有效的途径，它包括参加会话的各个人采取其他人对他自己所持的态度。

在任何特定的社会动作或社会情境中，当某一个体用一个姿态向另一个体指出后者要做什么时，前者意识到他自己的姿态所含的意义（或他的姿态在他自己的经验中所呈现的意义），以至于他采取后者对那个姿态的态度，并且可能隐含地作出与后者明确地作出的反应同样的反应。当姿态在作出这些姿态的人那里隐含地引起的反应与在其他个体即作为对象的个体那里明确地引起或料想要引起的反应相同时，它们便成了表意的符号；并且，在社会过程中所有姿态的会话，不管是外部的（不同个体之间的）还是内部的（一个特定个体与他自己之间的），个体对于所涉及意义的内容及丰富含义的意识取决于他采取了其他个体对他的姿态所持的态度。这样，在一个特定社会群体或共同体内的每一个姿态都代表了一个特殊的动作或反应，即那种在对象那里明确地唤起、在主体那里隐含地唤起的动作或反应；而它所代表的这一特殊动作或反应，乃是它作为一种表意符号的意义之所在。只有凭借作为表意符号的姿态，心灵或智能的存在才是可能的；因为只有凭借作为表意符号的姿态，思维才能发生，思维无非是个体借助于这些姿态与自己进行的内在化的隐含的会话。我们在社会过程中与其他个体进行的外部的姿态会话在我们的经验中内在化，这乃是思维的本质；这样内在化了的姿态是表意的符号，因为它们对于特定社会或社会群体中的所有个体成员具有同样意义，作出这些姿态的个体和对这些姿态作出反应的个体对它们形成了同样的态度：否则该个体不能内在化这些姿态，不能意识到它们及其意义。如我们将看到的，造成心灵或意识的发生和存在的同一过程（即采取他人对一个人的自我或其行为所抱的态度）也必然包括了表意的符号或表意的姿态的发生和存在。

在冯特的学说中，姿态与情绪或个体的理智态度之间的平行，使得在其他个体中建立一种类似的平行成为可能。一个姿态引起另一个体的一种姿态，它可能唤起或引起同样的情绪态度和同样的想法。在发生这种情况的地方，个体已开始相互交谈。前面我所提到的是一种姿态的会话，它不包括表意的符号或姿态。狗并不相互交谈；在狗的心中并无想法；我们也不认为一条狗会对另一条狗传达它的一个想法。但是就人类个体而言，如果该姿态伴有某种心理状态即关于这个人准备做什么的想法，如果该姿态在另一个体那里引起了一个类似的姿态并唤起了一个相似的想法，那么，它便成了一个表意的姿态。它代表了他们两人心中的想法。

如果接受了冯特的平行论，在进行这一分析时便会有一些困难。当某人对着你挥拳，那是一种姿态，我们用这个词来表示的那种意义上的姿态，是在你那里引起一种反应的一个动作开端。你可能有不同的反应：这个反应取决于那个人的身材，你可能挥舞你的拳头，也可能逃跑。可能有一连串不同的反应。为了使冯特关于语言起源的理论能够实现，第一个个体所使用的姿态必须在某种意义上在该个体的经验内再现，以便在他心中引起同样的想法。我们不能把语言的开端与其以后的阶段混淆起来。一点不错，我们一看见那狗的态度便说它打算进攻，或者，当我们看见某人四处张望寻找椅子时便说他想要坐下。姿态意味着这些过程，而且那个意义是由我们看见的东西引起的。不过我们被假定是处在语言的这些发展的开端。如果我们设想存在一个与某物理状态相应的心理状态，我们如何找到这样的点，使该姿态在另一个体的态度中引起同一姿态？从一开始，对方的姿态便意味着你准备对它采取的行动。它并不意味着他正在思考的东西，甚至并不意味着他的情绪。假定他愤怒的进攻引起你畏惧，你心中产生的将不是愤怒而是畏惧。就你而言，他的姿态意味着你的畏惧。那便是基本情境。当大狗进攻小狗时，小狗便夹起尾巴逃跑，但是该姿态在后者身上并没有引起类似在前者身上的那种反应。在社会动作中，反应通常与刺激不同，被唤起的是一种不同的动作。如果你认为存在某个与那一动作相应的想法，你便想在以后的阶段把握第一个个体的想法，但是你最初的想法是你自己的想法，它与某一目的相应。如果我们说姿态"A"有想法"a"与之相应，第一个个体的姿态"A"在第二个个体身上唤起了姿态"B"以及与之有关的想法"b"。这里与姿态"A"相应的想法不是想法"a"，而是想法"b"。这样一个过程决不会在一个人心中引起恰恰是另一个人心中所有的想法。

根据冯特对交流所作的心理学分析，一个作出反应的有机体如何得知作出某一特定姿态的人对这一姿态所具有的想法，或经验到他的心理状态？困难在于，为了解释社会过程中的交流，冯特预先设定自我为该过程的前提，然而恰恰相反，自我又必须用社会过程和交流来说明；必须在交流（即不同个体心灵之间的接触）成为可能之前，便把个体引入该过程的一种本质联系之中。单单身体还不是自我；只有当它在社会经验背景中发展了心灵，它才成为一个自我。冯特没有想到在社会经验过程中或根据这一过程来说明自我与心灵的存在与发展；他假定是心灵和自我使社会经验过程及其中的交流成为可能，这使他对那一过程的分析变得无用。因为，如果像冯特那样，一开始便假定心灵存在，用它来解释社会经验过程或使该过程成为可能，那么，心灵的起源及心灵之间的相互作用便成为不可思议的事。但是，与此相反，如果把社会经验过程看作（以一种初步形式）先于心灵而存在，并用那一过程之中个体间的相互作用来解释心灵的起源，那么，不仅心灵的起源，而且心灵之间的相互作用（它们被看作是心灵的本性所固有、并由心灵的存在或发展所决定的）不再是神秘或不可思议的。心灵通过交流产生，而不是交流通过心灵产生；交流是借助于社会经验过程中的姿态的会话而进行的。

冯特忽视了这样一个重要的事实即交流对于我们所说的"心灵"的本性具有根本的意义；而正是由于认识到这一事实，才发现了行为主义对心灵所作说明的价值和优势。因此，冯特对交流的分析以能够进行交流的心灵的存在为先决条件，而这种存在在他的心理学基础上依然是一个无法说明的谜；行为主义者对交流的分析没有这样的先决条件，相反，他用交流和社会经验来解释和说明心灵的存在；而且由于他把心灵看作一种从交流过程和一般社会经验过程中产生、发展起来的现象（因而它以该过程为前提，而不是该过程以它为前提），这一分析才能真正地说明心灵的本性。冯特保留了姿态（或符号）与观念、知觉过程与心理内容之间的二元论或分离，因为他的心身平行论使他局限于这种二元论；虽然他认识到需要根据社会动作中的交流过程来确立它们之间功能上的联系，然而在他的心理学基础上所能确立的惟一的这种联系，根本不能阐明社会经验过程对于心灵的存在及发展所具有的意义。只有行为主义对交流的分析，根据由该分析得出的交流对心灵本性作出的陈述，才能提供这样的阐述。

8. 模仿以及语言的起源

在过去，冯特遇到的上述困难是通过模仿概念解决的。当然，如果当某人对着你挥拳时你真的只是模仿他，那么你便会做他所做的事并和他具有相同想法。事实上，在有些场合，社会动作的反应和刺激相同，但通常它们是不同的。然而人们一般还是认为，某些个体相互模仿。对于这一模仿问题以及模仿在行动中的作用，特别是在低等动物行动中的作用，人们进行过大量研究；而研究的结果却是对模仿，甚至高等动物行动中的模仿作最低的估计。人们历来把猴子看作最善模仿的动物，但是经过科学研究发现，这是一个神话。猴子学得很快，但它并不模仿。对于狗和猫也从这种观点出发进行过研究，并未发现某动物的行动会起到引发另一动物同样动作的作用。

在人类那里，就有声的姿态这种和语言有关的重要姿态而言，似乎存在着模仿。因此，特别是语言学家，在心理学家得出更精确的分析之前，坚持这样的假设即我们模仿自己听到的声音。在某些动物身上似乎也有大量证据支持这一点，特别是在那些利用比较丰富的语音发音的动物例如鸟类那里。让麻雀接近金丝雀，可以教麻雀模仿金丝雀。鹦鹉会学"说话"。我们将看到，这不是真正的言语，它并不传达思想，但我们一般都说鹦鹉模仿它听到的声音。

作为一种普遍本能的模仿，现在在人类心理学中已被否定。有一度人们曾认为，人类有一种明确的冲动，便是去做他看见其他人在做的事。儿童身上有大量看似模仿的行动。在某些未开化的人之间也有一种看来仅仅是模仿的言语。还有一些我们认为是缺乏才智的人，他们一直在讲话却不知讲些什么，只不过是重复自己听到的声音。但是问题依然存在：为什么人要这样模仿？有什么理由模仿？我们认为一切行动背后都有某种功能。模仿的功能何在？看起来从小动物的发展中可以找到一种答案。小狐狸随着它父母到处跑，和它们一起猎食，学习恰当地捕获或躲避某些动物；它对人的气味并没有天生的厌恶，但它和老狐狸待在一起之后，人的气味便会使它逃跑。这里有一系列反应无疑是和一种特定刺激相联系的；如果小动物和父母在一起，它天性中所有的一切反应便与某些确定的刺激联系起来。在一种非常概括的意义上，可以说小狐狸模仿它的父母并且躲避人。但是那一说法并不意味着逃跑是一种自动的模仿动作。小狐狸被置于使它逃跑的情境中，当人的气味出现时，它就明确地与逃窜反应联系起来。低等动物中并没有单纯模仿成年动物动作的小动物，不过它们确实在婴幼期学到一系列多少是本能的反应与某一组刺激的联系。

我们将看到，上述的观察材料和保留意见并不证明人们对模仿概念的那种引起争论的使用合理。"模仿"这个词在社会心理学和社会学中一度变得极为重要。法国社会学家加布里埃尔·塔尔德①曾用它作为整个社会学理论的基础。心理学家起先未经充分分析便假定，人具有去做其他人所做的事的倾向。人们可以看出，要摸透那种机制何等困难。为什么某人因另一个人眨眼便要眨眼？又是何种刺激使那另一个人那样动作？是因为看见了另一个人在这样做？这是一种站

---

① ［《模仿规律》。］

不住脚的假定。

在冯特的平行论里我们看到他对语言的说明的基础。冯特假定了一个对于动物的行动具有某种意义的物理情境，另一方面，他又假定了一种观念的心理复合，这种复合在某种意义上体现了生理学或生物学的意义。他的问题则是从这一情境中得出作为表意交流的语言。

我上面提到的姿态会话所体现的那种情境是存在的，在这些情境下，动作的某些方面成为对该动作所涉及个体的刺激，使之完成他们在该动作中的作用。在其社会活动中成为对其他个体的刺激的这些动作部分便是姿态。因此，姿态是该动作中造成它对其他个体的影响的那个方面。就该姿态影响其他个体这一点而言，姿态在某种意义上便意味着该动作。暴力的威胁，诸如捏紧拳头，是使另一方防守或逃跑的刺激。它带有该动作本身的意义。我所指的意义并非就思考的意识而言，而是就行为而言的。对于观察者来说，该姿态意味着危险以及个体对那危险的反应。它引起一个某种类型的动作。如果我们设想一个意识，其中不仅有感觉形式的刺激，而且有一种观念，那么，心中便有了使这个刺激出现的感觉，一个捏紧的拳头的幻象，此外还有一个进攻的观念。就捏紧的拳头引起这一观念而言，可以说它便意味着危险。

现在的问题是使观念和符号之间的关系进入姿态的会话。如我前面指出的，这一关系并不是在直接的战斗反应或逃跑反应中给定的。它可能出现在那里，但是就姿态的会话而言，一个某种类型的动作在另一个体那里引起一个不同类型的动作。即，我们要说，其中包含的威胁导致逃跑。逃跑的观念不是进攻的观念。姿态的会话为整个社会过程做了准备，这个过程包括不同个体的种种动作，而作为动作之组成部分的姿态，给其他的个体以刺激。它们引起一些不同于其本身的动作。虽然它们可能引起相像的动作，通常的反应却是不同于刺激本身的。孩子的哭声引起妈妈去照料他这个反应；一个是因为害怕，另一个是出于保护、关心。这个反应绝不等同于另一个动作。如果有一个观念（冯特意义上的），是与某一特殊刺激相应的心理内容，那么这个观念将不会在反应中反映出来。

语言运载的似乎是与某些内容相应的一系列符号，这内容在不同个体的经验中可以说是相同的。如果要进行交流，符号必须对所有有关个体都意味着同样的东西。如果许多个体对刺激作出不同的反应，该刺激对他们便意味着不同的东西。如果若干人正在抬举一重物，某人站在一个位置上，另一人站在另一个位置上。如果这是一个要求不同类型反应的合作过程，那么对一个个体的动作要求社会引起其他个体不同的反应。姿态的会话并不带有一种对所有不同个体都具普遍意义的符号。没有那个符号，它也可能是很有效的，因为一个个体给出的刺激可能正是在群体中的诸个体身上引起不同反应的刺激。为了使各个体正确地作出反应，并不一定要求诸个体给予某个特殊刺激以相同的意义。挤在人群里面的行人，一会朝这边走，一会朝那边走；他们无意识地顺应着迎面走来的人们。这些人彼此间巧妙地移动着，或许所有的人都在想着完全不同的事，但他们确实在其他人的姿态、态度和移动中发现了可以引起不同反应的大量刺激。这就说明了，姿态的会话中有一种合作性的活动，而没有任何对所有人都意味着同样东西的符号。当然，有理智的个体在这种环境之下是可能把这些姿态转译成表意的符号的，不过人们不需要停下来把它译成那种术语。对于合作行动中的姿态的会话来说，这样一种普遍的话语并非是必不可少的。

这种合作行动可能是人们在蚂蚁和蜜蜂中间发现的惟一的行动类型。在这些非常复杂的社会中，不同个体之间有一种相互关系，它看上去在许多方面与人类行动一样复杂。在某些大蚁穴里，存在着拥有千千万万个体的社会，并且按不同分工分为不同群体。对于一群体而言是行动刺激的东西，在另一群体那里引起一种不同的反应。在这些昆虫的行动中，有合作的活动，但没有任何表意的语言的迹象。当然，对这个领域尚有大量研究要做，但至今还未发现任何表意符号的迹象。

我想讲清楚那两种情境之间的区别。在动物的行动中可以有高度的智能（在我们使用这个词的意义上），而没有任何表意的符号，没有任何意义的显示。重要的是合作的活动，因此一个体的姿态引起其他个体的适当反应。一个体的姿态可能引起其他个体截然不同的反应，而且不可能存在对所有不同个体都具有一种相同意义的特定姿态。就蚁类而言，并不存在意味着食物的共同符号。食物意味着许许多多东西，必须加以采集的东西，必须加以储藏的东西，必须由工蚁搬运并送到战蚁嘴边的东西。没有根据说存在任何意味着食物本身的符号。食物的外观、气味及其位置导致某一反应。蚂蚁找到一个可作食物的东西，拖着它摇摇摆摆地返回蚁穴。此后这东西便成了将被吃掉的东西，它意味着一系列的活动。沿途留下的气味是一种刺激，使其他蚂蚁循此路而来，但是对于这样一个群体并不存在任何意味着"路"的符号。在蚁穴里，一只陌生蚂蚁的气味意味着来自另一种蚂蚁的进攻。但如果让一只陌生蚂蚁沾上从蚁穴的蚂蚁身上榨得的体液，然后把它放进这个蚁穴，那就不存在进攻，尽管它的外形比蚁穴中的蚂蚁大得多。气味并不就意味着敌人。比较一下这两种情境：一种情境下存在一种高度复杂的社会活动，其中姿态便是使整个群体作出适当反应的刺激；而在人类群体中，则有一种不同的反应，它以一些特定的符号或特定的姿态为中介，这些符号或姿态对该群体所有成员具有同样意义。在这里，一个敌人的喊声并不就是一个进攻的刺激。它意味着，某个属于另一种类、另一共同体的人来到

心灵、自我与社会 | 063

了，马上就要交战了。它对所有个体具有相同意义，而且该意义可能成为一系列不同反应的中介。

我已经说过，从冯特的观点来看，问题在于从更加原始的姿态会话来认识这第二种情境，即以姿态会话为中介的行动。某群体的不同成员对一种单一的（在观察者看来是单一的）刺激所作的有理智的反应本身并不伴有任何交流。既然如此，人们如何获致真正的语言？冯特从一个设想出发，即存在着与某些刺激相应的心理状态，并且这两者之间存在着一种联系。某些景象、气味，特别是声音，是与某些观念连在一起的。如果当某人用某一声音时心中有那个观念，而他所用的那个姿态，比如说一个有声的姿态，在另一个人那里引起了同样的姿态，那么，后者的那个姿态会在他心中引起同样的观念。说到"敌人"这个词，会引起一种敌意的反应。现在，当我说"敌人"时，它在你心中引起了和在我心中引起的同样的反应。这样我们便有了一个具有一种共同意义的特殊符号。如果它对构成该群体的所有成员都具有这一意义，那便有了借助于表意的符号进行交流的基础。

我刚才所谈的这一分析，其难处在于对在另一个体那里引起同样姿态的一个特定姿态予以说明，即使我们设想在另一个体那里同样的想法也是和同一个有声的姿态相联系的。假定"敌人"这个词意味着敌意，如何可能出现一个人说"敌人"，另一个人也说"敌人"的情境？在一个人说"敌人"时，也许一个个体准备战斗，而另一个则准备逃跑。我们看到与那个声音相应有两种不同的意义。我们想要弄明白的是，具有某一心理内容的一个刺激在另一个体那里引起同样的刺激，因而产生同样的心理内容。在学舌鸟中间我们似乎看到这一过程的开端。一个刺激在另一个鸟的行动中唤起同样的刺激。在这些鸟的心中有些什么与该声音相伴随的心理活动，我们当然说不上来，不过我们有证据说它们不具有在我们的经验中所具有的那种意义。鹦鹉说那些句子时并不意味着那些句子对我们所具有的意思。不过，我们指出过，金丝雀的美妙音调可能被麻雀模仿，对这一表面的模仿过程，我们必须马上详细讨论一下。

我们论证过，没有根据说动物具有彼此模仿的普遍趋势。如果有人试图说明这样一种趋势，肯定要失败。这将意味着我们具有去做其他人正在做的同一件事的倾向，还将意味着这些倾向不仅存在于我们的本性中，而且依附于某些特定刺激，即其他人正在做的事。某人正在做某事的情景会成为使另一个人去做同一件事的刺激。我们就不得不假设，某人正在做的事已经是进行模仿的个体的一个出自本性的反应。这无异于说，我们的本性中已经具有所有这些各式各样的活动，当看见别人在做这些事时，这些活动便会发生。这个假设于理不通。

当心理学家开始分析模仿时，他把模仿限制在这样一个范围，即人们碰巧做着同样的事。如果某人在跑，可以说他造成了使其他人同时奔跑的刺激。我们的确认为，一个动物实际奔跑的情景是使其他动物奔跑的刺激。这一点对于保持畜群一起行走格外重要。在牧场吃草的牛全都一致行动。一头牛要是掉了队，就会烦躁不安、停止吃草。当它回到牛群，就又恢复了常态。如果它置身于一个群体中，它会更乐意地做它正做着的事。这种行动一致的倾向有可能是一种本能，因为可以说，动物朝某一方向的走动会是对其他动物的一个刺激。如果把它归结为动物本身动作中的某种具体东西的话，那就是"群聚"的本能。当它与同一群体的其他动物一起时，它的动作更为正常。它可能比单独喂养时吃得更好。但是，当论述某个具体动作时，我们所能发现的一切只是这些动物总朝一个方向走动。这可能引起畜群的涌动。所谓"哨兵"便与这类事有关。一头比其他牛更敏感一些的牛抬起头跑了起来，其他牛就真的会和这个"哨兵"一起行动。当然，这并非效法意义上的模仿；因为一个动物并不会效法另一个动物。这个动物只是很可能在其他动物奔跑时奔跑而已。如果一只猫被放在一个迷箱里，它正巧碰上了一个机关，由于杠杆作用而打开了箱门，如果经常碰到这种情况，当它进入迷箱时便会首先去抓那个杠杆。如果放进另一只猫，使它看到第一只猫，它不会模仿第一只猫。没有证据表明一个动物所做的事成为使另一动物做同样事的刺激。不存在直接的模仿活动。

然而，在人们中间似乎有一种模仿倾向，特别是复制有声姿态的倾向。不仅在人们中间，而且在鸟类中也发现后一倾向。如果你到了一个讲特定方言的地方并在那里待上一段时间，你会发现自己讲着同样的方言，而你可能并没想这么做。说明这种现象的最简单方法是说你无意中模仿了。其他各种习性也是如此。如果你想到某人，你很容易发现自己在像他那样讲话。当他在你心中出现时，他惯用的语调，就是你发现自己正要照用的语调。那就是我们所称的"模仿"，而奇怪的是，实际上低等动物并没有此类行为的迹象。可以教麻雀像金丝雀那样唱歌，但必须使那只麻雀不断地听金丝雀唱。这可不是轻而易举的事。善模仿的鸟的确能发出其他鸟的叫声。它似乎在这个特定方面有特别的天赋。但是一般说，对于低等动物而言，模仿其他动物并非其本能。模仿为人类所有，在人类那里，它已获致某种独立的、自觉的存在。

但是"模仿"并未解决语言的起源问题。我们必须回溯到某些可以从中获致某种符号的情境，那种符号将有一种同一的意义，而且不能靠单纯模仿本能得到。并无迹象表明，姿态一般总会在其他有机体那里引出同样的姿态。

模仿绝不可能只是有机体复制它所看到、听到的其他有机体行为的倾向；我们无法想象有机体有这种特性，以致它所接触到的景象和声音会激起它复制那些经验领域内的所见所闻的倾向。这样一种假设只有在一种陈旧的心理学里才是可能的。如果某人设想心灵是由种种观念构成，设想意识经验的特征只不过是关于对象的一组印象，而如果他根据这些印象（比方说，一种运动倾向）作出调整，那么就可以认为这个人会试图复制其所见所闻。但是当你认识到有机体的一套动作完成了对于它的生命来说必不可少的过程，并着手把感官的即感觉的经验纳入那一系统时，我们会把它说成是对反应的刺激的那种感觉经验，就不可能成为仅仅复制所见所闻的刺激；而是促使完成那个有机过程的刺激。动物看见或嗅出食物，听到敌人来临，父母看着或听着他们的孩子，这些都是促使个体完成对其所属物种而言必不可少的刺激的过程。这些动作超出了有机体本身所采取的动作，但是它们属于合作的过程，在该过程中成群的动物一起动作，而且它们完成了该种有机体所必需的过程。人们不可能符合那种特殊的模仿冲动的图解，如果某人要描述那个可使该过程得到理解的机制，那么甚至中枢神经系统也都嫌不够复杂。《格列佛游记》中有一个人为了省力便不说话，却把他想要说的所有东西装了满满一袋子带在身上。人会处于同样的境况。如果要用中枢神经系统来描述可能动作的话，可以说，人得带上满满一大袋子这样的动作。无论如何，模仿不能被看作是一种原初反应。

9. 有声的姿态与表意的符号

模仿这个概念在有声的姿态方面使用得极为广泛。这里确可看到某些有机体复制所听到声音的倾向。人类和学舌鸟提供了例证。但即使在这里,"模仿"也很难说是一种直接的倾向,因为要使一只鸟重复一支歌,或使孩子模仿人的发言的姿态,需要很长一段时间。有声的姿态是对某种反应的刺激;它不只是发出该动物所听到声音的刺激。当然,鸟可以被置于一种情境,使它能在那里单纯地重复它听到的声音。如果我们设想该鸟发出的一个声音引起了另一个声音,当它听到这第一个声音时用第二个声音来作答。如果问,为何一声鸟鸣是对另一声鸟鸣的回答,那就得考察某个过程,在那里有声的姿态会有一种不同的生理学意义。鸽子的咕咕叫声可作例证。一只鸽子的咕咕声引起另一只鸽子发出咕咕声。这是一种姿态的会话,表达在某一叫声中的某种态度引起了另一种态度及其相应的叫声。如果这鸟要自己发出它在另一只鸟那里引起的同样叫声,它一定像另一只鸟那样动作,并且使用另一只鸟所用的声音以便重复那个特定的声音。因此,如果把麻雀和金丝雀一起放在相邻的鸟笼里,使一只鸟的叫声引起另一只鸟的一连串叫声,我们将发现,如果麻雀像金丝雀那样叫,有声的姿态在这里必定是同一类型的。在这种情境存在的地方,麻雀在其发声过程中利用了金丝雀所使用的声音。麻雀不仅影响着金丝雀,而且在听到自己声音时影响着自己。它发出的声音如果与金丝雀的一样,便在它自身引起一种反应,与金丝雀的声音对它引起的反应一样。在谈到所谓"模仿"活动时,人们反复强调的无非是这些情况。在此情况下,麻雀凭借它和金丝雀共有的一种声音,实际利用了金丝雀的一种有声姿态,很可能在自己身上引起由金丝雀的叫声带给它的同样反应。于是,麻雀的经验中那一特定反应便愈显重要。

如果麻雀作出的有声姿态等同于它所听到的金丝雀的声音,那么不难看出,它自己的反应等同于它对金丝雀叫声的反应。正是这一点使得有声姿态具有特殊的重要性:它是一种社会性刺激,它对作出该姿态的那一有机体产生影响的方式同另一有机体作出该姿态时产生影响的方式是一样的。也就是说,我们可以听见我们自己讲话,而我们所讲的话的含义对我们自己和对其他人都一样。如果麻雀利用了金丝雀的叫声,那么它在自身引起了金丝雀的叫声所引起的反应。因此,就麻雀确实用了金丝雀所用的叫声而言,它将突出对这一叫声的有声的反应,因为这些反应不仅将在金丝雀用那种叫声时出现,还将在麻雀用那种叫声时出现。在这种情况下,人们就预设那种特殊刺激存在于有机体自身,就是说,引起那种习得的特定叫声的有声刺激不仅存在于金丝雀的全部本领中，也存在于麻雀的全部本领中。如果认识了这一点，那便可以明白，响应这一刺激的那些特殊叫声，将被纳入鸟的本领并且处于突出地位。它们将成为习惯。我们设想一个叫声引起另一个叫声，一个刺激引起一个反应。如果引起这一反应的叫声不仅被金丝雀用了，而且也被麻雀用了，那么，每当麻雀听到金丝雀的声音，它就要发出那种特殊叫声，而如果在它的全部本领中包括这同样的叫声，那么就有产生这一特殊反应的双重可能，因此这叫声就被更为频繁地使用，成为麻雀的歌唱中比较确定的一项内容。麻雀可能像金丝雀一样对某些叫声作出反应，就此而言，麻雀扮演了金丝雀的角色，情况便是如此。可以说，这种特殊叫声或一连串叫声具有双重分量。通过这样一种方式，我们就能够理解麻雀如何学唱金丝雀的歌。如果想要弄明白任何模仿的机制，人们必须假定这两种鸟之间有一种相同的倾向。

为了进一步举例说明这一点，让我们回到狗打架时的姿态的会话。一条狗从另一条狗那里受到刺激，与这一刺激相对应的反应不同于发出刺激信号的那条狗的反应。一条狗在进攻另一条狗，伺机要朝另一条狗的喉头扑去；这后一条狗作出的响应是改变它的位置，或许是朝对方的喉头扑去。这里有一种姿态的会话，两条狗位置、态度的相互变换。在这样一个过程里，并无模仿机制。一条狗并非模仿另一条狗。

第二条狗采取一种不同的态度以防第一条狗扑上来。一条狗态度中的刺激并不是要在自身引起它在另一条狗身上引起的反应。第一条狗受到它自己态度的影响，但它只是在实现伺机猛扑的过程，因此对该狗的影响不过是加强了正在进行的过程，而不是刺激该狗采取另一条狗的态度。

然而，当一方利用有声的姿态时，如果我们假定一个音素是对某一回答的刺激，那么，当使用那一有声姿态的动物听到发出的声音时，它至少将在自身引起和其他动物一样作出反应的倾向。这可能是十分轻微的倾向——狮子显然不会因自己的吼声而惊恐。狮子的吼叫具有恐吓所要进攻的动物的作用，在某些情况下它还具有挑战性。但是当我们论及诸如鸟鸣那样的复杂发声过程时，则是一种有声的姿态引起另一种有声的姿态。当然，这些姿态在鸟的交流中有其功用，但其本身具有特别重要的意义。在诸如求偶这样一个过程中，发声起着极大作用，一声叫声总会引起另一声叫声。至于狮子的吼声，相应的反应与其是发出一种声音，还不如说是逃跑，或者如果愿意的话，就是战斗。这种反应首先不是有声的反应，而可能是动物本身的动作。在鸟的叫声中，发声以一种复杂的方式进行，刺激必定引起一种反应，以致鸟在鸣叫时受它自己的刺激影响而作出反应，这种反应会像另一只鸟作出的反应一样。在该鸟自身产生的这一反应其产生也受其他鸟的影响，因此，较之单由其他鸟的叫声引起的情况，便得到加倍的强调。这一反应比对其他声音的反应出现得更为频繁。正是这一点，给声音或有声的姿态的模仿提供了表面的证据。①引起一种特殊声音的刺激不仅可能在群体中的其他鸟那里发现，而且能在使用这一有声姿态的那只鸟的全部本领中发现。刺激 A 引起了反应 B。如果刺激 A 不像 B，并且如果假定是 A 引起 B，那么，只要其他鸟使用了 A，它们便将以方式 B 作出反应。如果这只鸟也利用了有声的姿态 A，它将在自身引起反应 B，因此反应 B 得到的强调超过其他反应，因为它不仅由其他鸟的有声姿态引起，而且由这只鸟本身引起。如果 A 没有体现一种同一性，即刺激的同一性，这种情况就不会发生。

就有声的姿态而言，鸟听到它自己发出的刺激就同其他鸟使用这一刺激时一样，因此它总是对自己发出的刺激作出反应，就像对其他鸟的刺激作出反应一样。因此，鸟动辄自鸣自唱，小宝宝常常自言自语。它们发出的声音是导致其他声音发出的刺激。凡当一种特定的声音引起一种特定的反应时，如果该声音是那只鸟发出的，它就在这只鸟身上引起这种反应。如果麻雀使用了这一特定的声音，那么人们更多的是听到对这种声音的反应而不是任何其他种反应。这样，金

---

① 鲍德温曾试图把模仿归结为一种基本的生理学过程——有机体恢复舒适感觉的一种倾向……在咀嚼过程中，单是嚼动的过程就恢复了刺激，引起回味。鲍德温称此为自我模仿。这一过程，即使发生的话，也与我们正在讨论的情况毫不相干（1912 年）。

丝雀的叫声中的那些要素将被从麻雀的全部本领中选择出来，渐渐地，这种选择就在麻雀的叫声中建立了两种鸟都有的那些要素，而不需要假设一种特殊的模仿倾向。这里有个选择过程，由此挑选出了共同的东西。"模仿"凭的是个体影响他自己——如其他人对他的影响，这样他不仅受其他人影响，而且还受自己的影响，只要他使用同样的有声姿态。

于是有声的姿态便有了一种其他姿态所没有的重要性。当我们的脸上显出某种表情时，我们自己看不到。而当我们听到自己说话，则很容易注意。某人恼火时会使用一种很激动的语调，但当他听到自己的声音后便突然住了嘴。愤怒的面部表情则不是这样的刺激，它不会在该个体身上引起它在其他人身上引起的表情。人们在有声的姿态上比在面部表情上更善于约束、控制自己。

只有演员把全部表情用作表演手段，以获取预期的观众反应。他不断照镜子，从而获致一种反应，使他很清楚自己看上去是什么样子。他表示愤怒，表示喜爱，表示各种各样的态度。他对着镜子审视自己，看演得如何。当他以后使用该姿态时，该姿态便作为一种心理意象出现。他知道那个特定表情肯定引起惊恐。如果排除了有声的姿态，人们只有使用镜子才可能做到这一步，即对自己的姿态作出反应，犹如其他人作出的反应一样。而有声的姿态是这样一种姿态，它使人能够响应自己给出的刺激，犹如其他人会作出的响应一样。

"恫吓乃怯懦的表现",如果这个古老的格言有其道理,那么它的根据在于,事实上恫吓者在其自身引起了他那恫吓态度在另一个人身上所引起的畏惧态度,结果,当处于要他摊牌的特殊情境时,人们发现他自己的态度其实和其他人是一样的。如果某人屈服于他人的恫吓的态度引起了他人的恫吓,那么他在自身同样也引起了那种恫吓态度。这相当有道理,我们只要回忆一下人所用的姿态对他自己的影响。如果某人在他自身引起了他在别人身上引起的态度,这种反应便得到选择和加强。这便是我们所说的模仿的惟一基础。这里,模仿的意思并不只是去做看到他人做的事情。这里的作用过程是,一个个体在自身引起他在别人身上所引起的那种反应,结果这些反应便获得比其他反应更大的重要性,而且逐渐把这些成套的反应建成一个主导性的整体。如我们所说,这个过程是无意识地完成的。麻雀不知它在模仿金丝雀。这不过是逐渐选择出它们共有的鸣叫声。凡有模仿,都是如此。

就叫喊声而言(而且我们自己的有声姿态中的叫喊声和在动物的有声姿态中发现的叫喊声可以是相应的),对这些声音的反应并未进入直接的会话,而且这些反应对个体的影响比较轻微。要把它们同表意的言语联系起来很困难。当我们愤怒地对其他人讲话时并未意识到害怕,但是在我们讲话时我们所讲的意思自己始终是知道的。个体对一声叫喊的反应和另一个人的反应一样，它在该个体的行动中并不重要。狮子对其吼声的反应在它本身的反应中微不足道，而我们对自己所说话的含义作出的反应常常与我们的会话紧紧相连。如果我们要把有声的会话成功地继续下去，必须不断对我们的姿态作出反应。我们正在说的话的含义是对它反应的倾向。你让某人给客人搬张椅子。你引起了另一个人去拿椅子的倾向。如果他动作迟缓，你就自己拿这张椅子。对有声的姿态的反应是做某一件事，你使自己产生了同样的倾向。你往往对自己作出响应，恰如其他人作出响应一般。你假定该响应必有某种程度的同一性。那是在一个共同基础上的动作。

我把两种情况作了对照，以表明言语或交流从仅有叫喊声的情况到达利用表意符号的情况，必须经过何等漫长的路程。后一种情况的特点是，个体对他自己的刺激和其他人一样作出反应。于是，刺激成了表意的刺激；于是，人们说的话有了意义。就鹦鹉而言，它的"言语"没有什么意义，然而当某人用他自己的发声过程有意说些什么时，他不仅是对听到他声音的所有其他人说，也是对他自己说。只有有声的姿态适用于这种交流，因为只有对有声的姿态，某人才会作出或有可能作出另一个人可能作出的反应。诚然，手语也具有同样的性质。某人看到自己使用着那些聋哑人所用的手势。它们像影响其他人一样影响着他。当然，这也适用于任何形式的文稿。但是这些符号全都是从特定的有声姿态中发展出来的，因为这是一种确实像影响他人一样影响该个体的基本姿态。在两只鸟的发声中，这种姿态没有成为表意的姿态。① 不过，这里出现了同类过程，一只鸟的刺激往往在另一只鸟身上引起它在自身引起的反应，尽管它自身的这个反应十分轻微。

10. 思想、交流和表意的符号

我们已经指出，并不存在下述意义上的特殊模仿才能，即另一个人作出反应的声音或景象本身便是作出同一反应的刺激。相反我们认为，如果某一个体的动作类似另一个体，那是因为存在一种使模仿成为可能的情境。因此进行模仿所必需的是，个体在其他人那里引起一种反应的行动和姿态还应在他自身引起同样的反应。狗打架时并不存在这种情况。因为一条狗的态度并不总在另一条狗身上引起同样的态度。从某些方面看，实际上那种情况可能发生在两个拳击手的例子里。其中一人虚晃一拳，引起他对手回敬一拳，他自己的那个动作的确对他有那个意思，即他在某种意义上在他自身

---

① [参见补充论文3的论述。]

引发了同样的动作。对全过程我们不完全清楚，但他激动了他中枢神经系统的中枢，这将导致他打出一拳就像导致他对手打出一拳那样，因而他在自身引起或可能引起他在另一个人身上引起的同样反应。这里有所谓模仿的基础。现在从人们的说话方式、穿着样式和举止风度中处处可以看到这种模仿过程。

我们多少是无意中看着自己，像其他人看着我们一样。我们不知不觉地像其他人对我们说话那样对自己说话；像麻雀模仿金丝雀的叫声一样，我们选择了周围的方言。当然，在我们自己的机制中必定有这些特殊的反应。我们在他人身上引起我们在自身引起的某种反应，以致我们不知不觉地模仿了这些态度。我们无意识地置身于他人的地位并像他人那样行动。我只想在此分解这种一般机制，因为它对于我们所称的自我意识的发展和自我的出现具有非常根本的意义。我们不断在自身引起我们在他人身上引起的那些反应，尤其是通过有声的姿态，使我们在自己的行动中采取了他人的态度。语言对于人类经验发展的至关重要性在于，事实上这种刺激能够对说话的个体起作用，就像它对其他人起作用一样。

华生式的行为主义者，认为我们全部思维都是说话。思维无非是开始动用某些语词。在某种意义上是如此。但是华生并未把这里所涉及的一切考虑进去，即，这些刺激是复杂社会过程的基本要素并带有那些社会过程的意义。发声的过程本身具有这种极端重要性，而且可以合理地假定，发声过程加上和它并行的智能与思想，并不只是彼此放出特殊的音素。这种观点忽视了语言的社会背景。①

因此，有声的刺激的重要性在于，事实上个体能够听到他讲的话，而听到他的话就容易像他人那样作出反应。当我们现在讲到该个体对他人作出的这一反应时，我们回忆起要求某人做某事的情形。我们通常这样表达这个意思，说某人知道请你做的是什么事。以要求某人做某事、然后自己去做为例。或许你对他讲话的那个人没有听见或者动作迟缓，于是你就自己做了。这样，你发现，你自身存在着你要求其他个体去实现的同一倾向。你的请求在你自身激起了在其他个体身上激起的同一反应。要向另外某个人说明怎样做某件你知道怎样做的事，何其困难！他反应的迟钝使你很难控制自己不去做你正在教的事。你已在自己身上引起了你在另一个体身上引起的同一反应。

---

① 如果追溯姿态的起源，总是发现它们是为更大的社会动作所固有、所包含，是该动作的一些方面。在论述交流时，我们必须首先承认它最早起源于无意识的姿态的会话。有意识的交流（有意识的姿态会话）产生于姿态成为符号的时候，就是说，当姿态对于作出姿态的人及对姿态作出反应的人而言，开始具有作出姿态的人后来的行为所具有的确定意义或含义时；这样，由于它们向作出反应的个体事先指明了作出姿态的个体后来的行为，就使得社会动作中不同个体成员彼此间的互相顺应成为可能，而且，由于在作出姿态的个体身上隐含地引起了它们在作出反应的个体身上明确地引起的同一反应，它们就使与这种相互顺应联系在一起的自我意识的产生成为可能。

为了寻求对这一点的解释，我们通常假定，神经系统中某一簇中枢彼此联结并且在动作中表达自己。如果试图在中枢神经系统中找到与"椅子"这个词相应的东西，那么，我们所将看到的大概只是一整簇可能反应的组织，这些反应彼此联结，如果从某个方向开始，便将实现某个过程，如果从另一方向开始，则将实现另一过程。椅子主要是供人就座的东西。它是放在一定距离之外的物体。某人可能朝远处一物走过去，然后当他走到它跟前时坐了下来。存在某种刺激，刺激了某些神经通路，使得该个体朝那一物体走过去并坐下来。那些神经中枢在某种程度上是物理的。应当指出，后一个动作对前一个动作有一种影响。后面那个将要发生的过程已经启动，并且对前一过程有影响（在这个已经启动的过程之前发生的过程可得以完成）。类似这样一大簇将导致有关我们周围物体的行动的神经元素的一种组织，便是中枢神经系统中那种对我们所说的物体作出反应的东西。这里的情况极其复杂，不过中枢神经系统中有几乎不计其数的元素，它们不仅可以按空间上的彼此联系组织起来，而且可以从时间联系出发进行组织。根据这最后一个事实，我们的行动由一系列互相衔接的步骤构成，而且后面的步骤可能已经启动并影响前面的步骤。[1]我们准备做的事对我们正

---

[1] ［参见第13、16节。］

在做的事发生影响。神经元素中就我们所称的物理客体进行的那一组织，在中枢神经系统范围里即我们称之为概念客体的东西。

粗略地说，与我们所称的某物的观念或概念相应的，正是这样一系列有组织的反应定势的开端。如果有人问，什么是狗的观念，并力图在中枢神经系统中找到那一观念，那么，他将发现一整簇反应，它们或多或少由确定的通路连在一起，当某人用到"狗"这个词时，他的确可能引起这一簇反应。狗可能是游戏伙伴，可能是敌人，可能是某人自己的财产或其他某个人的财产。存在整整一系列可能的反应。某些类型的反应是我们大家都有的，其他一些类型的反应则因人而异，但是对反应总有一种组织，它可以因为"狗"这个词而引出。因此如果某人对另一个人谈起狗，他就在其自身引起了他在其他个体身上引起的这一系列反应。

当然，正是这种符号、这种有声姿态与个体自身及他人的这样一簇反应间的关系，构成了那种我称之为"表意的符号"的有声姿态。一个符号的确很容易在该个体身上引起一簇反应，犹如它在其他人身上引起反应一样，不过它作为一种表意的符号还涉及另外的东西：某人自己对"椅子"或"狗"这样一个词的反应既是一个反应，又是对该个体的一个刺激。当然，这是包含在我们所称的一事物的意义或含义中的。①我们常常对客体采取我们所称的理智的行动。虽然该客体的意义不出现在我们的经验中我们也能行动。像人们传说的那个心不在焉的大学教授那样，某人可能为了赴宴去换衣服，结果却穿好睡衣躺上了床。脱衣的过程机械地开始并完成了；他没有意识到他正在做的事的意义。他本打算去赴宴，结果却上了床。他的动作所包含的意义没有呈现出来。这里的步骤全是非理智的步骤，这些步骤控制了他为后面的动作采取的行动，而他没有想一想他正在做什么。后面的动作不是使他作出反应的刺激，而只是一旦开了头便做了下去。

当讲到我们正在做的事情的意义时，我们正在作出反应，即我们正要去对我们的动作实行一个刺激。从这一特定反应的观点出发，它成为对将要发生的后阶段动作的一个刺激。在拳击手的例子里，他对准其对手打出去的一拳是为了引起某种反应，造成对方防守上的缺口，这样他便可以击中

---

① 在任何特定的社会情境或动作所涉及的任何一个个体的经验中，构成该社会情境或动作的各种态度或反应的源体或复合体的内涵（他对其他个体的态度，他对其他个体的态度所引起的反应，他们对这些态度的反应等在他经验中的内涵）即一个观念的全部意思；或至少是它在特定个体"心中"出现或存在的惟一基础。

就无意识的姿态会话而言，即就借助这种会话而进行的交流过程而言，参与该过程的个体都没意识到该会话的意义，那一意义并未出现于任何卷入该会话或使会话进行下去的单个个体的经验之中；然而，就有意识的姿态会话而言，或就借助于这种会话而进行的交流过程而言，参与该过程的各个体都意识到该会话的意义，正是因为那个意义确实出现在他的经验中，而且因为这一出现便意味着意识到了那个意义。

对方。这个意图是一种刺激，使他为真正想要打出的一拳做好准备。他在自身引起的反应（防守反应）是一种刺激，使他在对方防守出现空隙的地方实施进攻。他早已在自己身上发动的这一动作成为他以后动作的刺激。他知道他的对手准备干什么，因为防守的动作是已经激起的动作，并且成了一种刺激，使他在出现空隙之处实施进攻。如果这种意图没有成为在有利的空隙出现时举行进攻的刺激，它是不会在他行动中呈现出来的。

这就是动物的智能行动和我们所称的思考的个体之间的差异。[①]我们说动物不会思考。它不会使自己处于它所造成的地位上；事实上它不会设身处地地说："他将以这样一种方式行动，而我将这样行动。"如果个体能够这样行动，并且在他自身引起的态度能成为他的另一动作的刺激，那就是富有意义的行动。如果其他人的反应被唤起并且成为控制他的动作的刺激，那么他自己的经验中便包括了另一个人的动作的意义。那就是我们称之为"思想"的一般机制，因为要使思想可能存在，就必须有符号，一般地说，有声的姿态，它们在个体自身引起他在他人身上引起的反应，以致从那一反应的观点来看，他能够指导他以后的行动。它不仅包括鸟

---

① [关于动物动作的性质，参见"论动物的知觉"，载《心理学评论》，第14卷（1907年），第383页以下。]

和动物互相交流那个意义上的交流，而且包括在个体自身引起他在其他个体身上引起的反应，包括扮演他人的角色，像其他人那样动作。某人参与了另一个人正在进行的同一过程并根据那一参与控制他的动作。那便构成一客体的意义，即，不仅在其他人身上，而且在某人自己身上的共同反应，这种反应反过来又成为对某人自己的刺激。

如果我们想象心灵只是一种意识实体，其中有某些印象和状态，并认为那些状态之一是一个普遍概念，那么，一个词便成为完全任意的：它只是一个符号。①我们便可以从反面理解语词并发出相反的音，像孩子们干的那样；看上去我们对语词的安排有绝对的自由，似乎语言是完全机械的东西，是外在于智能过程的。但是，如果我们承认语言只是一个合作过程的组成部分，使人顺应其他人的反应、从而使整个活动得以进行的那一部分，那么，语言仅在一个有限范围内是任意的。如果你在对另一个人讲话，或许你能从某一点

---

① 米勒试图把思想的价值归于语言；但这一尝试是靠不住的，因为语言具有作为思想的最有效机制的那些价值，仅仅因为它把有意识的或表意的姿态会话推到其最高度最完满的发展。如果思想要在作出姿态的有机体那里发展，那么作出该姿态的有机体必定有某种隐含的态度（即，一种已经发端但没有完全实现的反应），与另一个体对该姿态的明显反应一致的态度，与该姿态在这另一个有机体身上引出或唤起的态度相应的态度。而且，为这样一种隐含的态度或反应提供机制的是中枢神经系统。

把语言与理性等同，在某种意义上是荒谬的，但在另一种意义上是正确的。在下述意义上它是正确的：语言过程使整个社会过程进入了本身为该动作所包含的特定个体的经验之中，并因而使理性的过程成为可能。但是，虽然理性的过程是而且必须是通过语言过程即通过语词实现的，它并不只是由后者构成的。

察觉他态度的变化，而对于第三个人来说，可能根本不会注意到。你可能了解他的癖性，那对你便成为一种姿态，成为那个人的反应的组成部分。在姿态中有一部分是可能起符号作用的。我们可以说，具有一个意义的一组分离的符号是可接受的；但它们始终是姿态，即，它们始终是个体的动作的组成部分，这个部分揭示了他准备对另一个人采取的行动，因此当这个人利用此线索时他在自身引出另一个人的态度。在只用一个词指称简单明了的意识状态的意义上，语言绝不是任意的。一个人的动作中用于指导合作活动的特定部分多少是任意的。该动作的不同方面可以派这个用处。有些本身看来不重要的东西，对于揭示态度来说可能是非常重要的。在那个意义上，可以说姿态本身是不重要的，但该姿态所要揭示的东西是极其重要的。从符号的纯理智特征及其情绪特征之间的差别可以看出这一点。诗人依靠后者；对于他，语言是丰富的、充满价值的，而我们则可能对此根本视而不见。在力图用不到 10 个词表达一个消息时，我们只不过想传达某一个意思，而诗人所面对的是真止有生命的组织，是表达过程中情绪的震动。因此，在使用语言时有一个很大的变动范围；但不管是用其哪一方面，它都是社会过程的组成部分，并且始终是用这一部分，我们像影响他人一样地影响自己，并通过对我们所说话的理解来传达社会情境。这对任何语言都是十分重要的；如果它要成为语言，人就必须理解他所说的，必须像影响其他人一样影响他自己。

11. 意　义①

我们特别关心人类的智能，即，在人类社会过程中不同个体的动作的互相顺应，通过交流而发生的顺应：人类发展较低水平上借助于姿态进行的交流，还有人类发展较高水平上借助于表意的符号（具有意义的姿态而不只是替代刺激的姿态）进行的交流。

这种顺应的主要因素是"意义"。意义产生并存在于一种关系之中，即某人的姿态与通过这一姿态向另一个人表明的这个人后来的行为之间的关系。如果那一姿态确实向另一个人表明了这个人后来的（作为结果的）行为，那它便具有意义。换句话说，一个特定刺激（如姿态）与社会动作以后阶段之间的关系（姿态是社会动作的早期阶段，如果不说是开端的话）构成了意义从中产生并存在于其中的领域。因此，意义是从社会动作某些方面之间客观存在的一种关系中发展起来的；它不是对那一动作的心理补充，它不像传统所认为的那样是一个"观念"。某个有机体的姿态、以该姿态

---

① ［还可参见"社会意识与对意义的意识"，载《心理学通报》，第7卷（1910年），第397页以下，"社会意识的机制"，载《哲学杂志》，第9卷（1912年），第401页以下。］

为其早期阶段的社会动作的结果,以及另一个有机体对该姿态的反应,是处于姿态与第一个有机体、姿态与第二个有机体,以及姿态与特定社会动作后阶段之间的三层或三重关系中的一组事项;并且这个三重关系构成了意义从中产生的发源地,或者说它发展为意义的领域。姿态意味着社会动作的某一结果,该动作所涉及的个体对这个结果有明确反应;因此意义是由反应赋予或说明的。意义隐含地(如果不是始终明显地)存在于社会动作不同阶段之间的关系中,它起源于这种关系,从这种关系中发展出来。并且,在人类进化水平上,它的发展表现在符号化上。

总的来说,我们一直关心的社会经验过程和行为过程,是当一个有机体的动作在另一有机体的反应性动作中引起对该动作的顺应时出现的。我们已经看到,意义的本质与社会过程紧密联系在一起,因为它是这样出现的,那个意义包含着作为其产生与发展背景的社会动作各个方面之间的三重关系:一个有机体的姿态与另一有机体的顺应反应(同样隐含在特定动作中)之间的关系,以及与特定动作的完成之间的关系,这种关系使得第二个有机体对第一个有机体的姿态作出反应并表明或指示特定动作的完成。例如,小鸡对母鸡的咯咯叫声的反应是对该声音的意义的反应;咯咯叫声指的是危险还是食物,视情境而定,而且它对小鸡具有这一意义或含义。

在某种意义上，由于社会过程包括了交流，该过程所牵涉的单个有机体的经验中才出现了新的对象。在某种意义上，有机体的过程或反应构成了它们对之作出反应的对象；也就是说，任何特定的生物有机体在某种程度上造成了它从生理上和化学上对之作出反应的对象的存在（就它们对它具有的意义而言）。例如，若没有能够消化食物的有机体，便不会有任何食物，不会有任何可吃的对象。同样地，社会过程在某种意义上构成了它对之作出反应或它对之作出顺应的对象。也就是说，对象是根据社会经验过程和行为过程的意义构成的，是通过该过程所涉及的不同个体有机体彼此之间的反应或动作上的互相顺应构成的。这种顺应借助于交流成为可能，在该过程发展的早期阶段，交流采取姿态会话的形式，在该过程发展的后阶段，交流则采取语言的形式。

意识对于意义在社会经验过程中的出现并非必要。一个有机体的一个姿态在任何特定社会动作中引起另一有机体的一个反应，这个反应与前者的动作及其结果直接相关；一个姿态是一个有机体（作出该姿态的有机体）的特定社会动作结果的符号，这是就另一个有机体对它作出反应（因而也包括在那个动作中）并表明了那个结果而言的。因而，在意识突现即关于意义的意识发生之前，意义的机制已经出现在社会动作中。第二个有机体的动作或顺应性反应使第一个有机体的姿态具有了它所具有的意义。

符号化构成了以前未曾有过的对象，即那种倘若没有使符号化出现的社会关系便不会存在的对象。语言并不只是把一个事先已经存在的状况或对象符号化；它使那种状况或对象可能存在或出现，因为它是那种状况或对象由以产生的一个机制的组成部分。社会过程把一个个体的反应与另一个体的姿态联系起来，使之成为后者的意义，因而使得新的对象、依靠这些意义或由这些意义构成的对象在社会情境下产生和存在。因此，从根本上说，意义不应被想象成意识的一种状态，也不应想象成一组从心理上说存在或生存于经验领域之外，然后进入经验领域的经过组织的关系；恰恰相反，应该客观地看待它，认为它完全存在于经验领域之中。①一个有机体在任何特定社会动作中对另一有机体的姿态作出的反应便是该姿态的意义，而且在某种意义上造成了该姿态通过特定社会动作（它是该动作的早期阶段）结果所关涉的新对象（或老对象的新内容）的出现或产生。因为，重申一下，真正意义上的对象是在经验的社会过程中、通过涉入该过程并实现该过程的个体有机体之间的交流和互相顺应而构成的。正如在击剑中，回避是对刺杀的说明，同样，在社会动作中，一个有机体对另一有机体的姿态的顺应反应，是对该有机体那一姿态的说明，是那一姿态的意义。

---

① 自然具有意义和含义，不过未用符号表明。符号与它所指的意义是可以区分的。意义是自然存在的，而符号是人类的世袭财产（1924年）。

在自我意识的水平上，这样一种姿态成为一种符号，一种表意的符号。但是对姿态的说明，基本上不是一个在心灵内部进行的过程，也不一定涉及心灵；它是一种外部的、公开的、物理的或生理的过程，在现实社会经验领域内进行的过程。意义可以用达到其最高且最复杂的发展阶段（在人类经验中达到的阶段）的符号即语言来描述、说明或陈述，不过语言只是把原先已逻辑地隐含地存在着的一种状况从社会过程中提取出来。语言符号无非是一种表意的或有意识的姿态。

这里证明了两个主要论点：（1）社会过程使得它所牵涉的那些个体之间能够进行交流，通过这种交流，使一系列新的对象出现，它们是相对于这个社会过程而存在的（这里的对象指"常识"的对象）；以及（2）在任何一个特定的社会动作中，一个有机体的姿态和另一个有机体对该姿态作出的顺应反应，显出了存在于作为特定动作开端的姿态与该姿态所涉及的特定动作的完成或结果之间的关系。这是社会过程中两个基本的互补的合逻辑的方面。

任何特定社会动作的结果与预示这一结果的姿态，被另一个有机体对该姿态的反应明确地分隔开来，这个反应针对着该姿态所预示的那一动作的后果。在对这种情境作心理的或意识水平上的分析之前，这种情境已在非心理、非意识的水平上完整地存在了，即完全给定了。杜威说，意义通过交流而产生。①这一陈述指的是由社会过程而产生的内容；不是指单纯的观念或印刷的语词本身，而是指社会过程，构成我们周围的日常生活环境的那些对象主要是由社会过程造就的，在这个过程中，交流发挥了主要的作用。说该过程能使这些新的对象产生，仅仅是就它使它所牵涉的个体有机体之间的交流成为可能而言的。说它造成了它们的存在（实际上造成了整个常识对象世界的存在）的意思是，它决定着、制约着并使下述抽象过程成为可能：从总的事件结构中抽象出与日常社会行为相关的种种同一性；而在那个意义上，即具有了那个意义之后，它们才是仅仅相对于那个行为而存在的。同样，在其以后的、更高的发展阶段上，交流造成了整个科学王国的存在，造成了由于其与科学目的有关而从总的事件结构中抽象出来的种种同一性。

我们已经看到，意义的逻辑结构要到姿态与顺应反应以及与特定社会动作结果的三重关系中去找。第二个有机体对第一个有机体姿态的反应是对该姿态的解释并显示了其意义，即，该姿态预示了它所发动的、因而两个有机体被牵涉在内的社会动作的结果。姿态、顺应反应以及该姿态所发动的社会动作的结果之间的这一三重的或三合一的关系，是意义的基础；因为意义的存在取决于这一事实，即第二个有机

---

① [参见《经验与自然》，第5章。]

体的顺应反应针对由第一个有机体的姿态所发动并预示的特定社会动作的结果。因而意义的基础客观地存在于社会行动中，或者说，实际上存在于它与这样一种社会行动的关系之中。意义是一个对象的内容，它取决于一个有机体或一群有机体对它的关系。它在本质上或根本上并不是一种心理内容（心灵或意识的内容），因为它完全不必是有意识的，事实上，直到表意的符号在人类社会经验过程中发展出来为止，它都不是有意识的。只是到了它和这样的符号成为同一的时候，意义才变成有意识的。一个有机体的姿态的意义即另一个有机体对它的顺应反应，即预示了由它发端的社会动作的结果，第二个有机体的顺应反应则是针对着或者说关系到该动作的完成。换言之，意义涉及一个有机体的姿态与由它预示或发端的社会动作的结果之间的关联，另一个有机体在这一关联中对之作出顺应反应；而第二个有机体的顺应反应就是该姿态的意义。

姿态可以是有意识的（表意的）或无意识的（非表意的）。低于人类水平的姿态会话是非表意的，因为它不是有意识的，就是说，不是自觉的（虽然在涉及情感或感觉的意义上它是有意识的）。与人类相反，一个动物在向另一个动物表示某事或显示某种意义时，并不同时向自己表示或显示同一件事或意义；因为它没有心灵，没有思想，所以这里没有表意的或自觉的意义上的意义。当另一个有机体对一个姿态所作的反应并未使动作主体看出他在对什么作出反应时，该姿态便不是表意的。①

关于意义的意义这个问题，已经进行了许多精细论证。在试图解决这个问题时，不必求助于心理状态，因为意义的本性，如我们已看到的，是蕴含在社会动作结构中的，蕴含在它的三个基本个体成分之间的关系中，即，蕴含在一个个体的姿态、第二个个体对该姿态的反应，以及由第一个个体的姿态所发端的特定社会动作的完成这个三合一的关系中。由此发现意义的本质蕴含在社会动作结构中，这一事实使得我们更加强调，在社会心理学中，必须从一个不断发展的社会经验过程和行为过程的初始假设出发，人类个体组成的任何特定群体涉身这一过程，他们的心灵、自我和自我意识的存在与发展取决于这一过程。

12. 普遍性

我们的经验确实能辨认或发现某些典型的东西，对于一

---

① 我们所说的"意义"有两个特征，一个是参与，另一个是可交流性。只有当个体在另一个体身上引起的动作的某一方面也能在他自身引起时，意义才可能产生。在这一范围内始终存在参与。而这一参与的结果是可交流性，即个体可以向他自己表示他向他人表示的东西。在个体的姿态引起其他个体的反应而没有引起或不可能引起他自己的反应的地方，就有非表意的交流。从旁观者的观点看，在一个合作的动作中引起另一个体或另一些个体的恰当反应的姿态可以说是呈现了意义的，但是对于涉及该动作的个体来说它是非表意的，除非在作出该姿态的个体身上引起了反应趋势，除非受到该姿态直接影响的个体使自己持有作出该姿态的个体的态度（手稿）。

种适当的意义理论来说这是必不可少的，就像特殊性要素必不可少一样。例如，不仅存在红的事实，而且经验中也存在一种完全相同的红（因为经验还涉及其他某种红）。人们可以把仅仅作为一种感觉的红分离出来，这样它就是短暂的；但是除了那种短暂性之外，还有我们称之为普遍性的东西，给它以意义的东西。它是一种颜色，它是红的，它是某一种红，这便是有关颜色本身的陈述中不具有短暂性的东西。如果我们由这一种特殊内容转向其他对象，诸如一把椅子，一棵树，一条狗，我们便发现某种有别于特定对象即植物或动物的东西。我们在一条狗身上看出的并不是感觉要素的集合，而是作为一条狗的特征，而且除非我们有理由对这条特定的狗感兴趣，例如它的主人是谁、它是否可能咬我们等问题，否则，我们与这只动物的关系只是与一个普遍概念的关系，就是说它只是一条狗而已。如果有人问你看见了什么，你答道看见一条狗。你不想知道这条狗的颜色；它只是你看到的一条一般的狗。

这里有一种在经验中给定的意义，而且人们料想行为主义社会学在论述这一意义或普遍性时会发生困难。在对一条狗之类的动物作出反应的地方，既有对所看到的一个对象的反应，也有一种识别反应；这种识别反应是某种普遍的东西而非特殊的东西。这个因素可以用行为主义术语来说明吗？当然，我们对其哲学含义不感兴趣；我们对狗的形而上学不感兴趣；但是我们对识别感兴趣，这种识别还会适合于同一种类的其他任何一个动物。好，在我们的天性中是否存在具有这样一种普遍性、可以说与识别我们所称的一般概念相应的反应？我力图予以概略说明的便是这样一种行为主义陈述的可能性。

中枢神经系统所呈现的不只是一套不自主动作，即，对某些特定刺激的必然反应，诸如当手触到暖气炉时立即缩回来，当身后出现巨大响声时猛然跳起来。神经系统不只是提供那类行动的机制，还提供识别我们准备对之作出反应的对象的机制；而那一识别可根据与某一簇刺激中的任何一个刺激相应的反应来说明。即，某人要钉一个钉子，去取铁锤却未取着，他没有停下手中的活去寻找，而是拿起他可以利用的其他东西，一块砖或石头，或任何具有必要重量能把钉子钉进去的东西。任何一样他能拿到手的、能有那种用途的东西都可以当作一把锤子。涉及抓住一个重物的那类反应是一个普遍概念。①如果该对象的确引起那个反应，不管它可能有什么特殊性，都可以说它具有一种普遍性。由于这一特性，它是可以识别的某物，尽管在个体实例中涉及许多变化。

---

① 抽象概念和一般概念产生于冲突和抑制：墙是某种需要回避或跃过的东西，当这两种情况兼备时，它是心理性的，是个概念。语言使我们有可能把握这些心理的对象。抽象概念对于低等动物也存在，但不能为它们所把握（1924年）。

那么，中枢神经系统中是否可能存在一种可被激起的、因而能产生这一反应的机制，而不论那些条件在其他时刻是如何地多变？是否可能存在一种足够复杂的机制以便描绘我们所论述的对象——不仅有空间维度，而且有时间维度的对象？像一首歌、一支曲子这样的对象是整体性的。我们听到最初的音调就对整支曲子作出反应。传记作品所描绘的人生也有这样的整体性，这种传记从一个人的出生写到他的去世，展示该个体成长中的所有经历和其生活中发生的变化。那么，中枢神经系统中是否存在某种能与对象的这些特征相应的东西，使得我们能够对一支歌曲或一部传记这样的复杂对象作出行为主义的说明？单单复杂性并不引起严重困难，因为中枢神经系统具有几乎不计其数的元素和可能的结合，但是，中枢神经系统中能找出一种与某类反应、即向我们呈现我们所认出的对象的特征（而不是单纯感觉）的反应相应的结构吗？

识别总是暗示着某种可以在无数对象中发现的东西。"颜色"意味着光波与正常神经系统视网膜的一种直接关系，就此而言，人一次只能觉察一种颜色。那个经验发生了，又消失了，而且不可能重复。但是某种东西被识别了，经验中呈现了一种普遍性，它至少可以重复无数次。人们认为行为主义无法作出解释或陈述的正是这一点。行为主义心理学所做的是用识别反应说明经验的普遍性。人们会说，不可能有普遍的反应，而只有对某个特殊对象的反应。恰恰相反，该反应可以对砖块、石头、锤子作出，就此而言，在该反应形式中存在一个与整整一系列个别对象相适应的一般概念，而那些个别对象可能有无数多个，只要它们具有与那一反应相关的某种特征。这一反应与无数多的刺激的关系正是我们用所谓"识别"来描绘的关系。当我们用"识别"这个词时，可能仅仅是指我们选择了一个满足这一特定目的的对象；我们一般所指的是，该对象的特征即刺激我们识别它的特征出现在我们的经验中。这样，我们能够得到与各种个别对象相反的某种普遍的东西。我认为，在任何习惯中都可以识别出与不同刺激相适应的某种东西，反应是普遍的，而刺激是特殊的。只要这一因素作为刺激起作用，引起了这一反应，就可以说这一个别对象应归入这一普遍概念。这就是行为主义心理学对与个别实例相反的普遍形式的说明。

其次是个程度问题，可以用更为复杂的对象诸如一首交响曲或一部传记及其各种衍变形式与和谐的对比作为例证。当一位音乐评论家讨论一首交响曲这样复杂的对象时，我们能说中枢神经系统中有某种与评论家面前的对象相应的东西吗？或以伟人比如林肯或格莱斯顿的传记为例，在那里，历史学家比如说莫利面前摆着伟人的整个一生及其无数的要素。可以说他的中枢神经系统中有一个与他在格莱斯顿的所有变化中认出同一个格莱斯顿的那一态度相应的对象吗？如果一个人有这样做的机制,他能从历史学家的大脑中选择出与格莱斯顿相应的东西吗?假定能够做到这一点,那会是什么?那当然不会只是对格莱斯顿这个名字的一个单独反应。在某种程度上它必须描述发生在他的经验中的所有联系,他的行动所涉及的所有那些联系,因为它们的类似物发生在格莱斯顿的生活中。它必定是某种统一体,必定是这样一种统一体,如果在任何一点触及这个整体,它就可能显现出历史学家关于格莱斯顿的经验中的任何其他因素。它可能有助于理解他的性格的任一方面;它可能显现出格莱斯顿崭露头角时的情境。在莫利的中枢神经系统中,所有这一切必定潜在地存在于关于格莱斯顿的这样一幅图画中。它是无限复杂的,不过中枢神经系统也是无限复杂的。它不仅体现空间的向度,而且体现时间的向度。它可以描述一个延迟了的动作、一个取决于前面的反应的动作;而且这后一个反应可以在其发端之际、尚未明显发生之前影响前一个反应。

于是我们可以设想中枢神经系统结构中这样一种时间向度,犹如乐曲的时间向度一样,识别音调及其彼此间的音程,我们对这些音调的欣赏实际上受到我们对后面的音调所作的先兆反应的影响,就像我们预期某一种结尾时那样。如果问那一预期如何在我们的经验中表现出来,我们要用行为主义的术语详细阐述这一点将是困难的,不过我们知道这一经验是由我们对后面的音调作出反应的准备状态决定的,而且这种准备状态可以在音调本身尚未出现时就存在。我们准备对一个大调或小调的结尾作出反应的方式，的确决定了我们欣赏那些正在出现的音调的方式。那一态度符合我们对所有长乐曲的欣赏。一开始作的评定是由对后面将出现的音调的态度决定的。詹姆斯用他对"和"、"但是"、"尽管"这样一些连接词的感性特征的讨论，对我们经验中的那一方面提供了例证。如果你肯定一个建议，却又补充说"但是"，你就决定了听者对它的态度。他不知道你准备说的东西，但他确实知道对它存在某种异议。他的知道不是用沉思的形式表示出来的，而是一种态度。有一种"但是"的态度，一种"假如"的态度，一种"尽管"的态度。我们对一首乐曲的开端、对诗歌所用的韵就是采取这样的态度；就是这些态度赋予我们正在论述的结构以含义。

对于一根升起的柱子及其支撑物，我们可以采取某些态度，并且只需有对该对象的联想便可引起那些态度。画家和雕塑家像音乐家一样利用这些态度。只要提示一下刺激，各自便能产生对复杂反应的反映。因此，如果某人能够产生许多这样的反映，并使有关所有这些态度的多重反映保持和谐，他便是产生了一种审美的反应，依我们看也是优美的反应。协调这些复杂反应便构成对象的美。有不同的刺激引起无数多的反应，这些反应的性质又反射到我们的直接经验中，互相之间产生和谐的关系。经验的后阶段可能在影响了它们的直接经验中出现。假定有一种足够复杂的中枢神经系统，我们就可以发现无数的反应，而且这些反应不仅可以是直接的，也可以是延迟的，而作为延迟的反应可能已经影响着现在的行动。

因而，当对象处于我们的实际经验中时，我们可以在某种意义上在中枢神经系统中发现某种与复杂对象相应的东西，这些对象带有模糊不定的意义，不仅在空间上是复杂的，而且在时间上也是复杂的。当我们对这些对象的任一方面作出反应时，所有其他的估价也准备对它发生影响，并赋予其理智的和情绪的内容。因此，我不明白人们为什么在组织中枢神经系统中出现的态度时找不到我们所指出的对象的普遍意义。反应对于无数各不相同的刺激的回答向我们显示了一般与个别的关系，而对象可能极为复杂，就像中枢神经系统的元素那样，这些元素体现了我们自己行动中可能的时间组合和空间组合。于是，我们可以合理地谈到某类反应，即莫利对格莱斯顿的那种反应，这种反应及其全部复杂性可以在中枢神经系统中表现出来。

[至此我们强调了反应的普遍性或一般性，它与唤起反应的刺激的特殊性相对立。现在我要引起大家对普遍性的社会向度的注意。]

思考是用一般概念进行的，而一个一般概念是这样一种实体，它有别于我们据以思考它的对象。当我们想到铲子时，在思想上并不局限于任何特定铲子。但如果我们想到了普遍的铲子，我们一定在思考某种东西，那种东西毫无疑问不是引发思想的特定的个别事物。思想超越一切发生的事物。为了说明思考，我们必须设想一个由这样的实体、本质、存在组成的王国吗？现代实在论者一般都是那样假设的。杜威似乎是这样回答的：通过抽象，我们分离出铲子的某些特征，它们与形形色色个别的铲子不相干，虽然它们存在于这些个别的铲子中。这些特征将出现在任何一把铲子上（只要它是铲子），因而与它们中的任何一把都不相干。我们可以进一步说，这些特征与铲子是崭新的还是损坏了的外表状况不相干。换言之，它们与时间无关，可以称为永久的对象或实体。不过，杜威说，我们思想中的这些特征虽与时间无关，但它们的存在并不脱离个别的铲子……杜威完全同意上述的实在论者的观点，即意义并非居留在语词本身之中。这就是说，他不是一个唯名论者。但是，他坚持，意义作为一种由于思维的社会性而产生的特征存在于铲子中。我想我们可以用现时的术语说，意义在社会经验中出现，恰如颜色在具有视觉器官的有机体的经验中出现一样。①

意义本身，即思想的对象，通过那个刺激自身采取另一个体的态度对对象作出反应的个体，产生于经验之中。意义

---

① [这一段摘自一份手稿："约翰·杜威的哲学"，发表在 1936 年《国际伦理学杂志》上。]

是既可以向他人表示，又可以在同一过程中向作出表示的个体本人表示的东西。就个体居于他人地位向他本人表示该意义而言，他占有了他人的视界，由于他从自己的视界出发向他人表示该意义，而且由于被这样表示的意义是同一的，它一定是可以显现在不同视界中的。因此，它一定是一个普遍概念，至少就不同视界所具有的同一性来看它是普遍的。这些不同视界被组织在一个视界中，只要这个组织原则承认实际出现的视界之外的那些视界，这个普遍性在逻辑上便可能无限地扩展。然而，在行动中，它的普遍性仅仅在于，关于这些特征的不同视界之间虽有差别却是无足轻重的差别。用来表示这些特征的是表意的符号即姿态，这些姿态对于使用它们的个体以及其他人所表示的是同一种意思，在合作过程中它们也成为对他人的适当刺激。①

表意的姿态或符号是有意义的，始终以它所由产生的社会经验过程与行为过程为前提；或者，如逻辑学家所说，一个论域总是被暗示为某个背景或范围，表意的姿态或符号只有就那个背景而言或在那个范围之内，才在事实上具有意义。这一论域由一群经历和参与一个共同的社会经验②与行为过程的个体构成，在那个过程中，这些姿态或符号对该群

---

① [这段摘自手稿。]
② 只有当存在一个共同的（群体）经验的范围时……才存在一个共同的世界（手稿）。

体中的所有成员具有同样的或共同的意义，不管他们是对其他个体作出这些姿态、给出这些符号，还是公开地对其他个体向他们作出的姿态、发出的符号作出反应。一个论域就是一个共同意义或社会意义的系统。①

从行为主义的观点看，思想和理性的这种普遍性和非个人性，是特定个体采取他人对自己所持态度的结果，是他最后把所有这些特殊态度具体化为一种态度或观点的结果，而他得出的这种观点可称为"泛化的他人"的观点。

在无数不同的特殊条件下或在无数不同的特殊情境中可供选择的各种动作方式（对于无数正常个体来说这多少是相同的方式）便是一般概念（无论是逻辑学还是形而上学所论述的）实际上所相当的一切；它们包含在社会性动作中，并从社会性动作得出它们的意义，离开社会性动作，它们便毫无意义了。②

---

① 我们所谓的思维规律是对社会交流的抽象。整个抽象思维过程，从技术到方法，本质上都是社会的（1912年）。

对社会性动作的组织符合我们所说的一般概念。从功能上说，它便是一般概念（1930年）。

② 所有持久的关系都经受了修正。剩下的是逻辑常项以及从逻辑蕴涵中推出的结论。所谓的共相或概念都属于这同一范畴。它们是某一论域的元素和结构。在包括他人和我们自己在内的社会行动中，我们指出那些在我们所属的群体、我们所由产生的群体的视界里的持久特征，我们指出与我们的行动相关的东西没有变化，换言之，已发生的事对它不相干。一种形而上学把这些逻辑元素从其经验产地抽出并赋予其实体的存在，它忽略了这样一个事实，即与已发生事件不相干的东西正巧是与反思所由产生的那一行动情境有关的。而且，虽然我们在不同的情境也能找到一种会话的方法以及思想的方法（这种方法与情境的不同无关）从而提供了从一种视界转到另一种视界的方法，但是这种不相干仅仅属于所思考问题的更广泛的特征，而决不会超越这种方法所由产生的社会行动（手稿）。

心灵、自我与社会 | 103

13. 反思智能的本质

通过暂时性地抑制那种标志着思考或使反思得以产生的动作，我们已经尝试性地预先显示了个体经验中不同的可能性或选择性，亦即在特定社会情境中他所面临的未来行动的种种不同可能性或选择性，也就是完成他参与其中或由他发动的特定社会动作的各种不同方式，以便他从中作出选择。反思或思考行为只有在自我意识的条件下才会产生，它使个体有机体能够有目的地控制和组织它的行动，即有关其社会环境和物理环境的行动，有关它涉身其内并对之作出反应的各种社会情境和物理情境的行动。对自我的组织其实就是个体有机体对它所能采取的一系列态度的组织。这些态度是它对其所处社会环境的态度，而从那个环境的观点看也是对它自己的态度，或者说是构成那一环境的社会经验与行为过程中的一种起作用的因素。从社会行为主义的观点出发来论述这样一种反思智能是很必要的。

我刚才说过，我们对一个对象的意义的陈述中包含着某种东西，它决不仅仅是反应，尽管反应可能是复杂的。我们可以对一段乐谱作出反应，除了那一反应之外我们的经验中可能什么也没有；我们可能说不出为什么反应或对什么作反应。我们的态度可能只是，我们喜欢某种音乐而不喜欢其他音乐。我们的大部分认识都是那样。我们挑出了自己所要的书，却说不出这本书的特征是什么。对于初次相遇者的面容，我们很可能作出比对十分熟悉的朋友的面容更详细的说明。对于朋友，我们往往一见面就开始谈话；不需要去搞清楚他们是谁。但是如果要认出其他人向我们描述过的某个人，我们就得仔细端详，以便弄确实他是符合其他人对我们作过的形容。与我们所熟悉的人谈话，就想不到这些事情。我们的大部分认识过程并不包括对于能使我们认出该对象的那些特征的鉴定。我们可能必须形容某个人却发现难以做到，因为对他太熟悉了。我们必须把那些细节挑出来，如果我们抱着一种批判的态度，那还必须在该对象中找出引起这一复杂反应的东西。当我们这样做时，便得出了关于该对象性质或意义的陈述。我们必须向自己指出引起这一特定反应的东西。比如说，我们认出一个人，是凭着他的体格特征。如果一个人由于长期生病或烈日曝晒，面目大改，那么当他走进房间时，他的朋友就可能一下子认不出来。有某些因素使我们能认出一个朋友。为了向某人或向我们自己指出那些特征，必须挑出能作出成功识别的特征。我们必须确定引起一个如此复杂反应的刺激。那往往很难做到，如音乐评论所显示的那样。一首乐曲可能使全体观众大为激动，但是也许没有一个人能够说明引起这一特殊反应的究竟是作品中的什么东西，也无法分辨出这些个体之间各种不同的反应。能够

心灵、自我与社会 | 105

分析那样一种对象、找出引起如此复杂动作的刺激，那是一种非同寻常的才能。

我想要大家注意一个过程，通过这个过程可以指明实际引起该反应的那些特征。比人低等的动物对某些特征能够作出微妙的反应，人却做不到这一点。例如，狗对气味特别灵敏。但是狗不可能对另一条狗指出那是什么气味。第一条狗不可能派遣另一条狗去嗅出那气味。人则可以讲出怎样去认出另一个人。他能指出将会引起某种反应的特征。这种能力把进行反思的存在物即人所具有的智能与低等动物的智能截然区分开来，不管动物能有多聪明。我们通常说人是理性的动物，低等动物则不是。我想表明的是，至少就行为主义心理学而言，在作这一区分时，我们所考虑的是指出导致我们对一个对象作出那种反应的那些特征。正是能指出导致特定反应的那些特征这一点，把侦探事务所同猎犬区分开来。侦探事务所派出一个人，猎犬追捕到一个人。这里有两种类型的智能，分别特化了的智能；侦探不能做猎犬所做的事，猎犬也做不了侦探所做的事。侦探的智能与猎犬的智能不同，侦探能够指出那个能引起他的追捕反应的人的具体特征。[①]

一个行为主义者对理性的内容会作出这样的说明。当你

---

① 智能与知识都在行为过程之内。思考是一个……描述世界以便有助于行动、达到人的生活目的的复杂过程（手稿）。

　　思考便是指示——思考一件事便是在动作之前把它指出来（1924年）。

在推理时，你就是在对自己指出引起某种反应的那些特征，你所做的无非就是这件事。如果有了角和一条边，你就可以确定一个三角形的面积；给定某些特征，就预示了某些反应。另外有些过程，不完全是理性的，通过它们可以从旧的反应构成新的反应。可以从其他反应中挑出一些反应并把它们放在一起。一本说明书可以提供一系列刺激，导致某些反应，你把这些刺激从你的其他复杂反应中挑出来，可能是因为它们以前未曾被挑出来过。当使用打字机写东西时，你可能得到有关使用方法的指导。可能开始时你已掌握了相当好的技术，但这仍然是一个过程，包括指明引起各种反应的刺激在内。你把过去未曾联结在一起的刺激联结起来，于是这些刺激便产生复合反应。起先这可能是未经加工的反应，并且大概是不受过去的反应影响的。当你写字时，你对字母重复的反应方式不同于当你在打字机上打这些字母时的反应方式。你写错了，因为你利用的反应不一样，它们是与一整套其他反应联结在一起的。绘图老师有时会命学生用左手而不是右手画，因为右手的习惯很难克服。这就是当你以理性的方式动作时你所做的事：你向自己指出即将引起一种复杂反应的刺激，并按照该刺激的指令确定整个反应会是什么。能够向其他人或向自己指出那些刺激，就是我们所称的理性的行动，它区别于低等动物的非推理性的智能，区别于我们自己的大量行动。

人的特殊之处在于他对刺激有分析能力，这种能力使他能辨别出是一种刺激而不是另一种刺激，从而把握属于那一刺激的反应，把它从其他反应中挑出来，并与其他反应重新结合起来。当你无法打开一把锁时，会注意某些要素，各个要素都产生某种类型的反应；你正在做的是通过注意这个刺激而把握这些反应过程。人不仅能把已经存在的反应组合起来，这是比人低等的动物也能做到的，而且人类个体既能进入活动也能结束活动，能够注意特殊要素，作出与这些特定刺激相应的反应，然后将其组合起来构成另一动作。这便是我们所谓学习或教某人做某事的意思。你向他指出引起某类反应的对象的某些特殊方面或特征。我们通常是这样说的：意识仅仅伴随着感觉过程而非运动过程。我们能够直接控制的是感觉过程而不是运动过程；我们可以注意该领域中的一个特定要素，通过这样的注意和如此把握该刺激，我们能够控制这些反应。这就是我们控制我们的动作的方法；我们并不直接通过运动通路来控制我们的反应。

低等动物没有能力注意刺激领域中某些经过分析的要素，这种要素本可使它们能控制反应。而人可以对某人说："看这个，就看这个东西，"并且他能把注意力集中在这个特殊对象上。他能指导注意，从而把与之相应的特定反应分离出来。通过这种方式，我们分解自己的复杂活动并使学习成为可能。通过对引起某一特定动作的特殊刺激的注意，便发生对过程的分析，从而使重构动作成为可能。动物进行组合，照我们的说法，仅仅根据试错，而成功的组合只不过是维持它自己。

人类群体行动中表现的姿态显然足以指出这些要素，从而使它们受到有意的注意。当然，在有意注意和无意注意之间存在一种根本性的类似。一道明亮的光线，一种特殊的气味，可能完全控制有机体并阻碍其他活动。然而，一种有意的动作，依赖于指明某一特征，指出它，把握它，并因而把握属于它的反应。那样一种分析对于我们所称的人类智力是必不可少的，而语言又使这一分析成为可能。

注意心理学取代了联想心理学。关于发生在眼前的任何事，都可以在我们的经验中找到无数联想，但联想心理学从未说明为什么是一种联想而非另一种联想占据支配地位。联想心理学制定了种种规则，如果某种联想是热烈的、近期的、频繁的，它便是占支配地位的，然而事实上往往存在这样的情境，看上去最微弱的因素却占据了心灵。直到心理学家着手分析注意，他才能够论述这些情境，并认识到有意注意依赖于指出刺激的某一特征。这一指示使对反应的分离和组合成为可能。

就有声的姿态而言，存在一种趋势即在一个个体身上唤起已在另一个体身上唤起的反应，因而孩子扮演了父母、教师或传教士的角色。在那些条件下该姿态在个体身上唤起它在其他人身上唤起的某种反应，并且在分离出该刺激的那一特定特征的个体身上实现。其他人的反应存在于分离出该刺激的个体身上。如果某人对着另一个人大声疾呼危险，他本人已持有一种躲开的态度，虽然躲开的动作尚未执行。他没有危险，但是他具有该反应所具备的那些特定要素，那就是我们说的意义。从中枢神经系统这方面来看，这说明他激动了中枢神经系统的上通道，结果将导致实际上的躲避动作。当某人进入剧场并注意到提醒人们万一起火选择最近的安全门的指示牌时，他就对有关出口的不同反应作出选择。可以说，在他面前有各种不同的反应，他辨别出不同的要素并按需要的方式放在一起，从而准备好他所要做的事。效率技师参与进来，选择这个、那个或另一个东西，并选择实现它们的次序。如果某人有自我意识，他就自己这样做。在必须确定一组反应的次序的地方，我们按某种方式把它们放在一起，我们能够做到这一点，是因为我们能够指出将对我们发生作用的那些刺激的次序。那就是人类智能所包含的有别于低等动物的智能类型的东西。我们不可能告诉一只大象说，它要抓住另一只象的尾巴；这个刺激对大象表明的意思不会与对我们所表明的相同。我们能够创造一个情境，使之成为对大象的刺激，但我们无法使大象向它自己表明这个刺激是什么意思，以使它在自己的神经系统中对之作出反应。

  一个人借助姿态提供的过程在他自身引起了可以在另一

个人身上引起的那种反应，而就他的直接物理环境而言，这不是他的直接反应的一部分。当我们让某人做某事时，我们所具有的反应不是做这件实际的事，而是它的开始。交流给予我们可以保持在心理领域中的反应要素。我们并不执行它们，但它们存在着，构成了我们所指明的这些对象的意义。语言是这样一个过程，它在行为体系中指明某些刺激并改变对它们的反应。语言作为一个社会过程，使得我们可能辨别各种反应并把它们保持在个体有机体中，使它们相对于我们所指的东西而存在。实际的姿态，在一定范围之内是任意的。无论某人是用手指还是用眼神指，或是用头部的运动、身体的姿势指，还是借助于这种那种语言中的有声姿态，都没关系，只要它确实唤起了属于那个所指物的反应。那是语言的本质作用。姿态必定是在个体中唤起反应或者倾向于在个体中唤起反应的姿态，对于它的利用将在另一个人的反应中显示出来。这是心灵进行工作所运用的材料。无论多么细微，必定有某种姿态。要想不指明一种刺激而分离出一种反应，几乎是矛盾的。我一直试图指出，这个交流过程如何向我们提供存在于我们心中的材料。它提供了那些姿态，它们在像影响其他人一样影响我们时，引起其他人采取的态度，我们采取该态度，扮演了他的角色。我们在自己控制的领域内领会该姿态和意义，这种控制在于把所有这些各种各样的可能反应联结起来，以提供问题所要求的新构成的动作。这样，我们便可以用行为主义心理学来说明合理的行动。

我想对我们的说明再补充一个因素：神经系统的暂时性与预见和选择的关系。①

对一个或若干个特定对象存在着可供选择的不同反应，中枢神经系统能够为了完成一个已经发端的动作而使若干可能反应隐含地开始，并且在实际完成该动作之前开始；因而，在接受这些可供选择的可能反应中的一种（它将以公开的结果实现）时，有可能作出理智的、反思的选择。②

人类智能依靠人类中枢神经系统的生理机制，审慎地从好几种可供选择的反应中选出一种，这些反应在特定的疑难环境中是可能的；而且如果它选择的特定反应是复杂的，即是一套、一串、一组或一簇简单反应，它可以这样组织这一套或一串简单反应，使得个体可能对特定环境的问题得出最适当、最相称的解答。

未来反应的其他可能性对确定任何特定环境中的当下行动也有其影响，它们的作用，通过中枢神经系统的机制，成为确定当下行为的因素或条件的组成部分，明确地将理智的行动或行为与反射的、本能的、习惯性的行动或行为相对

---

① ［亦见第 16 节。］
② 在我们对对象发生影响之前就具有这些反应是有利条件。如果世界就在我们眼前，与我们相接触，我们就没有时间深思熟虑。对那个世界可能只有一种反应方式。

个体通过他的距离器官和延迟反应能力生活在未来之中，他具有规划未来生活的可能性（1931 年）。

照，将延迟反应与直接反应相对照。在某种意义上，现在发生在有机体行为中的东西总是从过去的东西中发生的，绝不可能事先就明确地作出预言，绝不可能根据过去的知识（不管有多完整），也不可能根据与其发生有关的条件作出预言；就有机体理智地控制的行为而言，由于现在的行为所可能有的未来结果对该行为施加的影响，这种同时性要素就特别显著。我们关于未来行动的观念是我们在特定环境面前以几种可供选择的方式去动作的趋势。这些趋势或态度，可以在对那个情境作出公开的反应之前，就出现在或隐含地产生在中枢神经系统的结构中。因而，它们可能作为决定因素介入对这一公开反应的控制或选择。观念，由于它们有别于动作，或由于它们未能产生公开的行为，便是我们所没有做的事；它们是公开反应的各种可能性，在中枢神经系统中隐含地经受检验然后被拒绝的可能性，而我们在事实上施加作用或予以实施的那些反应则获得通过。理智的行动过程本质上是一个从各种可能性中作出选择的过程；智能主要是一个选择的问题。

延迟反应是理智的行动所必不可少的。如果个体对于他所面临的、向他提出适应问题的社会情境所作的公开反应不能在此情境下延迟，直到组织、隐含地检验以及最终选择他的那些公开反应的过程完成，也就是说，如果他对特定环境刺激所作的某些公开反应是直截了当的，那么，他就不可能进行这种组织、隐含检验和最终选择。没有延迟的反应，或者排除延迟反应，就不可能实行对行为的有意识的或理智的控制；因为正是通过这一选择性反应过程（仅仅因为它是延迟的它才可能是选择的）智能才在决定行为时起作用。事实上，是这一过程构成了智能。中枢神经系统不仅为这一过程提供了必要的生理机制，而且还为延迟反应提供必要的生理条件，而延迟反应是这一过程的先决条件。智能实质上是根据未来的可能结果及过去的经验解决当下行为问题的能力。这种能力，就是根据或参照过去和将来解决当下的行为问题；它包括记忆和预见。运用智能的过程就是延迟、组织和选择对特定环境刺激的反应的过程。中枢神经系统的机制使这一过程成为可能，这种机制允许个体采取他人对他采取的态度，因而成为他自己的对象。这是个体所具有的顺应社会环境、事实上也是顺应一般环境的最有效手段。

任何一种态度都代表着某个复合动作或社会动作的开始或潜在的发端。采取特定态度的个体与其他个体一起涉身这个动作中。传统的假定认为，行为中的有目的因素最终必定是一个观念，一个有意识动机，因而必定意味着或依赖于心灵的存在。然而对中枢神经系统本质的研究表明，以生理态势的形式（表现为特定的生理定势），在特定动作实际完成之前，存在着不同的可能结局，由于这些结局，特定动作的早期阶段在当下的行动中受到以后阶段的影响；因此行为中的有目的因素有其生理的根据，有其行为主义的基础，它并非在根本上、本质上就是有意识的或心理的。

14. 行为主义、华生主义与反思

我讨论了把概念和观念引入行为主义论述范围的可能性，努力以此援救华生所提出的行为主义，这种行为主义看上去是不充足的。华生把思维过程归溯为讲话过程，他干脆把思想等同于语词，等同于符号，等同于有声的姿态。他借助于从一个刺激转移到另一个刺激的反射过程做到这一点。这个过程的专用名称即条件反射。心理学家把一组与某些特殊刺激相应的反射分离出来，然后让这些反射在不同条件下表现出来，致使该刺激本身为其他刺激所伴随。他发现这些反射可以由新的刺激引起，哪怕先前必不可少的刺激并不在场。典型的例证是，一个小孩开始害怕一只白鼠，因为有几次当它出现在他面前的时候，便有一声巨响在他身后发出。这个巨响引起惊吓。白鼠的出现引起这种惊吓反应，致使孩子害怕这只白鼠。因此，即使在不弄出响声的时候，白鼠也唤起害怕的反应。[①]

华生还用客观主义心理学家的条件反射来解释思考过

[①] 孩子怕黑，可能由于他被响雷惊醒，结果他在黑夜中感到害怕。这一点未经证明，不过这是关于条件反射的一种可能的解释。

程。根据这一观点，我们利用与事物相关联的有声的姿态，并用有声的过程引起我们对事物的条件反射。如果一看见椅子就有一种坐下的倾向，我们便用"椅子"这个词引起这一反射。起先椅子是一种刺激，释放坐的动作，而且由于条件反射，孩子可能因为使用这个词便释放坐的动作。对这样一个过程，不能规定任何特殊的限制。语言过程特别适合于这样一种条件反射作用。我们对于周围的对象有无数种反应。如果我们能用有声的姿态引起这些反应，每当作出某个反应的同时我们使用某些语言要素，那么，就可达到这样一步，每当这一有声的姿态出现，便会引起这种反应。因此，思考无非是使用各种各样的有声要素以及它们所引起的种种反应。除了用有声的姿态引起条件反射之外，心理学家不必探寻思维过程中任何更为复杂的东西。

从对有关经验的分析来看，这一说明似乎很不充足。但对某些类型的经验来说它也许是充足的。一支训练过的军队展现出一整套条件反射。听到某些命令便排成某种队形。它的成功在于当这些命令给出时的自动反应。当然，在那里人们不假思索地动作。如果士兵在这种环境下思考，他很可能会不动作；他的动作在某种意义上有赖于心不在焉。其中当然有过周密的思考，但是在上级军官作了周密思考之后，这个过程必定成为自动的。我们承认，这个陈述对于军官所作的思考来说是不公正的。诚然，下属不假思索地执行这个过程。问题是，如果军官是在同样条件下作出这种思考，行为主义者显然就不能说明计划的特殊之处。其中显然有一些重要的东西，它不可能用条件反射来说明。

士兵在执行命令时不假思索地行动，以致命令的发布就包含着它的实施，而这是低等动物的行动特征。我们运用这一机制来解释某些有机体的复杂本能。一组反应接着另一组反应；一个步骤的完成使该动物与释放另一步骤的某一刺激接触，如此反复不已。人们发现这一过程极其复杂，特别是在蚁类中。属于人类共同体的思想在这些共同体中大概是不存在的。黄蜂把瘫痪的蜘蛛储藏起来作为幼蜂的食物，它不可能看到、也从未接触过这个幼蜂，它不是根据有意识的预见这样做的。人类共同体通过冷藏来储藏食物并在以后利用它，在某种意义上正是在做黄蜂所做的事，重要的区别在于，这个动作现在是有意识、有目的的。安排冷藏的个体实际上向他自己显示了一种将要产生的情境，并就未来的用途确定了它的保藏方法。

华生对条件反射作用的陈述并未引进经验的这些部分。这样一个论述在实验上仅仅适用于婴儿的经验。华生试图证明一种简单的机制，它可以广泛地予以应用，而不必考虑应用中所涉及的所有复杂情况。当然，发现一种新观念的最广泛的适用性、然后对付特殊的难题，这是合理的。那么，是否可能改造一下行为主义心理学的说明，使它能更加公正地对待我们通常称为意识的那种活动？我一直认为，至少可以描写一下中枢神经系统中与一个观念相应的情况。这一点看起来不同于华生的说明。他只是把一套反应同某种刺激联在一起，并指出有机体的机制能够改变那些刺激、用一种刺激代替另一种刺激；而完成这样一个过程的种种观念并未因这种替代而得到说明。

我所举的那个例子里，搬张椅子请某人坐下，这个"请"可能取代了对椅子的特定知觉。某人可能全神贯注于某件别的事，这时该刺激就不是在原来的反射中起作用的刺激了；某人可能走进来并坐下，一点没留意那张椅子。但是这样的替代并未向我们描述在某种意义上与椅子相应，或与那个人请他坐下这一观念相应的那种机制。我所设想的是，我们在中枢神经系统中有这样一种机制，它与这些复杂的反应相应，而引起这些反应的刺激可能发动了一个没有完全实现的过程。当某人请我们坐下时我们并没有真正坐下来，然而这一过程在某种意义上已经发端；我们准备坐下但没有坐下。我们为一个特定过程做了准备，思考它，勾画出行动的计划，然后准备采取不同的步骤。这种原已存在的运动冲动，激动了不同的神经通路，而反应可能更有准备、更有把握地发生。不同的动作与另一动作的关系尤其是如此。我们可以把一种反应过程与另一种反应过程连在一起，我们可以根据低等动物的本能在我们自己的行动中构建一种一般的反射。在某种意义上，那可以用神经系统的结构来说明。我们可以想象各种反应，随着它们对这些对象的不同反应，换言之，对我们所称的这些对象的意义的不同反应而产生。椅子的意义是供人坐，锤子的意义是敲钉子，这些反应虽然没有实现，但是可以被激起。这些过程在中枢神经系统中的激起对于我们所称的意义也许是必要的。

这里人们也许会问，在某个区域内或经过某些通路的神经兴奋是否能合理地取代我们所称的观念。我们遇到了对观念与身体状态之间、神经症中心理的陈述和物理的陈述之间表面上的不同所作的平行论解释。人们可能抱怨行为主义心理学提出了若干机制，却仍然把我们所称的意识排除在外。人们也许会说，像我所描述的这样一种不同过程的联结，中枢神经系统中这样一种不同反应的组织，归根结底，与华生所说的没什么两样。他也有一整套反应与椅子相应，并且他使该反应通过有声的姿态"椅子"而发生条件作用。人们可能认为那便是我们所做的一切。然而，如我说过的，我们承认意识中除了这样一种受条件作用的反应之外还存在某种东西。士兵所作的自动反应不同于这样的行动，它涉及有关该行动的思想，以及对我们的所作所为的意识。

行为主义心理学企图摆脱精神现象与世界对立、心与身对立、意识与物质对立这一框架所包含的或多或少形而上学的复杂情况。它认为这种框架使人走进死胡同。这样一种平行论曾经是有价值的,但在利用它来分析中枢神经系统中发生的情况之后,它就只会导向死胡同。行为主义者反对内省是有道理的。从心理学研究的观点看,内省不是一种富有成果的方法。华生干脆把内省驱逐出境,说我们所做的一切就是倾听我们主观上说出的语词,这也许是不合理的;这样对待我们所称的内省当然是完全不适当的。但是,内省作为论述心理学必须关心的那些现象的一种手段本身是没有希望的。行为主义者所关注的,我们必须回想的,是实际的反应本身,并且只有当我们能把内省的内容转译成反应的时候,我们才可能得出满意的心理学理论。心理学不必陷进形而上学的各种问题,但是它应试图抓住应用于心理学分析本身的反应,这一点很重要。

我想强调的是,这些反应即观念或意义开始与某种有声姿态联结在一起的过程,存在于有机体的活动之中,而从狗、小孩、士兵这些例子看,可以说这一过程发生在有机体之外。士兵经过一整套队形变换训练。他不知道为什么要受这一套训练,不知这有什么用;他只是进行操练,像一只动物在杂技场上受训一样。小孩同样也置身于种种实验之中,他并无思维。思维的本来含义是指,把作为对象的椅子同"椅子"这个词联结起来的过程,是人类在社会中实现、然后内在化的过程。这样的行为无疑应当像在外部发生的条件反射行为一样受到重视,而且应该更多地予以考虑,因为理解思维的过程远比理解它的产品重要得多。

那么，这一思想过程本身发生在哪里？如果你愿意，可以说我在这里回避了这样的问题：意识是什么？或，是否应把大脑中发生的东西等同于意识？那并非一个心理学的问题。我问的问题是，这一过程，即在华生的意义上，我们所有的反射或反应通过它而受条件作用的过程，发生在哪里？因为这一过程是发生在行动中的过程，不能用由它产生的条件反射来解释。可以用条件反射作用解释小孩对白鼠的畏惧，但不能用一套条件反射来解释华生先生对所述反射进行控制的行动，除非造出一个超华生来对他的反射进行控制。那个条件反射过程必须纳入行动本身，不是在形而上学意义上把心灵规定为一种作用于身体的精神形式，而是作为一种行为主义心理学能够论述的实际过程。形而上学的问题仍然存在，不过心理学家必须能够把这一条件反射过程作为发生在行动自身中的过程加以说明。

我们可以在中枢神经系统中发现这种行动的一部分必要机制。我们可以看出某些反射，例如膝盖痉挛，并顺着刺激从该反射追踪到中枢神经系统，然后再返回来。对大多数刺激我们无法追究它们的底细。借助于这些合适的因素，我们可以进行类比，向我们自己描述我前面谈到的、与我们身边的对象以及更复杂的对象诸如交响曲或传记相应的复杂组织。问题现在是，单单这些反应群的兴奋是否就是我们所说的观念的意思。当我们试图着手用行为来转换、翻译这样一个观念，而不是用一点意识来搪塞时，我们能否把那个观念转换为行动，至少用行动来表达当我们说有一个观念时所要表达的意思？也许更简单的是假定我们中的每一个人都贮藏着一点意识，而印象是根据意识产生的，并且是观念的结果，意识以某种不可解释的方式在系统自身内建立了这种反应。人们必定会对行为主义提出的疑问是，它是否能以行为主义术语来说明有一个观念或得出一个概念是什么意思。

我刚才说过，华生关于单纯条件反射作用的说明，即当使用该词时某一套反应的发端，似乎并不符合获得一个观念的过程。其实它符合拥有一个观念的结果，因为一旦得出这个观念，某人便开始完成它，而我们假定该过程接踵而来。得出一个观念与拥有一个观念的结果迥然不同，因为前者涉及反射的建立或条件作用，这些反射本身不能用来解释该过程。那么，这在什么条件下发生？我们能用行为来表明这些条件吗？我们能用行为主义术语说明这个结果会是什么，但我们能用行为主义来说明得出或拥有观念的过程吗？

以幼儿为例。得出一个观念的过程，是幼儿与他周围的那些人交流的过程，是一个社会的过程。他可以独自一人又叫又闹而一点不知道自己在做什么。在他自言自语中并没有什么通过有声的姿态控制任何反射的机制，但是在他对其他个体的交流中他却可以控制这些反射。在低等动物中也有这种情况。我们可以教狗去做与特定语词相应的某些事。我们用某些有声的姿态来引起它的条件反射。以同样的方式，小孩开始用"椅子"这个词来指称椅子。不过动物并不知道它准备做什么，如果我们让孩子停留在这一步，我们就不能把任何观念归之于他。给出一个观念，其中所包含的东西不能用引起条件反射来说明。我认为，在这一给予中所包含的是这样一个事实，即刺激不仅唤起了反应，而且接受该反应的那个个体本人也利用那个刺激，那个有声的姿态，并在他自身引起了那个反应。至少，这是即将接踵而来的东西的开端。这是在狗的行动中没有发现的另一种复杂情况。狗只用后腿站着，当我们用了一个特定的词时它走起来，但是狗自己不能把其他人给予它的那个刺激给予它自己。它可以对它作反应，不过它自己不能参与引起它自己的反射；它的条件反射可以被另一个人引起，但它自己不可能做到这一点。表意的言语的特征，正在于始终进行着这种自我规定的过程。

当然，我们言语中的某些阶段并未进入我们称之为自我意识的领域。经过漫长的岁月，人们的言语中发生了变化，任何个人都没有意识到这些变化。但是当我们讲到表意的言语，我们总是有这样的意思，即听到一句话的那个人在某种意义上对他自己用这句话。我们把这称作对所说话语的个人理解。他不仅准备作反应，而且也利用他听到的同一刺激，并且很可能反过来对它作出反应。一个人对着另一个人使用

心灵、自我与社会 | 123

表意的言语，就是这样。他知道并懂得他要求另一个人做的是什么，并且在某种意义上引起他本人去实现该过程的反应。对另一个人说话的过程也是对他自己说话的过程，在自身引起在另一个人身上引起的那种反应的过程；而听他讲话的那个人，只要他知道他正在做什么，就很可能利用同一有声姿态并因此在他自身引起另一个人所引起的反应，至少可能把牵涉到该行动的那一社会过程继续下去。这与士兵的动作不同；因为在表意的言语中，讲话人自己懂得要求他去做的事，并同意去实现某件事，发挥自己的作用。如果某人指点另一个人如何到达某一条街，他本人也接收了所有这些详细指点。他把他自己同另一个人等同起来。听者不只是按照命令行走，而且向他自己发出另一个人给他的同一些指点。用行为主义的说法，那就是我们所说某人意识到某事的意思。当然这始终意味着那个人的确倾向于实现讲话者所讲的同一过程；他给自己同一刺激，因而参与了同一过程。就他引起他自己的反射而言，那个过程进入了他自己的经验。

我认为，重要的是认识到我们的行为主义心理学在论述人类智力时必须描述我刚才描述过的情境，那里，一个人知道其他人对他说的话的意义。如果该个体本人确实利用与他所见姿态相应的东西，转而对他自己说这话，把自己放在对他说话的人的地位，那么他懂得他所听到的话的意思，他得出一个观念，这个意义已成为他的。这是那样一种情境，它似乎与我们所说的心灵本身有关：使一个体影响其他个体的社会过程，被转移到受到如此影响的个体的经验中。①个体采取这一态度并不只是重复的问题，而是作为正在进行的复杂社会反应的组成部分。一种适当的行为主义陈述必须用行为来说明那个过程，这与单纯的条件反射的说明相反。

15. 行为主义与心理学平行论

行为主义可能达到了这样一步，它可以被称作有关神经症和精神病的平行论，即发生在中枢神经系统中的情况和与此平行或相应的经验的关系。例如，人们可以论证说，由于外界发生的干扰，视网膜处于兴奋状态，而且，仅当这一兴奋在中枢神经系统达到某种程度，一种对颜色的感觉或对一种有色对象的经验，才会出现。我们相信我们是在这一外界干扰发生的地方看到这个对象的。即，我们看见，比如说，一道电光。但是我们被告知，那道光表现了以极快速度进行的物理变化，并以某种方式由光波传递到视网膜然后传递到中枢神经系统，因此我们才在我们认为这些振动发生的地方看见了这道光。当然，这个传送需要一点时间，在这个动作的过程中，对象可能发生某种物理变化。不仅知觉有失误的

---

① [参见第16节，24节。]

可能，甚至对我们面前的对象都有可能搞错，因为这道光在时间上要晚于它所展现的干扰。这道光有限定的速度，而发生在视网膜和中枢神经系统那个点之间的过程要比那道光的过程长得多。以恒星的光为例，很容易说明这一情形。我们看到的太阳光是大约 8 分钟之前由太阳发出的；我们所看到的太阳是老了 8 分钟的太阳。还有许多恒星离我们非常遥远，它们发出的光要经过不少光年才能到达我们这里。因而，我们的知觉是有条件的，我们确定它在某一时刻存在于中枢神经系统中；如果有什么东西干扰了这个神经过程，这一特定经验便不会产生。以诸如此类的方式，我们得以说明平行论解释后面的东西；如果我们把发生在神经症中的东西与发生在我们的经验中的东西联系起来，就有两种看上去全然不同的东西。发生在中枢神经系统中的干扰是一个在神经元中进行的电过程或化学过程或机械过程，而我们看到的是一道改变过的光，我们至多能说这道光看起来与另一道光是类似的，因为我们不能说这两者是同一的。

于是行为主义心理学不是把这些事件安置在中枢神经系统中作为一个因果系列（它至少决定于感觉经验），而是把对环境的整个反应看作是对我们所看到的改变过的对象（在这个例子里即光）的回答。它不是把经验确定在神经系统的任何一点上，不是把它放在罗素先生所说的头脑里面。罗素把经验看作发生在头脑里的因果过程所产生的结果。他指出，按照他自己的观点来看，人们能够在其中放置经验的头脑在经验上仅存在于其他人的头脑中。生理学家向人们解释这种兴奋是如何发生的。他看到他正在向人们说明的头脑，并且他凭借想象力看到这个头脑里面的东西。但是根据这种说明，他所看见的东西必定是在他自己头脑里的。罗素摆脱这一困境的方法是，说他正在谈论的头脑不是我们所看到的头脑，而是生理分析所意指的头脑。行为主义者不认为经验世界存在于一个头脑之中，不把它定位在某种神经扰动发生的地方，而是把经验世界同有机体的整个动作联系起来。一点不错，正如我们刚才说过的，只有当各种兴奋在中枢神经系统中达到某种程度时，这个经验世界才会出现；同样不错的是，如果切断任何这样的通道，人们便清除了经验世界的很大部分。行为主义者所做的，或应该做的，是采取完整的动作、动作的全部过程，作为他说明的单位。在这样做时，他不仅要考虑到神经系统，而且要考虑到有机体的其余部分，因为神经系统只是整个有机体的一个特化了的部分。

从行为主义心理学或动力心理学的观点来看，意识作为材料、作为经验，就是人类个体或社会群体的环境，就其由该个体或社会群体构成、依赖于该个体或社会群体、其存在与该个体或社会群体有关而言（"意识"这个术语的另一层含义的产生与反思的智能有关，还有一层含义的产生与经验的个人性或主观性有关，这些方面与其共同性即社会性形成对照)。

我们整个经验的世界(我们经验到的自然界)根本上与社会行为过程有关,在这个过程中各种动作以姿态为开端,这些姿态有这样的作用,因为它们反过来又从其他有机体身上引起顺应反应,以表明或指出由它们引起的动作的完成或结束。也就是说,客观世界的内容,如我们经验到的,在很大程度上是通过社会过程与它的关系而构成的,尤其是通过在该过程中产生的意义的三合一关系构成的。心灵的全部内容和自然的全部内容,就其具有意义的特征而言,取决于这种三合一关系,它处于社会过程之内,在社会动作的各组成阶段之间,这种社会动作是意义存在的先决条件。

但是,这样以社会过程来解释或说明的意识或经验,不能被定位于大脑之中——不仅因为这样定位暗示着心灵的空间性概念(这个概念作为一种非批判地接受的假设至少是缺乏根据的),而且因为这样定位导致罗素的生理学唯我论,并导致相互作用论所无法克服的困难。意识是机能性的,而非实体的;在这个术语的任何一种主要意义上,它都必须定位于客观世界中而不是大脑中——它属于我们置身其内的环境,或者说是这个环境所特有的。然而,定位于大脑、确实发生在大脑里的,是我们由之失却和重获意识的生理过程:这个过程有点类似于上下拉动窗帘的过程。

如我们前面注意到的，如果我们想要控制经验或意识的过程，我们可以追溯到身体内的各种过程，尤其是中枢神经系统。当我们提出一种身心平行论时，我们力图做的是说明世界上那些使我们能控制经验过程的因素。平行存在于行动发生的地方与经验反应之间，我们必须确定将使我们能够控制反应的那些因素。一般说来，我们控制这一反应是借助于有机体外面的对象而不是直接注意有机体自身。如果我们需要更强的光线，便插上一个功率更大的灯泡。通常，我们的控制在于对对象本身的反作用，从这种观点看来，平行是对象与知觉之间的平行，电灯光与可见度之间的平行。这就是普通人建立的那种平行论；通过建立周围事物与他的经验之间的平行，他挑出将使他能控制经验的事物特征。他的经验是使他不断看到有益于他的事物的经验，因此他在那些对象中挑出将在那种经验中表现出来的特征；但是如果麻烦是由于他的中枢神经系统中的扰动引起的，那他就必须追溯到中枢神经系统。在这里，平行将是他的经验与中枢神经系统的兴奋之间的平行。如果他感到看不清，他可能发现视神经有了毛病，而平行就成为他的视觉与视神经的作用之间的平行。如果他对某种意象感兴趣，他追溯过去曾经影响中枢神经系统的那些经验。这些经验对中枢神经系统的某些作用仍然存在，因此如果他要建立一种平行，他将发现它存在于过去事件与他的中枢神经系统的目前状况之间。这样一种关系在我们整个知觉中具有重大意义。过去经验的遗迹不断地对我们所知觉的世界发生作用。于是，抓住有机体中与我们的行动的这一阶段、与我们的记忆、与我们根据过去对现在作出的智力反应相应的东西，我们就在中枢神经系统中正在发生的东西与当下的经验之间建立起一种平行。记忆依赖于头脑中某些神经束的状况，必须把这些状况挑出来以便掌握那种过程。

当我们从这些意象本身谈到思维过程时，这种关联作用就愈来愈引人注目。知觉所包含的智力在我们所谓的"思想"中得到极大的发挥。某人觉察到一个对象，以他作出的反应来表示。如果你注意你的行动，你常常发现，由于光线到达视网膜末梢的缘故，你会把头偏向一边去看某个事物。你转过头去看那是什么。你开始使用"知道那里有个东西"这句话。我们可能有这样的印象，某人正在人群之中看着我们，我们转过头去看是谁在看着我们，转过头去的意向向我们揭示这个事实，即有来自某人的目光。就我们所有的经验而言，正是这种反应向我们解释是什么刺激了我们，正是这种注意使得知觉超出于我们所谓的"感觉"。对这种反应的解释是赋予它内容的东西。我们的思维不过是根据我们自己的反应对那一解释所作的发挥。声音是导致人往边上躲的东西；光线是我们所看见的东西。当危险是某种离得很远的事时，例如由于没看准的投资造成资金损失的危险，由于我们的某些器官受伤造成的危险，这个解释就包含着一个非常复杂的思维过程。不是采取躲开的方法，而是可以改变饮食，进行更多的锻炼，或改变投资。这个思维过程，是我们对刺激的反应的发挥，也是一个必然在有机体内进行的过程。但是认为所有我们称为思想的东西都可以定位于有机体内或都可以置于头脑之内则是错误的。投资的盈亏在于投资，食物的利害在于食物，而不是在我们头脑中。这些东西与有机体之间的关系依赖于我们准备作出的反应的种类，并且这种关系是在中枢神经系统中设计出来的。我们准备作出反应的方式在那里发现，并且，在可能的联系中必定有过去的经验与当下的反应之间的联系，这样才可能被思考。我们把整整一组外部事物，尤其是过去的那些事，与我们现在的状况联系起来以便能明智地对付某些遥远的危险。就投资或器官的毛病而言危险是遥远的，但我们仍然对之作出反应，即避免这种危险。而且这个过程包含了必须在中枢神经系统中发现的复杂联系，尤其是当它代表过去的时候。因此，我们提出，发生在中枢神经系统中的情况是与存在于经验中的东西相平行的。如果要求在中枢神经系统内作些变化，在现有知识能够发生影响的范围里，我们可以促进中枢神经系统中进行的过程。我们可以把设想的弥补措施用于中枢神经系统本身，但在前面的例子里，我们必须改变影响中枢神经系统的对象。在眼下我们直接能做的事微乎其微，不过可以设想这样一种反应，它使我们能影响我们的记忆并影响我们的思想。如果我们有一件困难的工作要做，我们当然力图选择头脑清楚的时间和条件。这是一种间接方式，试图取得大脑神经元有利的合作以进行一定量的思考。这与存在于房间照明系统与我们的视觉经验之间的平行是同一种平行。为了控制我们的反应，在一种情况下我们必须注意中枢神经系统外部的条件，在另一种情况下则必须注意中枢神经系统内部的条件。一般说来，在世界与大脑之间并不存在平行。行为主义心理学所要做的是发现在那些反应中，在我们整个反应群中，哪些符合我们想要改变、改善的世界状况，以便取得行动的成功。

过去之所以存在于我们当下的经验中，是由于与有机体其余部分相连的中枢神经系统。如果某人演奏小提琴达到一定熟练程度，过去的经验就被保持在神经和肌肉中，但主要保持在中枢神经系统内的联结上，保持在整套通路中，这些通路始终是开放的，因而当刺激进入时，便释放出一组复杂的反应。我们的过去与我们同在，以变化的形式表现出来，这些变化产生于我们的经验并在某种意义上被保持在经验里。人类动物的特有智力是来自过去的复杂控制手段。人类动物的过去经常表现在其动作的熟练上，但要是说过去完全定位于中枢神经系统则是不正确的。诚然，要使过去能在我们的经验中出现，这样一种机制必不可少，但这是一部分条件而不是惟一的条件。如果你认出某人,那一定是由于事实上过去你看到过那个人,而当你再次看到他时,过去曾有过的那些倾向便对你产生作用,不过必须有这个人存在,或者必须有某个很像他的人,这个作用才可能发生。过去必定在当下的世界中发现。① 从行为主义心理学的观点来看,我们挑出中枢神经系统仅仅因为它是我们有机体用过去来影响现在的直接途径。如果我们想要理解有机体对具有历史的某一情境作出反应的方式,便必须研究过去的动作对该有机体产生的影响,这种影响是留在中枢神经系统中的。对于这个事实无可置疑。因此这些影响就变得特别重要,不过对于行为主义心理学来说,这一"平行"同房间里的暖气与安装在那里的发热装置之间的平行并无两样。

16. 心灵与符号

我已试着指出,事物的意义,我们对事物的观念,与有机体相对于种种事物而表现的行动的结构性相应。使这一点成为可能的结构性主要是在中枢神经系统发现的。这个系统的一个特点是,在某种意义上,它具有一个时间向度:我们准备去做的事可按时间顺序排列,因此后面的过程在其开始

---

① [关于过去的蕴涵理论,见《当代哲学》,第1—31页。]

之时可以决定前面的过程；我们准备去做的事可以决定我们即刻对对象的态度。

中枢神经系统的机制使我们现在能够根据各种态度或隐含的反应提出我们所参与的任何特定动作的其他可能的公开结局；必须认识并承认这一事实，因为任何特定动作的后面阶段都对其先前阶段施加明显的控制。更明确地说，中枢神经系统提供了一种隐含反应机制，使个体能够在一个已经开始的动作实际结束之前隐含地检验各种可能的结果，并因而在此检验的基础上为他自己选择一种结果，这种结果是最值得明确实行或实现的。简言之，中枢神经系统使得个体对他的行为施加有意识的控制。正是延迟反应的可能性在原则上区分开反思的行动与非反思的行动，在后一类行动中反应始终是直接的。前一类行为涉及中枢神经系统中的高级中枢，因为它使我们可能在简单刺激反应弧的刺激与反应之间插入一个选择过程，即在一整套可能的反应以及对特定刺激的各种反应的组合中选择这个或那个反应。

各种心理过程发生在由中枢神经系统所表现的态度领域内；这一领域因而便是观念的领域：根据其未来结果或未来行为控制当下行为的领域；作为高级生命形式尤其是人类所特有的智能型行为的领域。能够通过中枢神经系统表现的各种态度可以组织成随后发生的不同类型的动作；中枢神经系统由此而能作出的延迟反应便是受智能控制的亦即智能型行为的特征。①

如果我们准备按照行为主义来思考的话，心灵本身又是什么？当然，心灵是个非常模糊的词，而我希望避免歧义。我视之为心灵特征的是人类动物的反思的智能，这种智能有别于低等动物的智能。如果我们试图把理性看作一种对付普遍的东西的特殊本领，我们会发现低等动物身上的普遍的反应。我们还可以指出它们的行动是有目的的，而那些不会导致一定结果的行动类型则被排除了。这似乎符合我们在谈论动物心理时所说的"心灵"，但我们所谓的反思的智能，通常认为仅属于人类有机体。人以外的动物的动作只在这样的意义上关涉到将来，即它具有各种寻求表达的冲动，这些冲动只有在以后的经验中才能满足，而且无论怎样表达，后来的经验确实决定了当下的经验应当如何。如果接受一种达尔文式的解释，人们会说只有那样一些动物能够生存，其行动与特定的未来有一定关系，例如属于该动物的环境，等等。其行动确实能保证未来的那些动物自然会生存下来。在这样一个陈述中，人们（至少间接地）按照作为过去事件的结果

---

① 不过，在考虑中枢神经系统在智能型人类行为中的作用或功能时（虽然它很重要），我们必须记住这种行为在本质上即根本上是社会的这一事实；它涉及一种不断发展的社会生活过程并以其为先决条件；而这一不断发展的社会过程的整体（或其任何一个组成动作）是不可归约的，尤其是不可能恰当地分析为一些分离的神经元素。社会心理学家必须承认这一事实。这些分离的神经元素存在于这个不断发展的社会过程的整体之中，或存在于使这一过程得以表现或体现的任何一个社会动作的整体之中；把它们分离出来的分析（它们是这种分析的结果或最终产物）并不要也不可能打破这个整体。

而存在的那些事物的结构，以未来来决定该动物的行动。

相反，当我们谈到反思的行动时，我们在观念上非常明确地指涉未来的存在。有智能的人区别于有智能的动物，他能向自己描述行将发生的事。动物也许会做出为明天准备食物之类的行动。松鼠储藏胡桃。但我们并不认为松鼠能想象到将要发生的事。小松鼠出生在夏季，其他动物不会给它指导，但它会像老松鼠一样着手收藏胡桃。这样的动作说明，经验无从指导该动物的这一活动。然而，有远见的人，明确地遵循一条特定路线，想象一种特定情境，并据此指导他自己的行动。松鼠按照某种盲目的冲动行动，而它的冲动的实现导致与有远见的人贮藏谷物同样的结果。然而，人类智能的特征正在于根据对未来情景的想象决定当下的行动，未来以观念的形式呈现出来。

当我们作出这样一种想象时，是根据我们的反应、根据我们正准备做的事所作的想象。在我们面前有某种问题，而我们对该问题的陈述是根据一种未来的情境，这种情境使我们能用当下的反应去应付它。这种思考是人类动物所特有的，我们已努力分析了它的机制。这一机制必须指明控制各种反应的事物特征，这些特征对于动物本身具有各不相同的价值，因而将吸引有机体的注意并带来合意的结果。猎物的气味吸引了食肉兽的注意，而由于注意那一气味，它便解除了它的饥饿并保证了它的未来。这种情境与我们所说的合乎理性的人的行动之间有何不同？根本的区别在于，人以某种方式向另一个人并向他自己指明这一特征，不管它是什么；而且通过这一指明的姿态将它变成一种符号，从而构成一种机制，这种机制至少使有理智的行动得以完成。例如，某人指着一些足印说，这意味着有熊。根据某些符号辨认某种痕迹，从而使群体中的不同成员尤其是个体本身以后能利用它，这是人类智能特有的事。能够看出"由此可及彼"，并能够创造某种姿态，有声的或无声的姿态，用于指明对他人及对本人的含义，以便能控制有关它的行动，这是在动物智能中找不到而为人类智能所特有的。

这些符号所起的作用是区别出该情境的特征，致使对它们的反应能够出现在个体的经验之中。可以说它们是以观念的形式出现的。例如，我们看见新鲜的熊掌印时，便出现想逃跑的倾向，感到胆战心惊。表明有熊的迹象唤起了避开熊的反应，而如果某人正在追猎一只熊，该迹象便表明下一步的追猎过程。人们先使该反应进入经验，然后通过指出和强调促使它产生的刺激，公开实现这一反应。当这符号被用于事物本身时，用华生的话来说，人们是在引起一种条件反射。看到熊会使人逃开，熊掌印引起那种反射，而某人自己或他的朋友说到"熊"这个词也会引起这种条件反射，因此就动作而论，这个记号开始代表某事物。

我试图说明前述行动类型与用孩子、白鼠及其脑后巨响进行的实验为例的行动类型之间的区别。在后一种情况下，存在一种条件反射作用，这种条件反射作用并不包含不同因素的区别。但是当存在一种涉及"熊"这个词或熊的足印的条件反射时，在个体的经验中就存在刺激与反应的区别。这里的符号意味着熊，而熊又意味着逃跑或继续追猎。在那些情况下，碰上熊掌印的人并非害怕掌印，而是害怕熊。这足印意味着一头熊。孩子害怕的是白鼠，因而害怕的反应是害怕看见白鼠；人不是害怕足印，而是害怕熊。足印和符号指涉熊，在某种意义上可以说它们引起或释放该反应，但害怕的对象是熊而非熊的迹象。把这种符号分离出来，可以使人掌握这些已知特征并把它们从与对象的关系中分离出来，并因而把它们从与反应的关系中分离出来。我想，这就在特定的程度上刻画了我们人类的智能。我们有一系列符号，我们用它们指示某些特征，并在指示那些特征时把它们从其直接的环境中分离出来，使一种关系清晰地呈现出来。我们把熊的足印分离出来，仅仅保持它与留下足印的那个动物的关系。我们对它作出反应，而不是对其他东西作出反应。人们认定它表明熊的存在，并且表明该对象作为被逃避或被追猎的东西所具有的经验价值。我认为，把这些重要特征从其与对象的关系以及与属于该对象的反应的关系中分离出来的能力，便是我们谈到一个人思考一件事情或具有一种想法时通常所指的意思。这种能力造成了白鼠引起条件反射与人借助于符号进行思考的过程之间的天壤之别。①

行动中的什么东西使这一层次的经验成为可能，使这些特征从它们与其他特征以及与它们所引起的反应的关系中区别出来？我自己的答案很清楚，是通过在我们的社会行动中、在姿态的会话中产生的这样一套符号，一句话，是通过语言。符号指明某些特征及其与事物及反应的关系，当我们开始运用这些符号时，它们使我们能辨别出这些特征，并在其决定我们行动的范围里把握这些特征。

某人在穿越田野时遇到一条大沟，他跳不过去。他想往前走，但这道沟使他不能实现这个意图。在这种情境下，他突然敏感到以前未曾注意过的特征。当他停下来时，可以说，他的心静了下来。他不只是寻找往前走的路。狗和人都会尝试寻找能够越过去的地方。但是人能做到而狗做不到的是，人注意到沟的两边看起来朝着某个方向逐渐靠拢。他选

---

① 事物或对象的意义实际上内在于其特性或品质中；任何已知的意义位于我们所说"具有这个意义"的事物之中。当我们使用符号时我们指涉事物的意义。符号代表那些具有意义的事物或对象的意义；它们是经验中的已知部分，在它们之中任何一部分这样出现（或被直接经验到）的时间和场合，它们指示、象征、代表着经验中没有直接出现或被直接经验到的其他部分。因而符号不只是单纯的替代刺激——不只是引起条件反应或反射的刺激。因为条件反射作用——对单纯的替代刺激的反应——不包括也无须包括意识；而对符号的反应则包括而且必须包括意识。条件反射加上对它们所包含的态度和意义的意识就构成了语言，并因而构成或奠立了思维与智能型行动的机制。语言是个体互相表明他们对对象的反应、从而指明对象的意义的工具；它不只是一个条件反射系统。合理行动始终涉及一种反身自指，即，向个体指明他的动作或姿态对其他个体所具有的意义。而这种行动的经验的即为主义的基础——思考的神经生理机制——正如我们所见，是在中枢神经系统中发现的。

出最佳地点进行尝试，而他对自己指明的那一靠近的趋势决定了他要去走的路。如果狗看到远处一个地方沟身很窄它可能会跑过去，但是两岸的逐渐靠拢可能不大会对它产生影响，而人类个体则会使用符号向自己指明这一点。

　　人类个体会看看周围的其他东西，并且他的经验中会出现其他意象。他看见一棵树，可以用作越过他面前这段距离的桥。他可能尝试他在这个情况下所能想到的各种各样可能的动作，并通过他使用的符号使这些动作呈现在他面前。他不只是通过某种刺激引起某种反应。如果是这样，他就会被那些反应束缚住。他借助这些符号所做的是，指明当时呈现的某些特征，因此他能拥有所有这些随时准备释放的反应。他往下看看沟底，思忖着，他看出沟底的两边在逐渐靠拢，他可能朝合拢的地方跑去。或许他会停下来，问一下是否就没有可以更快越过去的其他办法。使他停下的是大量其他可做的事。他注意到所有越过去的可能性。他可以借助符号继续考虑，可以把各种可能性联系起来，以便决定最后的动作。这个动作的开端存在于他的经验之中。他已经具有朝某个方向走的意向。他要做的事已经在决定他的行动。那个决定不只是存在于他的态度中，而且他根据"那是狭窄的，我可以跳过去"这句话选择该决定。他准备跳，并且那个反射已经决定了他正在做的事。这些符号，不只是单纯条件反射作用，而是区别各种刺激从而使各种不同反应组织为一种动作形式的途径。①

我认为，就实际的智能而言，人们从中寻找条件反射式反应的情境始终是以问题的形式出现的。当某人要往前走时，他寻找各种路的迹象，不过他是无意之中这样做的。他只看见路在他前面；在那些条件下，他没有意识到在寻找路。但当他来到大沟面前，他的朝前的运动被他从大沟后退的过程阻止了。可以说，这个冲突使他获得自由去考虑一系列其他东西。现在他看到的将是体现该环境下各种动作可能性的特征。他根据出现的不同刺激把握住这些不同反应的可能性，正是把握这些可能性的能力构成了他的心灵。

在低等动物那里，我们看不到这样的情境，这一点相当清楚。因为事实上，我们在任何动物行为中都未发现任何能够详细说明的符号，任何交流方法，任何与这些不同反应相

---

① 反思的动作由重组知觉域构成，因而使互相冲突的冲动不再阻碍动作成为可能。通过一种时间上的再调整，即让互相冲突和冲动中的一种冲动晚一些表达出来，就可以做到这一点。这样其他的冲动就进入知觉域，这些冲动延迟了那个阻碍动作的冲动的表达。例如，沟的宽度阻止了跳跃冲动。于是较窄的沟段意象进入了知觉域，而往前走的冲动在各种冲动（包括朝较窄的沟段走去的冲动）的组合中找到了其地位。

这一重建可能由于以前在该域中被忽视的其他感觉特征的出现而发生。他注意到一块板很大，可以用来架桥。该个体已经具有各种冲动的复合，因此他抬起板把它架在沟上，这已成为经过组织的冲动群的一部分，并使他朝着他的目的地前进。如果在他的本性中并无与这些对象相应的反应，那么在两种情况中的任何一种情况之下（一是关于沟的较窄部分的印象，另一是看见板）他都不会对刺激作出反应，而如果这些反应趋向没有摆脱牢固组织起来的习惯的话，也不会使他敏感到它们的刺激。因此，正是这一自由是反思的前提，而且正是我们的社会性自我反省行动，使得人类个体在其群体生活中获得这一自由（手稿）。

应从而使它们都可以保持在个体经验中的东西。正是这一点，把有反思智能的人的动作与低等动物的行动区分开来；而使这一点成为可能的机制便是语言。我们必须承认，语言是行动的一个组成部分。不过，心灵涉及对事物特征的一种关系。那些特征存在于事物之中，当刺激唤起在某种意义上存在于有机体身上的反应时，这些反应是对有机体身外的事物作出的。整个过程并非心理的产物，因此不能把它放在大脑里面。心理乃有机体与情境之间的关系，它以成套的符号为中介。

17. 心灵与反应及环境的关系

我们已经看到，心理过程与事物的意义有关，这些意义可以用个体高度有组织的态度来说明。这些态度不仅涉及各种因素同时出现的情境，而且涉及包括其他时间关系的情境，即当下反应顺应在某种意义上已经启开的后来反应的情境。对于有关对象的各种态度的这样一种组织，为我们构成了事物的意义。用逻辑的术语来说，这些意义被认为是全称的，并且我们已经看到，在某种意义上这种普遍性依附于与引起这一反应的特定刺激相反的习惯性反应。用行为主义的话来说，这种普遍性反映在反应的同一性上，虽然唤起这一反应的刺激完全不同。我们可以把这个陈述换成一种逻辑形式，说这个反应是全称的，而刺激是特称的，是在这一全称命题下产生的。

彼此态度间的这些关系说明了一个"实体"与其属性间的关系。我们在一定的意义上说房子是一个实体，而颜色这种属性可以用到这个实体上去。某一实体所固有的颜色本身是一种非本质的属性。某一特征为某一实体所固有，这种关系是一种特定反应，例如美化周围对象这一反应，与居住在一所房子里所涉及的一组动作的关系。这房子必须庇护我们，无论我们睡着还是醒着，都为我们的生活所必需，它必须容纳家庭生活的必需品——这些必需品代表一系列反应，这些反应照例是互相蕴含的。不过，还有其他会起变化的反应。我们不仅会满足自己的审美情趣，而且会满足使用装饰时的一时兴致。那些不是必然的。有一些反应是变化的，但也有一些多少保持不变的标准化的反应。有组织的反应群符合于事物的意义，符合其普遍性，即，符合其由大量刺激引起的习惯性反应。它们符合于事物的逻辑关系。

我刚才谈了反映在大量习惯中的实体与符合于各种属性的不同反应之间的关系。在因果关系中，存在相互依靠意义上的反应关系，包括调整为准备做某事而采取的步骤。在某个时候看来是手段与目的的安排，在另一时候看来就是原因与结果。这里我们看到一种反应依赖于另一种反应的关系，

心灵、自我与社会 | 143

存在于一个更大系统中的一种必然的关系。①它取决于我们准备去做的事,不管我们是选择这一手段还是另一手段,是选择这一因果系列还是其他系列。我们的习惯是这样调整的,如果我们决定,比如说,去旅行,就有大量相互联系的习惯开始起作用——打点行李,购买车票,取出备用的钱,挑好旅途看的书,等等。当某人打定主意要去旅行时,就有一整套有组织的反应在彼此的本来关系中一下子爆发出来。我们的习惯中必定有这样一种组织,使人能够具有他事实上具有的那种智能。

这样,用行为主义的说法,我们就为被设想为心灵特定内容的东西即事物的意义留下了位置。我把这些因素称为态度。显然,确实存在与这些态度群相应的东西。这里我们像现代心理学一样避开逻辑的问题和形而上学的问题。这种心理学力图做到的是取得控制;它并不企图解决形而上学的问题。从行为主义心理学的观点看,可以用态度来说明所谓事物的意义;心理学家在此抓住不放的东西是个体的有组织态度。他用态度来说明意义,至少与以前的心理学家用存在于心中的静止的概念来说明意义同样合理。

我已经指出过,在中枢神经系统,我们能够发现或者至少可以合理地假定的,正是这种复杂的反应,或者说正是这

---

① 复现包括以前的动作与以后的动作的关系。反应的这一关系比较错综复杂(1924年)。

种复杂反应的机制，我们一直在讨论这种机制。如果谈到某人为准备旅行采取了我所说的步骤，我们必须假定，不仅神经元素对这些步骤是必不可少的，而且中枢神经系统中的那些反应的关系具有这样一种性质：如果某人进行了一种反应，他必定不难发现将释放对另一种相关反应的刺激。为了那些可能成为心灵一部分的所有组合，为了那些相互依存的反应之间的这样一种关系，必须对中枢神经系统的元素、对其神经元进行组织。上述这些，有的已确定属于神经系统研究，其他一些则必须以这种研究为基础。正如我前面说过的，我并不认为在神经元里面进行的特定生理过程本身与意义相应。以前的生理心理学家曾谈到一种特定的心理过程，但是神经中发生的力学的、电学的、物理的活动中并无任何东西与我们所说的观念相应。在特定情况下神经中所发生的乃是对意味着这个、那个或另一个东西的某种反应的神经支配，而某一神经组织的特性正是在这里发现的。那种组织发生在中枢神经系统中。在一定意义上可以说，有关的组织是在工程师的办公室里实施的。但蓝图上看到的大量统计并不是工厂里进行的实际生产情况，虽然办公室确实对各有关部门进行组织和协调。同样，中枢神经系统协调身体所实现的所有不同过程。如果说有机体内有任何纯生理的机制与我们所说的经验即通常所说的意识相应的话，那就是这些神经元素所代表的整个有机过程。如我们所见，这些过程是各种反

心灵、自我与社会

应态度，是有机体对一个复杂环境的顺应，这些态度使有机体对将会释放出反应的刺激变得敏感。

我想强调的一点是这些态度决定环境的方式。有一套有组织的反应，先发出某种电报，然后选择传送方法，接着叫我们去银行取钱，然后提醒我们带好火车上看的东西。当从一套反应进到另一套反应时，我们发现自己选择了与这下一套反应相应的环境。完成一个反应就使我们处于看到另一些事物的地位。视网膜元素的出现给世界以色彩；耳朵各种器官的发展给世界以声音。我们区分出一个与我们的反应相连的有组织的环境，使得这些态度本身不仅代表我们有组织的反应，而且还代表对于我们而存在的世间的东西；现实中对于我们而存在的那些特定方面是用我们的反应区别出来的。不用否认，正是有机体对刺激变得敏感这一点将释放出其反应，有机体生活在这样一种环境而非另一种环境，是由这些反应造成的。我们从事物的时间关系看事物，这种关系与在中枢神经系统发现的时间上的组织相应。我们从远距离看事物，不仅是空间上的远距离，而且是时间上的远距离；当我们这样做时也可以那样做。对我们而言，我们的世界无疑是由将要发生的反应构成的。①

---

① 环境的结构性是有机体对自然的反应造成的；任何环境，无论是社会的还是个体的，都是它与之相应的那一动作、寻求外在表现的那一动作的逻辑结构性造成的。

要说明我所说的在有机体及其环境之间划分一个特定情境的意思比较困难。由于有机体的特征，某些对象才开始相对于我们而存在。以食物为例。当一种能消化草的动物，如牛，来到这个世界上时，草才成为食物。那个对象，即作为食物的草，以前并不存在。牛的到来带来一种新的对象。在这个意义上，以前并不存在的成批对象是由于有机体才出现的。[①]意义在有机体与环境之间的分布不仅表现在事物中，也表现在有机体中，而且这一表现并不是一种精神状态或心理状态的问题。有机体有组织的反应对环境表现出一种反作用，而且这一反作用并不是环境对有机体的决定作用，因为有机体决定环境恰如环境决定有机体一样地充分。由于有机体的反作用，才出现以前并不存在的成批对象。

有机体内存在一种确定的必然的感受性结构或完形，它有选择地、相对地决定它所感知的外部世界的特征。我们所谓的意识需要处于有机体及其环境之间的这种关系之中。我们根据自己的生理感受性对环境（颜色、情绪值等）作构造性选择，便是我们所说的意识的基本意思。历史上我们往往把这种意识置于心灵或大脑之中。说眼睛及相关过程赋予对象以颜色，这与说牛赋予草以食物的特性是完全一样的意义。就是说，不是把感觉投射到对象上去，而是把它自己置

---

① 要是说动物的摄食过程构成摄食对象，那会引起反驳。它们无疑是相互联系的（手稿）。

于同对象的一种关系之中,这种关系使得颜色可能作为对象的一种特性而出现和存在。颜色为对象所固有,仅仅是由于它与特定敏感的有机体的关系。敏感的有机体的生理结构或感觉结构决定了对象被经验的内容。

因此,有机体在某种意义上造成了其环境。既然有机体和环境相互决定、相互依存,由此可以推出,如果要充分地理解生命过程,必须根据它们的相互作用来考虑。

社会环境凭借社会活动过程而具有意义;它是对各种客观关系的组织,这些关系的产生涉及参与这种活动、参与社会经验和行为过程的一群有机体。仅当关涉到个体有机体相互作用的社会群体时,社会环境才拥有外部世界的某些特征;正如仅当关涉到个体有机体自身时才能拥有它的其他特征一样。社会行为过程(或社会有机体)与社会环境的关系类似于个体生物活动过程(或个体有机体)与物理-生物环境的关系。[1]

我这里谈到的平行,是有机体的定势和与之相应的对象之间的平行。就牛来说,便是饥饿,以及食物的样子和气味。这整个过程并非只发生在胃里,而是发生在整个吃食、反刍等活动中。这个过程与外部存在的所谓食物有密切的关

---

[1] 社会有机体(即个体有机体的一个社会群体)构成或创造其自己的特殊对象环境,正如在相同的意义上,一个个体有机体构成或创造其自己的特殊对象环境一样(虽然这个环境比社会有机体创造的环境要基本得多)。

系。有机体配置着一个"细菌学实验室",例如,牛随身带着它,将草料通过反刍转变成它的食物。在那种平行中,尤其是在有机体对于各种特征和事物的有组织反应态度中,发现了我们所说的对象的意义。意义存在着,而心灵被这些意义所占据。有组织的刺激与有组织的反应相应。

心理学在论述我们所说的"心灵"时,其特有的题材乃是对不同反应的组织,这些反应处于与其所释放的刺激的联系之中。我们通常把"心理的"这个词以及"心灵"这个词限制在人类有机体的范围内,因为我们在人的身上发现使我们能分离出这些特征、意义的大量符号。我们试图把房子的意义同使之成为一个物理对象的石头、水泥、砖块区别开来,在这样区分时我们考虑的是其用处。房子的用处使房子成为一种心理事件。①如果愿意的话,可以说我们从物理学家和建筑学家的观点把建筑材料分离出来。对于房子可以从各种不同的观点去看。某动物居住的洞穴在一定意义上是该动物的房子,但是当人住在房子里时,它对他就呈现出我们所说的心理特征,这种特征对于住在洞穴里的鼹鼠大概是不

---

① 自然——外部世界——客观地存在着,与我们关于它的经验相对立,或者与个体思想者本身相对立。虽然外部对象独立于经验到它们的个体而存在,但是它们通过与他的经验或与他的心灵的关系而获得某些特征,反之,离开那些关系的话,它们就不会具有这些特征。这些特征是它们对于他(或者一般地说,对于我们)的意义。物理对象或物理实在与对那些对象或那一实在的心理的即自我意识的经验之间的区别(外部经验与内部经验之间的区别)存在于这样一个事实:后者涉及意义即由意义构成。被经验的对象对于思考它们的个体具有确定的意义。

存在的。人类个体有能力从房子中找出与他的反应相应的因素从而控制这些反应。他看到一种新式热水贮槽广告，接着就可能获得更多热量，就有一个比以前更舒适的盥洗室。人能够从他自己的反应出发来控制这个过程。他领会各种意义并因而控制他的各种反应。人辨认那些意义的能力使房子成为一种心理事件。鼹鼠也必须寻找它的食物，对付它的敌人，避开它的敌人，但我们不认为鼹鼠能够向自己指明它的洞穴所特有的比其他洞穴优越的地方。它的房子不具有心理的特征。心理性存在于有机体指明环境中哪些因素与他的反应相应、并以各种方式控制那些反应的能力之中。从行为主义心理学的观点看，那便是心理性之所在。在鼹鼠和其他动物身上也有与环境相关的复杂行为成分，但人类动物能够向自己和他人指明环境中引起这些复杂的、高度有组织的反应的特征是什么，并且通过这一指示能够控制这些反应。人类动物具有比低等动物所具有的顺应能力更高超的能力，能够辨别分离各种刺激。生物学家认为，食物具有一定价值，人类动物在像其他动物一样对这些价值作出反应时，还能指出食物的某些特征在他对这些食物的消化反应中所具有的意义。心理性就在于对他人和自我指明这些价值以便人们能够控制其反应。

根据我们的观点，仅当有机体能够向他人和自己指出各种意义时心理性才出现。心灵就是在这里出现的，愿意的话可以说，就是在这里突现的。我们需要认识的是，我们正在论述的是有机体与它根据自己的感受性所选择的环境之间的关系。心理学家感兴趣的是人类通过进化获得的控制这些关系的机制。在这些关系被指出之前，它们已然存在，只是有机体尚未在自己的行动中控制那种关系。起初他并不具有控制这种关系的机制。但是，人类动物已经逐渐获得一种语言交流机制，凭借这一机制他可以获得这种控制。于是，十分显然，那一机制并非全在中枢神经系统中，而是在事物与有机体的关系之中。认出这些意义并向他人和该有机体指出这些意义的能力使人类个体获得特有的力量。语言使这种控制成为可能。正是在这种意义上，对意义的控制机制构成了我们所说的"心灵"。但是，心理过程并不存在于语词之中，正如有机体的智能并不存在于中枢神经系统的元素中一样。两者都是介于有机体和环境之间的一个过程的组成部分。符号在这一过程中发挥其作用，正是这一点使得交流获得如此重要性。心灵的领域从语言中突现。

单单从个体人类有机体的观点看待心灵是荒谬的；因为，虽然它位于个体身上，它在本质上却是一种社会的现象；甚至它的生物学功能也首先是社会的。必须把个体的主观经验放在与大脑的自然的、社会生物学的活动的关系之中，才能对心灵提出一种可能被接受的说明；而只有认识到心灵的社会本性才能做到这一点。而且，脱离社会经验过程（脱离其社会环境）的个体经验显然是很贫乏的。因此，我们必须承认，心灵是在社会过程中、在社会相互作用这个经验母体中产生出来的。就是说，我们必须从社会动作的观点来理解内在的个体经验，社会动作包括在社会背景中的独立个体的经验，这些个体在社会背景中相互作用。人类大脑使其成为可能的那些经验过程仅对一群相互作用的个体才有可能；仅对作为一个社会的成员的个体有机体才有可能；对于脱离其他个体有机体的个体有机体则是不可能的。

只有当社会过程作为一个整体进入或者说出现在该过程所涉及的任何一个特定个体的经验之中时，心灵才在该过程中产生。当这种情况出现时，个体就成为有自我意识的，并具有了心灵；他开始意识到他与那整个过程的关系，意识到他与和他一起参与该过程的其他个体的关系；他开始意识到该过程由于继续该过程的个体（包括他自己）的各种反应和相互作用而被更改。当整个社会经验与行为过程进入该过程所包含的任何一个独立个体的经验之中时，当个体对该过程的顺应受到他对它的意识或了解的更改和限制时，心灵或智能就逐渐显现出来。正是通过反射（个体经验返回到他自身），整个社会过程被引入该过程所涉及的那些个体的经验之中；正是通过这种方式，个体能够对他自己采取他人所取的态度，能够有意识地使自己顺应那一过程，并且在任何特定社会动作中用他自己的顺应更改那一过程的结果。因而，反射是心灵在社会过程中得到发展的必不可少的条件。

第三篇
自　我

18. 自我与有机体

在说明智能的发展时我们已经指出，语言过程是自我的发展所必不可少的。自我具有一种不同于生理学有机体本身的特征。自我是逐步发展的；它并非与生俱来，而是在社会经验与活动的过程中产生的，即是作为个体与那整个过程的关系及与该过程中其他个体的关系的结果发展起来的。低等动物的智能，像大部分人类智能一样，并不包含自我。在我们的习惯性动作中，例如，当我们在一个确定的、我们完全适应的世界中不假思索地四处走动时，有一定量的感觉经验，就如当人们刚刚醒来时所具有的那种经验，经验到世界的彼岸性。我们周围的这些特征可以存在于经验之中，而无须与自我发生关系。当然，在那些条件下，人们必须区别直接发生的经验和我们为使它进入自我的经验而对它进行的组织。人们凭借分析说，某一特定项目在他的经验中、在他的自我的经验中占有其位置。我们事实上不可避免地要在相当复杂的程度上把所有经验都组织进自我的经验。我们习以为常地这样做，把我们的经验，尤其是我们的情感性经验等同于自我。只需要瞬间的抽象便可认识到，痛苦与欢乐可以不成为自我的经验而存在。同样，我们一般根据自我的线索来组织我们的记忆。如果要确定事情的日期，我们总是着眼于过去的经验来确定它们。我们经常有无法确定其日期和地点的记忆。一幅图景突然出现在眼前，我们不知如何解释那一经验何时发生。我们清晰完整地记得那幅图，但不知道它的确切地点，直到根据过去的经验给它找到位置我们才会满意。不过，我认为，显而易见，人们会认为，自我并非必然地包含在有机体的生活中，也不一定包含在我们所称的感觉经验里，即在我们周围、我们对之作出习惯性反应的世界中的经验里。

我们可以非常明确地区分自我与身体。身体可以存在并且可能以智能性很强的方式活动，而无需一个包含在经验中的自我。自我有这样一个特征即它是它自身的一个对象，这个特征把它与其他对象和身体区别开来。的确，眼睛可以看到脚，但它不能看到整个身体。我们看不见自己的后背；如果灵活的话，我们可以感觉到后背的某些部分，但不可能取得关于整个身体的经验。当然，有些经验很模糊，难以定位，但整个身体的经验对我们而言是围绕着一个自我组织起来的。脚与手属于这个自我。我们可以把自己的脚看作陌生的东西，尤其是用一个小望远镜倒过来看的时候，很难看出那是自己的脚。身体的各部分完全不同于自我。我们可以失去身体的某些部分而不会严重侵害自我。仅仅经验到身体不同部分的能力，无异于对桌子的经验。用手摸桌子的触觉不同于用手摸另一只手的触觉，但这是对我们确切地接触到的某物的经验。自我以某种方式进入对自我的经验，而身体则不能在这个意义上经验到整体的自身。

我想说明的是，作为其自身的对象，这是自我的特征。这个特征表现在"自我"这个词中，这个词是反身词，表示那个既可以是主体亦可以是客体的东西。这种客体本质上不同于其他客体，在过去它被作为有意识的客体区别出来，而有意识表示的是同人们的自我连在一起的、对于自我的经验。人们认为，意识以某种方式具备着作为它自身的客体的能力。要给意识作出行为主义的说明，必须寻找某种经验，以使物埋有机体能够成为它自身的一个客体。①

当某人为了摆脱正在追逐他的人而奔跑时，他一心一意地跑着，他的经验可能被周围客体所吞没，以致他一时对自

---

① 在人的社会群体中，人能够成为他自身的一个客体，人的行为使他成为比其他低等动物高级的进化产物。从根本上说，正是这一社会事实使他区别于低等动物，而不是因为人们所说的，人拥有灵魂或心灵，人作为一个个体被神秘地、超自然地赋予灵魂或心灵，而其他低等动物则没有这种赋予。

我毫无意识。当然，只有在全神贯注时才会发生这种情况。但我以为，我们可以承认那种可能的经验，即自我并不参与的经验。或许，通过那些经验可以对这种情境有所了解，即在非常紧张的动作中，个体经验中会出现紧张动作背后的各种记忆和期望。身为战时一名军官的托尔斯泰描述了他在十分紧张的动作中间回想起过去经验的情形。当某人被水淹没时他的脑中也会闪现各种图像。在这些实例中，有两个方面的对照，一是完全由外部活动即身为对象的自我并不参与的活动造成的紧张经验，一是使自我成为其主要对象的记忆与想象的活动。因此自我完全不同于被各种事物及有关事物包括有机体自身各部分的各种动作包围着的有机体。有机体自身各部分也可能像其他对象一样成为对象，不过它们只是该领域中比较突出的对象，它们并不包括一个作为有机体的对象的自我。我想，人们往往忽略了这一点。这一事实使得我们对于动物生活所作的拟人化重构十分靠不住。一个个体如何可能从经验上走出他自身以致成为他自身的对象？这是关于自我身份或自我意识的基本的心理学问题，寻找它的答案要涉及特定的人或个体所参与的社会行动或活动过程。理性的装备不可能是完全的，除非它把自己包括在它对经验领域的分析中；或者说，除非个体把他自己引入同一经验领域，即它在任何特定社会情境下对之采取动作的其他个体自我的经验领域。理性不可能是非个人的，除非它对自身采取一种客观的、不带感情色彩的态度；不然的话，我们只是具有意识，而不是具有自我意识。对于合理的行动来说必不可少的是，个体应当对他自己采取一种客观的、非个人的态度，他应当成为他自身的一个对象。因为，个体有机体显然是它动作的经验情境中的一个必不可少的重要因素或组成成分；如果不对它的自我本身采取客观态度，它就不能理智地、合理地动作。

个体经验到他的自我本身，并非直接地经验，而是间接地经验，是从同一社会群体其他个体成员的特定观点，或从他所属的整个社会群体的一般观点来看待他的自我的。因为他作为一个自我或个体进入他自己的经验，并非直接的、即刻之间的，不是通过成为他自己的一个主体，而是这样进入的：他首先成为他自己的一个对象，就如其他作为他的对象即在他的经验中的个体一样；而他只有通过在他及其他个体所参与的社会环境或经验行为背景中对他自己采取其他个体的态度才能成为他自己的一个对象。

我们所称的"交流"的重要性就在于，事实上它提供一种行为形式，使得有机体或个体可以成为他自己的对象。我们在这里讨论的交流，不是母鸡召唤小鸡的咯咯声、狼对畜群发出的嗥叫声、母牛的哞哞叫声这种意义上的交流，而是在表意符号意义上的交流，这种交流不仅针对他者而且针对个体自身。就那种类型的交流作为行为的组成部分而言，它至少引进了一个自我。当然，人们可能对某些声音听而不闻；可能对某些东西视而不见；也可能不知不觉地做了某些事情。不过，只是在人对他向他人讲的话作出反应、他自己的反应成为他的行动的一部分、他不仅听自己说而且对自己作出反应、他对自己讲话并像其他人回答他那样确实地回答自己的时候，才存在个体成为其自身的对象的行为。

我要说，这样一个自我原来并不是生物学上的有机体。生物学上的有机体对它是必不可少的，[①]但我们至少可以想象一个没有机体的自我。那些相信不朽，相信灵魂，或相信自我可能脱离开肉体的人们，假设自我完全可以同肉体区别开来。他们坚持这些概念能取得多大成功，这是个悬而未决的问题，但是我们事实上是把自我与有机体区分开的。就

---

① a) 所有社会的相互联系和相互作用都来源于一切有关个体所共有的某种社会-生理禀赋。社会行为的这些生理学基础——在个体中枢神经系统较低部分有其最终位置或所在——是这些行为的基础，正是因为它们本身也是社会的，就是说，因为它们是由特定个体的内驱力、本能或行为倾向组成的，要是没有某一个或更多个其他个体的帮助，他就无法实现、公开表达或满足这些倾向。作为行为机制的生理学过程是这样的过程，它们必然包括一个以上的个体，除了特定的个体之外必然还牵涉到其他个体。社会行为的这些生理学基础产生的根本社会关系中有不同性别之间的关系（表现生殖本能），父母与子女之间的关系（表现父母本能），以及邻居之间的关系（表现群居本能）。个体行为的这些相对说来简单而起码的生理学机制和倾向不仅构成所有人的社会行为的生理学基础，而且是人性的根本的生物学材料，因此当我们提到人性时，我们指的是某种本质上社会性的东西。

b) 从两性关系和亲子关系上看，正如在其攻击与防守中一样，生理学有机体的活动是社会的，因为在该有机体内开始的动作要求在其他人的动作中得以完成……不过虽然个体动作型式可以说在这些情况下是社会的，只有当该有机体为了完成其自身的反应而在其他有机体的态度和特征中寻求刺激时才是这样，而且通过它的行为继续把他者作为其自身的环境的一个组成部分。他者或他者们的实际行为并不是作为该个体自己的行为型式的一部分从他身上发生的（手稿）。

我们所能看到的而言，作为一个对象的自我的开端，是在人们的经验中发现的，这种经验导致"幽灵"这个概念，这样说是公平的。原始人认为有一种幽灵，大概位于横膈膜，人睡眠时它暂时离开肉体，人死亡时它就永远地脱离了肉体。人可以诱使它走出其敌人的身体并杀死它。在婴幼期它成为孩子们设立的想象中的玩耍伙伴，孩子们通过它在玩耍中逐渐控制了他们的经验。

自我，作为可成为它自身的对象的自我，本质上是一种社会结构，并且产生于社会经验。当一个自我产生之后，从某种意义说它为自身提供了它的社会经验，因而我们可以想象一个完全独立的自我。但是无法想象一个产生于社会经验之外的自我。当它已经产生的时候，我们可以想象一个人在其余生中闭门独居，但他仍以自己为伴，并能同他自己思考、交谈，一如他曾同他人交流那样。我方才提到的那一过程，即像他人那样对自我作出反应，参与自己同他人的谈话，知道人们正在讲的东西并利用对正在讲的东西的理解而确定人们此后准备讲的东西——这是一个我们全都熟悉的过程。我们通过理解自己所讲的东西而不断地继续同他人对话，并利用这种理解指导这种对话进行下去。我们搞清我们准备讲的话、准备做的事，通过说与做的过程，我们不断控制着该过程本身。在姿态的会话中，我们所说的话在另一个人身上引起某一反应，而那反过来又改变了我们的动作，因此我们由于对方的反应而改变了开始要做的事。姿态的会话是交流的开端。个体开始同他自己进行一场姿态的会话。他说了什么，而那在他自身引起某种反应，使他改变了他曾打算说的话。某人张嘴说话，我们不妨假定是句令人不快的话，但当他开始说这话时他意识到这是存心让人痛苦的话。他正在说的话对他自己产生的效果纠正了他；这里是个体与他自己的姿态的会话。所谓表意的言语，指的是影响个体自身的动作，它对个体自身产生的效果是理智地进行同他人的会话的组成部分。可以说，我们现在如果删除社会的方面暂时不去理会它，那么某人便是在同某人的自我谈话，就像某人会同另一个人谈话一样。①

这一抽象过程不能无限期地继续下去。人们不可避免地要寻找一个听众，必须向某人倾诉他自己的想法。在反思的智能中，人想去动作，并且想单独动作，以使这一动作仍然是一个社会过程的组成部分。思考成为社会动作的准备。当

---

① 人们一般认为，智能的特定社会表达，或通常所谓"社会智能"的运用，取决于特定个体扮演或"让自己取代"与他一起涉入特定社会情境的其他个体的能力；取决于他因他们对他的态度和他们相互间的态度而产生的感受性。当然，智能的这些特定社会表达，按照我们的观点来看具有独特的重要性。我们认为智能的整个本性就其核心来说是社会的——即，把人的自我放在他人的位置上，人的自我扮演他人的角色或态度，不只是智能或智能行为的各种表现或表达之一，而是其特征的实质。斯皮尔曼的智能中的"X因子"（照他的说法，是智能所包含的未知因子）不过是（如果我们的社会智能论正确的话）有智能的个体采取他人的态度或许多他人的态度的能力，从而认识到思考过程借以进行的那些符号或姿态的正确意义，即理解其含义；从而能够凭借思考所涉及的这些符号或姿态继续同他自己进行内在的会话。

然，思考过程本身不外是一种进行中的内在会话，但它是一种姿态的会话，它的完成意味着某人表达了他想对听众讲的东西。某人把他正在对他人讲的意思同实际说的话分开，并且在说之前就准备好了要说的话。他想好要说的话，或许把它写在本子上；但它仍然是社会交流的一部分，在此交流中人与其他人对话同时也与他的自我对话，并根据对某人自己的姿态所作的反应控制对他人的讲话。那个应对其自身作为反应的人必定是对自我作出反应，并且正是这种社会行动提供了使那个自我出现的行为。除了语言之外我不知道还有什么行为形式能使个体成为他自身的一个对象，而且，就我所知，除非个体成为他自身的一个对象，否则他就不是反思意义上的自我。这一事实使交流具有极端的重要性，因为这是一种使得个体对他自身作出反应的行为类型。

从日常的行动和经验中我们认识到，一个个体并非就是他的大量言行。我们常说这样一个个体并非他自己。在结束一次会谈时，我们意识到遗漏了重要的东西，自我的某些部分并未进入所谈的内容。决定自我的多大部分进入交流的是经验本身。当然，自我的相当大部分并不需要表达。我们对不同的人保持一整套不同的关系。我们对某人是此而对另一人则是彼。自我的某些部分仅仅为与它自身相关的自我而存在。我们根据自己的了解把自己分成各种各样不同的自我。我们同一个自我讨论政治，同另一个自我讨论宗教。各种各样不同的自我与各种各样不同的社会反应相应。造成自我出现的是社会过程本身；并不存在一个脱离这类经验的自我。

一种复杂的人格在一定意义上是正常的，如我刚才指出过的。人们通常根据我们所属的群体以及我们所处的社会情境对整个自我进行组织。社会是什么，我们是同现在的人生活在一起，还是同我们想象的人生活在一起，还是同过去的人生活在一起，这当然是因人而异。正常情况下，在我们所属的那个作为整体的群体中，有一个统一的自我，但那个自我可能分裂。对一个性情反复无常、摇摆不定的人来说，他身上有一种分裂的迹象，某些活动变成不可能的，而且那套活动可能分离并发展出另一个自我。结果产生了两个互相分离的"客我"和"主我"，两个不同的自我，而且那就是造成人格分裂趋势的条件。有这样一个报道，一位教育学教授突然失踪，人们渐渐忘了他。后来，他又在西部伐木营出现了。他摆脱了自己的职业走向森林，可以说，他在那里感到更自在些。这件事的病理学因素是遗忘，是自我的其余部分的离去。这一结果包括摆脱某些会把个体等同于他自己的身体的记忆。我们经常看到分裂的迹象在我们身上闪现。我们乐意忘掉某些事情，摆脱把自我束缚在过去经验中的那些东西。这里的情况是可能有不同的自我，至于我们将成为哪一个自我，取决于所涉及的那一套社会反应。如果我们能够忘掉包含在一套活动中的所有东西，很显然我们是放弃了那部分自我。找一个性情易变的人，使他不停地讲话，同时使他的眼睛看着你正在写的东西，这样他就在进行互相隔离的两条线索的交流，如果你能以正确方式去做，就能使两条路线的交流顺利进行、各不干扰。你可以使两套完全不同的活动进行下去。那样，你就能造成一个人的自我的分裂。这是一个建立两种交流、使个体的行为分隔开来的过程。对一个个体来说，他说到和听到的是这件事，对另一个体来说，只存在他看到其他人写下来的东西。当然，你必须把一种经验保持在另一种经验的范围之外。当一件事导致情绪的大波动时，分裂易于发生。分裂的人格按其自己的方式发生。

完整的自我的统一性和结构性反映了作为一个整体的社会过程的统一性与结构性；组成完整自我的那些基本自我各自反映了该个体所参与的那一过程许多不同方面中的某一方面的统一性及结构性。换句话说，构成或被组织成为一个完整自我的各个不同的基本自我，是与作为整体的社会过程的各个不同方面相呼应的那个完整自我的结构性的各个不同方面；因此完整自我的结构性反映了完整的社会过程。一个社会群体的组织与统一，也就是在那个群体所从事或者说所进行的社会过程中产生的任何一个自我的组织与统一。①

---

① 心灵的统一性并不等于自我的统一性。自我的统一性由整个社会行为与经验的有关型式的统一性构成，这种型式包括该个体在内，并反映在自我的结构性中；但是这一整个型式的许多方面和特征并不进入意识，因此心灵的统一性在某种意义上是从内容上更广泛的自我的统一性中抽象出来的。

心灵、自我与社会 | 163

引起人格分裂现象的，是一个完整、单一的自我分裂成了构成这个自我的许多部分的自我，这些自我分别与这个人参与其中并从中获得他的完整单一自我的那个社会过程的不同侧面相对应；这些侧面即他在那一过程中所属的不同社会群体。

19. 自我产生的背景

现在的问题是详细说明自我是如何产生的。我们必须说明有关它的产生背景的某些问题。首先是动物之间包括某种合作活动的姿态会话。一方动作的开端刺激另一方以一定方式作出反应，而这一反应的开端又成为对第一方的刺激，使之调整动作以适应即将发生的反应。这便是完成动作的准备，最终将导出作为这一准备之结果的行动。然而，姿态的会话，并不具有个体、动物、有机体对它自身的关系。它并不是那种从动物自身引起反应的行动，虽然它是有关其他动物的行动的行动。但是，我们已经看到，有某些姿态确实像影响其他有机体那样影响有机体本身，并因而可能在该有机体身上引起像在其他有机体身上引起的具有同样特征的反应。于是，这里有一种情境，使得有机体至少在自身引起反应并对这些反应作出回答，条件是社会刺激对该个体产生影响就像它们对其他个体产生影响一样。例如，语言中就暗含这种情境；否则作为表意符号的语言就该消失了，因为个体就不能理解他所说的话的意义了。

人类社会环境所独具的特征凭借人类社会活动所独具的特征而属于这一环境；那一特征，如我们已看到的，要在交流的过程中发现，特别是在作为意义存在基础的三合一关系即某有机体的姿态与另一有机体对它作出的调适反应之间的关系中发现，在它表明它所发动的动作的完成或结果的指示能力中发现（因此姿态的意义在于第二个有机体对它本身或对姿态的反应）。可以这么说，从社会动作中析取姿态并把它分离出来（使它不只是作为某一个体动作的初期阶段）的是另一个或另一些有机体对它的反应。这样一种反应是它的意义，或者说赋予它意义。社会情境和行为过程在这里是以其中涉及的个体有机体的各种动作为前提的。姿态作为一种可以分离的因素从社会动作中产生，凭借的是这样一个事实即它是由其他有机体对它的敏感而被挑出的；它并非作为一个仅仅在单个有机体的经验中的姿态而存在。再说一遍，一个有机体的姿态的意义是在另一有机体的反应中发现的。另一有机体对之作出反应的则是由那一姿态所发动和表明的第一个有机体的动作的完成。

根据人们的说法，仿佛人能在脑子里想好一个完整的论证，然后把它变成话语向其他人传达。实际上，我们的思维始终借助某种符号进行。没有符号，人们也可能凭经验了解

"椅子"的意义，但不可能在没有符号的情况下思考它。我们可以坐在椅子里而没有思考自己在做什么，即，朝椅子靠近的反应大概已在经验中激起，故意义是现存的。但如果人们思考椅子，他必须有某种符号表示它。激起这一反应的可以是椅子的形状，可以是其他某个人坐下时的姿态，但是更可能是某种语言符号。在一个思考过程中必须有某种符号，它可以指称这一意义，即它有可能引起这一反应，并且也适合其他人的这一意图。如果不是这样，就不会是一个思考过程。

我们的符号全都是普遍的。[①]你所说的任何话都不会是绝对特殊的；你说的任何有意义的话全都是普遍的。你说的话引起其他某个人的一种特别反应，只要那一符号在他的经验中存在，犹如在你的经验中存在一样。有演说语言和手势语言，而且可以有面部表情语言。人们可能流露出悲哀或欣喜，并引起某种反应。有些原始人能够仅仅用面部表情进行复杂的会话。即使在这些情况下，传达感情的人受到表情的影响，一如他指望他人受到的影响一样。思维始终暗含着一

---

① 思维用或者说凭借一般概念进行。一个一般概念可以行为主义地解释成作为整体的社会动作，包括这一动作所涉及的所有个体的态度的组织和联系，并控制着他们的公开反应。对于不同个体的态度的组织和在一个特定社会动作中的相互作用，根据个体自身所认识到的相互关系，便是我们所谓一般概念的意思；并且它决定了该社会动作中所涉及的个体实际上将作出怎样的公开反应，不管那个动作是关系一个具体的计划（例如物质的和社会的手段与渴望的目标之间的关系），还是关系某种纯粹抽象的讨论，比如说，相对论或柏拉图的理念论。

种符号，它将在另一个人那里引出它在思考者身上引出的同一反应。这样一种符号是会话的一般概念；它在本性上即是普遍的。我们总是认为，我们使用的符号是将在另一个人身上引起同样反应的符号，只要它是他的行动机制的组成部分。一个正在讲话的人是对他自己讲他对其他人讲的话；否则他便不知所云。

当然，在某人与其他人的会话中，有许多话并未对某人的自我引起它在其他人那里引起的同样反应。就情绪性态度而言，尤其是如此。某人想吓唬另外一个人，他并不想吓唬自己。此外，在讲话中有一整套价值并不具有符号的特征。演员知道这些价值。如果他采取某种态度，可以说，他明白这一态度表现出悲哀。如果是这样，他便能像他的听众那样对他自己的姿态作出反应。这种情境并非自然情境；人们并非在所有时间都是演员。我们有时的确演戏并且只考虑自己的态度会产生什么效果。我们可能故意使用某种特定语调以产生某种特定效果。这样一种语调在我们自身引出我们要在其他某个人身上引出的同一反应。但是在言语中发生的相当大部分不具有这一符号状况。

寻求一种表达方式，以在其他人那里引起在他自身发生的那种情绪，这不仅是演员的任务，也是艺术家的任务。抒情诗人具有美的经验以及对美的情绪激动。作为一名运用语词的艺术家，他寻觅与他的情绪态度相应、会在其他人那里引起他自己所具态度的语词。检验其成效的办法只能是看这些语词是否在他身上激起他想在其他人身上激起的反应。在某种意义上他处于同演员一样的地位。最直接的经验并不发生在交流之中。从华兹华斯这样的诗人身上，我们找到对这一点的有趣说明。华兹华斯对诗人的表达技巧极感兴趣；他在他的诗作序言以及诗歌中告诉我们，他的诗，作为诗，是如何产生的。经验自身通常并不是诗歌表达的直接刺激。在作为起因的经验和对经验的表达之间可能有十年的间隔时间。当人回忆曾经有过的情绪时，比起人处于恍恍惚惚的经验之中时，更容易用语言表达情绪被激起的过程。华兹华斯在与大自然接触时便经历过这种恍惚经验。人必须实验一下，看看所作的表达是否符合现处于经验的微弱记忆中的反应。有人曾经说，他觉得写诗极其困难；他有许多想法但找不到他需要的语言。华兹华斯正确地告诉他，诗是用词语而非想法写成的。

我们的大量言语不具有这种真正审美的特征；在大多数情况下，我们没有具体入微地感受我们所引起的情绪。通常我们并不用语言刺激使自己产生我们在其他人身上引起的情绪反应。当然，人处于激动的场合确实会有同情；但是，人在那里寻求的，说到底，是从其他人那里得到的支持个体自身经验的东西。就诗人与演员而论，刺激在艺术家身上引起它在其他人身上激起的反应，但这并非语言的自然功能；我们并不认为正在生气的那个人在他自身引起他在其他某个人身上引起的畏惧。我们的行为的情感部分并不直接在我们身上引起它在其他人身上引起的反应。如果某人对他所关注的另一个人的态度抱有敌意，这种态度从他愤怒的语调中自然流露出来，他没有明确承认那种态度。我们不会对我们用来恐吓其他某个人的语调感到害怕。在作为有声姿态的一个很大部分的情感方面，我们并不像在表意的言语中那样，对自己引起我们在其他人身上引起的反应。在言语中，我们会在自身引起我们在其他人身上引起的那类反应；我们必定知道我们正在说的是什么，我们在自身引起的他人的态度会控制我们实际所说的话。合理性意味着我们在他人身上引起的那类反应也应在自身唤起，而且这种反应还会在决定我们下一步言行时发生作用。

对于交流来说必不可少的是，符号应当对人的自我引起它在其他个体身上引起的反应。它必须对任何处于相同情境的人具有那种普遍性。每当一种刺激能够像影响他人一样影响个体时，就存在语言的可能性。对于像海伦·凯勒这样的一个盲人来说，可以像给予她自己那样给予另一个人的经验乃是触摸的经验。海伦·凯勒的心灵是用那种语言构成的。正如她所承认的，直到她能运用能在她自身引起在其他人身上引起的反应的符号与他人发生交流为止，她才获得了我们所说的心理内容，或者说，获得了一个自我。

使自我产生的另一组背景因素表现在玩耍和游戏活动中。

如我说过的，在原始人中间，区分自我与有机体的必要性从我们所谓的"幽灵"中看出：个体具有一种似物的自我，它受个体的影响一如它影响他人那样，并且它与当下的有机体有别，因为它可以离开肉体或返回肉体。这是作为一种独立实体的灵魂概念的基础。

我们从儿童身上看到与此幽灵相应的东西，即许多儿童在自己经验中创造的看不见的、想象中的玩耍伙伴。他们通过这一方式把在他人身上和他们自己身上引起的反应组织起来。当然，同想象中的伙伴玩耍，只不过是普通玩耍的一个特别有趣的阶段。此种意义上的玩耍，尤其是有组织的游戏之前的玩耍，是以某事为消遣。儿童玩做妈妈，做老师，做警察；即我们所说的，他扮演不同角色。在动物玩耍中也使我们想到这一点：一只猫会同小猫玩，狗会与狗玩。两条狗一起玩攻击与防守，这种玩耍进行下去可能就是一场真的战斗。两条狗的反应结合起来控制着咬的深度。不过在这种情境下，狗并未像儿童有意扮演另一个人的角色那样扮演确定的角色。幼儿园工作利用了儿童们的这一倾向，儿童们假扮的角色被作为教育的基础。当一个儿童扮演某个角色时，他自身便有了产生那一特定反应或一组反应的刺激。当然，当他被追赶时，他可以像狗那样避开，也可以转过身去反击，正像狗在玩耍中表现的那样。但那与以某事为消遣不同。儿童们聚在一起"玩印第安人"。这意味着，这个儿童有一套刺激，这些刺激在他身上引起它们在其他人身上引起的反应，且与印第安人相应。在玩耍阶段，儿童利用他自己对这些刺激的反应，他用这些刺激构造一个自我。他对这些刺激有一种反应倾向，把它们组织起来。他这样玩着，例如，拿给他自己某个东西，然后买下来；给自己一封信，然后拿走它；他像父母或老师那样对自己说话；他作为警察把自己逮捕。他有一套刺激，在他自己身上引起它们在其他人身上引起的那种反应。他抓住这一组反应并把它们组织成某个整体。这是成为一个人的自我之外的另一个人的最简单形式。这里涉及时间性。儿童作为某个角色说某些话，然后作为另一个角色作出反应，而他以另一角色作出的反应又是对作为第一个角色的他自己的一个刺激，谈话就这样进行下去。一种有组织的结构在他身上并在对它作出应答的另一个他身上产生，这些继续着他们之间的姿态的会话。

如果把玩耍同有组织的游戏情况相比，我们注意到一种基本的区别。参加游戏的儿童必须准备采取游戏所涉及的一切人的态度，而这些不同的角色彼此间必定有某种确定的关系。以一种十分简单的游戏为例。例如捉迷藏。除了那个躲的人之外，所有的人都是捉的人。儿童们所要求的不过是做被捉的人或在捉的人。在第一种意义上玩耍的儿童只是在玩耍，并未得到基本的组织。在那个初期阶段，他从一个角色变到另一角色，不过是随兴所致。而在涉及许多人的游戏中，担任一个角色的儿童必须准备担任其他所有人的角色。如果他参加棒球比赛，他在自己的位置上必须具备各个位置上的反应。为了完成他自己的动作，他必须知道其他每个人准备做什么。他必须扮演所有这些角色。他们并不是全都必须在同一时间出现在他的意识中，但是在某些时刻，他采取的态度必须考虑到三四个人的情况，例如那个准备把球投出去的人，那个准备接住球的人，等等。这些反应必须以某种程度表现在他自己身上。因此，在游戏中，存在这样一些有组织的他人的一套反应，一个人的态度唤起其他人的适当态度。

这种组织采取了游戏规则的形式。儿童们对规则有很大兴趣。他们制订有关位置的规则，为的是帮助他们自己摆脱困难。游戏的部分乐趣便是遵奉这些规则。因此，规则乃是由一种特定的态度引起的一套反应。如果你采取了某一态度，你可以要求其他人的一种特定反应。这些反应也都是你自身的反应。你在那里得到一套有组织的反应，如我所提及的，那要比在玩耍中看到的角色复杂。玩耍中只有一套不确定地互相跟随的反应。在这样一个阶段，我们说儿童还没有一个充分发展的自我。儿童相当理智地对他遇到的直接刺激作出反应，但它们未经组织。他还没有像我们希望的那样组织他的生活，即，尚未组织成一个整体。他还只有一套玩耍型的反应。儿童对某一特定刺激作出反应，他身上的反应即在其他人身上引起的反应，但他还不是一个完全的自我。在游戏中他必须把这些角色组织起来；否则他就不能参加游戏。游戏代表了儿童生活中的这样一个阶段：从在玩耍中扮演他人的角色变成有组织的成员，这是完全意义上的自我意识所必不可少的。

20. 玩耍、游戏、泛化的他人

我们现在说到自我作为一个对象所由产生的社会条件。除了语言之外，我们发现两种例证，一是玩耍，一是游戏。我想对这些论点作个概括并加以扩充的说明。我已从儿童的观点出发谈了这些论点。当然，我们也可以谈谈比较原始的人的态度，我们的文明是由他们那里产生的。从原始人的神话和各种娱乐活动尤其是宗教庆典中，可以清楚地看到玩耍区别于游戏。这里可能看不到我们在幼儿那里看到的纯粹玩耍态度，因为参与者是成人。毫无疑问，即使在最原始的人那里，他们也多少会想到这些玩耍过程与他们的表演之间的关系。在举行这样的仪式过程中，他们对玩耍作了组织，也许类似于在幼儿园里教幼儿玩耍的情况。在那里，这些玩耍安排有序，有确定的结构和关系。至少在原始人的玩耍中可以看到类似情况。这类活动当然不属于同其周围对象打交道的那些人的日常生活（那里多少有一种明确发展了的自我意识），而是发生在他们对其周围各种力量、对他们赖以生存的自然的态度中；在他们对待这个模糊而不确定的自然界的态度上，有一种更为原始得多的反应；这种反应表现在扮演他人的角色，扮演他们的诸神和英雄，举行某些仪式以表示这些个体应当做的事。诚然，这种过程发展成一种多少确定的技巧并受到控制；但我们可以说这个过程所由产生的情境类似于幼儿扮演父母或老师（在他们周围影响他们并为他们所依赖的任何人）的情境。他们装扮这些人，扮演这些人的角色，并从而控制了他们自己人格的发展。这个结果正是幼儿园工作的目标。它掌握各种各样人的特征使之成为彼此间的一种有组织的社会关系，从而培养了幼儿的品性。① 从外部引入这种组织，是因为假定儿童的经验在这个阶段尚缺乏组织。与幼儿和原始人的此种情况形成对照，我们有游戏这种活动。

游戏和玩耍之间的根本区别在于，在玩耍中，儿童必须采取所有其他参加者的态度。一个参加者所采取的其他参加者的态度组织成为一个整体，而且正是这一组织控制着个体的反应。以玩棒球的人为例。他本人的每一个动作取决于他

---

① ［"游戏与教育的关系"，载《芝加哥大学纪事》，第1卷（1896—1897年），第140页以下。］

所设想的另一些参加者的动作。他的动作受到制约，因为他兼有该队每一个其他人的态度，至少那些态度影响了他自己的特定反应。于是我们得出一个"他人"，他是参与同一过程的那些人的态度的组织。

这个有组织的共同体或社会群体，使该个体的自我获得统一，可以称它为"泛化的他人"。这个泛化的他人的态度是整个共同体的态度。①因此，就一个球队这样的社会群体而言，只要该球队作为一个有组织的过程或社会活动进入其任何一个个体成员的经验，它便是一个泛化的他人。

如果特定的人类个体要发展成为一个最完全意义上的自我，仅仅采取人类社会过程中其他个体对他以及彼此之间所持的态度，仅仅这样把整个社会过程引进他的个体经验，对他来说是不够的：他还必须像采取其他个体对他以及彼此之间所持的态度那样，采取他们对他们作为一个有组织的社

---

① 对任何特定人类个体来说，无生物和其他人类有机体一样可能成为泛化的和有组织的（完全社会化的）他人的组成部分，只要他对这些对象从社会上或以社会的方式（运用思考的机制、内在化的姿态会话）作出反应。他从社会上对之作出动作或反应的任何东西（任何对象或对象的集合，无论是生物还是无生物，是人还是动物，或纯粹物理的东西）都是他的泛化的他人中的一个成分；通过对他自己采取的态度，他意识到他是一个对象或个体，因而发展了一个自我或人格。因此，原始形式的祭礼只是特定社会群体或共同体与其物理环境之间关系的社会体现，只是那一群体或共同体的个体成员所采用的有组织的社会手段，用以加人与该环境的社会联系，或（在某种意义上）与它进行对话；这样，那个环境对于特定社会群体或共同体的每一个体成员来说，便成为其整个泛化的他人的组成部分。

会或社会群体的成员而参与的共同社会活动或一系列社会事业的各个不同阶段、不同侧面所持的态度；而且他必须泛化这些个体对整个有组织的社会或社会群体本身的态度，从而对不同的社会计划采取行动，这些计划在任何一个特定的时间都是在实现或接近整个社会过程的各个更大阶段，这些阶段构成了它的生命，而这些计划则是该过程的具体表现。换句话说，在任何涉足或卷入特定社会整体即有组织社会的个体的经验范围内把握该整体本身的广阔活动，是该个体的自我获得最充分实现的本质基础和必要前提：只有当他对他所属的有组织的社会群体所参加的有组织的、合作性社会活动或活动系列采取该群体所持的态度，他才实际发展出一个完全的自我即获得他所发展的完全的自我的品质。另一方面，有组织的人类社会的复杂合作过程、各种活动以及公用机构的职能要成为可能，要靠每一个参与其中即属于该社会的个体能够采取其他所有这样的个体对这些过程、活动和职能以及对由经验联系而建立相互作用关系的有组织的社会整体所持的一般态度，并能依据这种态度来指导自己的行为。

正是以这种泛化的他人的形式，社会过程影响了卷入该过程、坚持该过程的个体的行为，即，共同体对其个体成员的行动加以控制；因为正是以这种形式，社会过程或共同体作为一种决定因素进入个体的思维。在抽象的思维中，个体对他自己采取了泛化的他人的态度，①并不考虑其他任何特定个体是如何表达的；而在具体的思维中，他采取那一态度是因为它表现在那些和他一起卷入特定社会情境或动作的其他个体对他的行为所持的态度之中。但是只有以这两种方式中的一种或另一种方式采取泛化的他人对他自己所持的态度，他才有思考的可能；因为只有这样，思维（或构成思维的姿态的内在化会话）才会出现。而且只有通过个体采取泛化的他人对他们自身所持的态度，才为具有共同的即社会的意义、作为思维的必要前提的那一系统即论域的存在提供了可能。

于是，有自我意识的人类个体对于他所属的特定社会群体或共同体（及其某些部分）在任何特定时间所面临的问题，在该群体或共同体所从事的各不相同的社会计划或有组织的合作事业中出现的形形色色的社会问题，采取或持有该群体或共同体的有组织的社会态度；并且，作为一个参与这些社会计划或合作事业的个体，他据此支配自己的行动。例如，在政治上，个体把自己同整个政党密切联系起来，对特

---

① 我们已经说过，个体与他自身用语词或表意的姿态进行的内在会话（构成思维的过程或活动的会话）是由个体从"泛化的他人"的立场进行的。并且这种会话越是抽象，思维便越是抽象，泛化的他人与特定个体的联系隔得越远。在抽象思维中尤其如此。这就是说，涉及的会话是个体与泛化的他人而不是与任何特定个体进行的会话。因而，抽象概念是根据整个社会群体或共同体的态度说出的概念；是在个体意识到泛化的他人对它们的态度的基础上说出的概念，是他采取泛化的他人的态度并随后对它们作出反应的结果。因而，抽象的命题也是以任何人（任何其他有智能的个体）将会接受的形式提出来的。

定社会共同体中的其他人，对该党在特定社会情境中面临的问题，他都采取该党的有组织的态度；结果他根据整个党的有组织的态度作出反应或响应。因而他与所有属于该政党的其他个体结成一系列特殊的社会关系；同样，他分别同其他个体结成另外一些特殊的社会关系，这些个体是他本人作为其一员的整个特定社会或社会共同体的某一个特定的有组织的子群体（取决于其社会功能）的成员。在大多数高度发展的、有组织的、结构复杂的人类社会共同体（由文明人所发展的共同体）中，一个特定个体（以及与之结成一种特殊社会关系的其他个体成员）所属的具有各种不同社会功能的阶级或个体的子群体有两种类型。它们有些是具体的社会阶级或子群体，诸如政党、俱乐部、公司，都是实际起作用的社会单元，它们的个体成员彼此之间是直接联系的。其他一些是抽象的社会阶级或子群体，诸如债务人阶级和债权人阶级，就这些阶级而言，它们的个体成员互相之间只有或多或少间接的联系，而且只是多多少少间接发挥作用的社会单元，但是它们提供和体现了扩大、加强、增进一个有组织的统一的特定社会整体中所有个体成员之间的社会联系的无限可能性。特定个体在若干抽象的社会阶级或子群体中的成员身份，使他有可能与其他也属于或参与这些抽象社会阶级或子群体的无数个体结成确定的（虽然是间接的）社会关系。这些阶级或子群体打破了分裂不同人类社会共同体的职能的界线，包括了来自若干（有时是所有）这样的共同体的个体成员。在人类个体的这些抽象社会阶级或子群体中，包罗最广、范围最大的一个当然是由逻辑论域（即普遍的表意符号系统）规定的，它取决于个体的参与和相互交流影响；因为在所有这样的阶级或子群体中，正是它宣称拥有最大多数个体成员，正是它使可以设想的最大多数人类个体彼此结成某种社会联系，无论这种联系是间接的还是抽象的。这种联系产生于在总的人类社会交流过程中姿态作为表意符号所起的普遍作用。

这样我已表明，在自我的完全发展中有两个一般阶段。在其中第一个阶段，该个体的自我完全由在他和其他个体所参与的特定社会动作中其他个体对他以及彼此之间所持的特定态度的一种组织所构成。在该个体自我的完全发展中的第二个阶段，该自我不只是由对这些特定个体的态度的组织所构成，而是由对泛化的他人即他所属的整个社会群体的社会态度的组织所构成。这些社会的即群体的态度进入个体的直接经验范围，并作为其自我的结构或构成要素包括在内，与其他特定个体的态度一样；个体根据其他特定个体的态度的有组织的社会意义和影响，通过进一步组织和泛化这些态度而达到社会即群体的态度，成功地采取这些态度。因此，通过把其他个体的态度组织成为有组织的社会的或群体的态度，使之成为对包括他和他人态度在内的普遍系统中社会或群体行为型式的一种个体反应，自我达到了其充分的发展。通过该个体中枢神经系统的作用过程，他对自己采取这些有组织的群体态度，恰似他采取其他个体的态度一样，从而整个普遍系统的行为型式进入了他的经验之中。

游戏有一种逻辑性，使得对自我的这样一种组织成为可能：有一个要达到的明确目标；对于那一目标来说，不同个体的动作都是相互关联的，因此它们并不相互冲突；因而某人采取队里另一个人的态度不会同他本人发生冲突。如果某人采取投球人的态度，他也能有接球的反应。这两者是相互联系的，因而推进了游戏本身的目标。他们以一种整体的、有机的方式相互联系。于是，当我们达到游戏这样一种阶段时，就有了一个确定的统一性，这种统一性被引进对其他自我的组织。这种情境与玩耍的情境形成对照。在玩耍中，是一个角色接着另一个角色的简单连续，当然，这种情境是儿童自己的性格所特有的。儿童一会儿这样，一会儿那样，他在某一时刻的表现并不决定他在另一时刻的表现。这既是童心的可爱之处，又是它的不足之处。不能指望儿童；不能以为他所做的一切将会决定他在将来的任何时候做什么。他还没组织成一个整体。儿童没有确定的品性，没有确定的人格。

因此可以游戏为例，说明有组织的人格所由产生的情境。儿童确实采取他人的态度并允许以这种态度决定他为了一个共同目标而准备做的事，就此而言，他正在成为社会的一个有机成员。他接受那一社会的信念并正在成为它的一个基本成员。他让他所采取的他人的态度控制自己当下的表现，就此而言，他属于这个社会。这里涉及的是某种有组织的过程。在游戏中所表现的东西当然不断表现在儿童的社会生活中，但是这个更广泛的过程超出了儿童本身的直接经验。游戏的重要性在于，它完全处于儿童自己的经验之内，我们的现代型教育的重要性在于，它是尽可能地在这一范围内进行的。儿童所采取的不同态度得到组织，它们对他的反应施加明确的控制，正如在游戏中那样，各种态度控制了他自己的直接反应。在游戏中我们获得一个组织化的他人，一个泛化的他人，这是在儿童本身的天性中发现的，它表现在儿童的直接经验中。正是儿童天性中控制特定反应的那种有组织的活动产生了统一性，建立起他自己的自我。

游戏中所发生的情况也始终发生在儿童的生活中。他不断采取其周围那些人的态度，尤其是扮演那些在某种意义上控制他、为他所依赖的人的角色。起初他以一种抽象的方式受到该过程的影响。这种影响在一种实在的意义上将玩耍转变为游戏。他不得不参与了游戏。游戏的精神比更大范围的整个共同体的精神更能掌握儿童。儿童投入了游戏，而游戏提供了一种他可以完全进入的社会情境；它的精神比他所属的家庭或他生活于其中的共同体更牢地控制住他。有各种各

心灵、自我与社会 | 181

样的社会组织，其中有些是相当持久的，有些是短暂的，儿童正在加入这些组织，并且他在其中进行一种社会的游戏。这是一个他喜欢"有所归属"的时期，他进入各种组织，这些组织产生又消失。他成为能对有组织的整体起作用的重要人物，因而势必在他与他所属群体的关系中确定他自身。这个过程是在儿童精神发展中的一个引人注目的阶段。这使他成为他所属共同体的一个自觉成员。

这就是人格形成的过程。我已说过，这是儿童扮演他人角色的过程；我还说过，这个过程主要是通过语言的使用而发生的。语言主要以有声的姿态为基础，依靠这种姿态，合作的活动才在一个共同体中实现。语言在其表意的意义上乃是姿态的会话，这种会话往往在个体身上引起它在其他人身上引起的态度，正是凭借作为社会活动媒介的姿态，才使自我获得完善，引起了扮演他人角色的过程。后面这个用语稍有点不妥，因为它使人联想到一种演员的态度，这种态度实际上比我们自己的经验内容更复杂。在这一点上，它没有正确描述我所想的东西。在儿童扮演不同角色的玩耍情境中我们十分明确地看到这一过程的一种原始形式。举个例子说，他准备付钱这个事实，引起收钱人的态度；这个过程本身在他身上引起另一个有关的人的相应活动。该个体刺激他自身作出他正在另一个人身上引起的反应，然后作出动作，在某种程度上对那一情境作出反应。在玩耍中，儿童确实明确扮演了他本人在自身引起的角色。如我已说过的，正是那个过程使个体对像影响他人一样影响他自身的刺激作出明确的反应。他人的经验进入某人，是指该个体的姿态在他人身上引起的反应在他自身也出现了。

参考一下财产这个概念，可以说明我们的基本观点。如果我们说："这是我的财产，我要支配它，"这个声言在任何一个有财产存在的共同体中都会引起一系列相同的反应。这种反应包括对财产的一种有组织的态度，这种态度为共同体全体成员所共有。人们必须对支配他自己的财产以及尊重他人的所有权持明确态度。那些态度（作为有组织的反应系列）必定存在于所有人身上。因此当某人说到这件事时，他在自身引起他人的反应。他引起我所说的泛化的他人的反应。使社会成为可能的，就是这种有关我们所说的财产、宗教崇拜、教育过程和家庭关系的共同反应，这种有组织的态度。当然，社会越是广泛，这些对象必定越是普遍。至少必须有一套确定的反应，我们可以说它是抽象的，并且它可以属于一个很大的群体。财产就其本身而言是一个非常抽象的概念，它是个体本人可以支配而任何他人都不可支配的。这种态度不同于狗对骨头的态度。一条狗会同其他任何想夺走骨头的狗争斗。这条狗没有采取另一条狗的态度。而当某人说"这是我的财产"时，他采取了他人的态度。这个人为他的权利呼吁，因为他能够采取该群体中其他每一个人对财产所持的态度，因而在他自身引起他人的反应。

构成有组织的自我的，是对群体共有态度的组织。某人作为人存在，因为他属于一个共同体，因为他接受该共同体的规定并使之成为他自己的行动。他用它的语言作为媒介借此获得他的人格，然后通过扮演所有其他人所具的不同角色这一过程，逐渐取得该共同体成员的态度。在某种意义上，这便是一个人人格的结构性。各个体对某些共同的事情有某种共同的反应，当个体影响其他人的时候，那些共同的反应便在他身上唤醒，就此而言，他唤起了他的自我。因此，自我所依赖的结构性便是这一大家共有的反应，因为一个人要成为一个自我必须成为一个共同体的成员。这些反应是抽象的态度，但它们构成了我们所说的人的品格。它们给了他我们称之为他的原则的东西，共同体所有成员对待这些原则的公认的态度便是该群体的价值观。他把自己置于泛化的他人的位置，后者代表了群体所有成员的有组织的反应。正是它指导着受原则控制的行动，而具有这样一组有组织的反应的人便是我们在道德意义上所说的有品格的人。

于是，正是各种态度的结构性构成了一个自我，它有别于一组习惯。我们大家都有某些习惯，例如，一个人演讲中使用的特定语调。这是人所具有但却并没有意识到的一套口头表达习惯。我们所具有的那类成套习惯对我们毫无意义；我们不知道我们的讲话在别人听来是什么语调，除非予以特别的注意。我们的演讲的情感表达习惯具有同样性质。我们也许知道自己愉悦地表达了自己的想法，但这个详细的过程并未在有意识的自我中重现。有大量这样的习惯都未进入一个有意识的自我，但它们有助于建立所谓的无意识的自我。

说到底，我们用自我意识所指的是在我们自身唤起我们在他人身上唤起的一组态度，特别是当它是一组重要的、构成共同体成员的反应的态度时。把我们通常所说的意识与自我意识融合或混淆在一起是不适当的。人们所频频使用的意识仅仅与经验领域有关，而自我意识则涉及一种能力，即在我们自身唤起属于群体其他人的一组明确反应。意识与自我意识并不是同一层次的。不论是幸运还是不幸，牙疼的人只有他本人才知道牙疼的滋味，而这并不是我们所说的自我意识。

至此我强调了自我赖以构成的所谓结构性，也可以说是自我的框架。当然，我们并非只是人有我有：每一个自我都不同于其他任何一个自我；但为了使我们能成为一个共同体的成员，必须有一种共同的结构性，如我所勾勒的那样。我们还必须是一个共同体的成员，要有一个控制所有人态度的态度共同体，否则我们就不能成为我们自己。我们必须有共同的态度，否则我们就不能享有权利。我们作为有自我意识的人所获得的东西使我们成为这样的社会成员并使我们获得自我。自我只有在与其他自我的明确关系中才能存在。在我们自己的自我与他人的自我之间不可能划出严格的界线，只有当他人的自我存在并进入我们的经验时，我们自己的自我才能存在并进入我们的经验。个体只有在与他的社会群体的其他成员的关系中才拥有一个自我；他的自我的结构性表现或反映了他所属的社会群体的一般行为型式，正如其他属于这一社会群体的每一个体自我的结构性一样。

21. 自我与主体

自我所由产生的过程是一个社会的过程，它意味着个体在群体内的相互作用，意味着群体的优先存在。① 它还意味着群体的不同成员都参与其内的某种合作性活动。此外它还意味着，这一过程中可能发展一种比自我所由产生的组织更为精致的组织，这些自我可能是产生他们并使他们存在的更精致社会组织的器官，至少是其基本成分。因此存在一个自我从中产生并在其中进一步演化、发展、组织的社会过程。

心理学在论述自我时往往把它作为一种多少孤立的独立元素，某种可以认为是独立地存的实体。如果我们把自我等同于某种情感意识，由此出发，说宇宙中有一个单独的自我是可能的。如果我们说这一情感是客观的，那么我们可以

---

① 个体有机体与他们作为其成员的社会整体的关系，类似于多细胞有机体的个体细胞与整个有机体的关系。

想象该自我是独立存在的。我们可以想象一个独立存在的单独的肉体，我们可以设想它具有这些情感或意识状况，这样的话我们便可以在脑子里竖起一个独立存在的自我。

这样，我们所特具的"意识"便有了另一种用法，即表示我们所说的思维或反思的智能。对意识的这种用法始终同其中的一个"主我"有关，至少蕴含着这样的关系。意识的这种用法与他人没有必然的联系；它是一个完全不同的概念。一种用法必定同一定的机制有关，同一个有机体动作的一定方式有关。如果一个有机体具有感觉器官，那么在它的环境中就有各种对象，在那些对象中将有它自己身体的各组成部分。①不错，如果有机体没有视网膜和中枢神经系统，就不会有任何视觉对象。这些对象的存在必须有一定的生理条件，不过这些对象本身并不一定同某个自我有关。当我们接触一个自我时，我们接触到某种行动，某类社会过程，该过程包括不同个体的相互作用，同时暗示着从事某种合作性活动的个体。在这一过程中，一个自我也许就产生了。

我们想把自我作为个体行动中的某种结构过程，区别于

---

① 我们对环境的构成性选择是我们所说的"意识"这个词的第一种意义。有机体并不把感觉的性质（例如颜色）投射到它对之作出反应的环境中去；但是它把这样的性质赋予环境，类似于一头牛使草具有食物的性质，或者说得更广泛地，类似于生物有机体与使食物对象发生的某些环境物之间的关系。如果不存在具有特定感觉器官的有机体，便不存在本来意义或通常意义上的环境。一个有机体在选择的意义上构成其环境；而意识常常涉及环境的特征，因为它为我们人类有机体所决定、所选择，并取决于被选择或构成的前者与后者之间的关系。

我们所说的对被经验对象的意识。这两者没有必然联系。那颗疼痛的牙齿是一个非常重要的因素，我们必须注意它。为了能控制那种经验，我们在一定的意义上把它与自我等同。偶尔我们具有一种由周围气氛造成的经验。整个世界看上去一片萧条景象，天色阴沉，气候恶劣，我们所感兴趣的价值观正在沉沦。我们并不必然把这样一种情境同自我连在一起；而只是感觉到周围的一种气氛。我们逐渐记起我们经受过这种沮丧，在以往岁月中找到那样一种经验。然后我们得到某种安慰，服用阿司匹林，或休息一下，结果这个世界就变了样。还有另外一些经验，我们可以始终把它与自我等同。我认为可以十分清楚地区分我们称之为主观经验的那类经验（因为只有我们能触及它）与我们称之为反思的经验。

诚然，独立进行的反思是惟有我们才能做到的。某人对欧几里得的一个命题得出自己的证明，这个思考发生在他自己的行动中。开始，它暂时只是存在于他思想中的一个证明。后来他发表了这个证明，它便成为公有财产。而在这之前它只是暂时属于他个人所有。还有其他这样的内容，诸如记忆形象和想象力的作用，都是只属于个体本人的。这些类型的对象有一种共同的特性，我们一般把它等同于意识和我们所称的思考过程，因为这两者至少在特定阶段都是只有个体能及的。但是我说过，这两组现象处于完全不同的层次。这种相同的可及性特征并不一定赋予它们同样的形而上学地位。这里我不想讨论形而上学问题，但我要坚持说，自我具有一种产生于社会行动的结构性，它完全不同于有关这些特定对象的这种所谓的主观经验，即只有有机体本身能触及的经验；它们所具有的共同特性即私人的可及性并不把它们融合在一起。

当个体有机体的行动吸收了姿态的会话时，我们至此所说的自我便产生了。当这种姿态的会话进入个体的行动，使得其他有机体的态度能影响该有机体，而且该有机体能用它相应的姿态作出回答并在他自己的过程中唤起他人的态度时，一个自我便产生了。就连低等动物能够进行的单纯的姿态会话，也要用这一姿态会话具有智能作用这个事实来解释。即使在那里，它也是社会过程的一部分。如果它被纳入个体的行动，它不仅保持那一作用而且获得更大的能力。如果我能采取我正要与之进行一场讨论的一个朋友的态度，在采取那一态度时我能把它用于我自身并像他那样作出答复，那么，与在我自己的行动中不采用那种会话的姿态相比，我可以把话说得清楚得多。对他也是一样。事先仔细思考谈话情境，对双方都有好处。每个个体都必须采取共同体的态度、泛化的态度。他必须准备参照他自己的条件来动作，恰如共同体中的任何个体会采取的动作一样。

当共同体对个体的反作用以我们所称的一种制度的形式发生时，共同体发展中的一个最大进展便产生了。这个意思是说，整个共同体在一定的环境下以一种相同的方式对个体发生作用。它一视同仁地反对偷窃财产的人，不管他是汤姆、狄克还是亨利。在这些条件下，整个共同体有一种相同的反应。我们把这称为制度的形成。

现在我还想简单提一下另外一个问题。我们可以用来与整个共同体的非难相抗衡的惟一方法，是建立一个更高级的共同体，它在某种意义上得票多于我们所处的共同体。某人可能得出与周围整个世界相反的观点；他可能独自站出来反对这个世界。但是这样做时，他必须用理性的声音对自己说话。他必须理解过去与未来的各种见解。只有这样他才能获得一种超出该共同体的见解。通常我们认为共同体的一般见解与过去、未来的更大共同体的见解一致。我们认为一种有组织的惯例体现了我们所称的道德。一个人不能做的各种事情是每一个人都会谴责的事情。如果我们采取与我们自己的反应相对的共同体的态度，那便是一个真陈述；但我们不能忘记另一种能力，即对共同体作出答复并强调共同体的姿态是变动的。我们可以改变事物的秩序，我们可以要求把共同体的标准变成更好的标准。我们不是简单地受共同体的约束。我们参与了一场会话，在这场会话中共同体倾听了我们的发言，它的反应因此受到了我们的发言的影响。在危急形势下尤其如此。某人站起身为他的所作所为辩护；他有自己的"开庭日"；他可以陈述他的观点。他或许能改变共同体对他的态度。这个会话过程是这样一个过程，个体在其中不仅有权利而且有责任对他作为其中之一员的共同体发表讲话，并导致那些通过个体的相互作用而发生的变化。当然，通过这种方式，正是通过使某人认真思考某事这样的相互作用，社会得到进步。我们不断地在某些方面改变我们的社会制度，我们能够运用我们的智能来这样做，因为我们能思考。

这便是自我从中产生的反思过程，我一直力图把这样一种意识同作为一组特性的意识区别开，后者是由某些对象对于有机体的可及性决定的。诚然，思维，当它仅仅是思维时，也是只有该有机体所能及的。但是惟有该有机体可及这一个共同特性，并不使思想或自我成为某种可等同于一组可及对象的东西。我们不能把自我等同于通常所称的意识，即等同于对象特性的隐秘主观的他性。

当然，在意识和自我意识之间有一种流行的区别：意识符合某些经验诸如疼痛或愉悦的经验，自我意识指的则是作为一个对象的自我的识别和出现。不过，人们很普遍地认为，这些不同的意识内容也带有一种自我意识（一种疼痛总是某人的疼痛，如果不是与某个个体相关，就不会是疼痛）。这里包含一种十分确定的真理成分，但它远不是事情的全部。疼痛必定属于某个个体；它必定是你的疼痛，如果它要属于你的话。疼痛可以属于任何人，但如果它真的属于每一个人，相对来说它就不那么重要了。我想可以认为，在麻醉剂作用下所发生的是经验的游离，以致那种苦痛可以说不再是你的苦痛。我们有实例说明。在没有麻醉剂作用的情况下，由于我们把注意力转移到其他某件事情上去，一件讨厌的事情便失去了对我们的影响力。比如说，如果我们能摆脱这件事，使它脱离我们的注意力，我们就可以发现它已失去其大量难以忍受的特性。疼痛的不可忍受性是对疼痛的反应。如果你能实际地抑制自己对苦痛的反应，你便摆脱了苦痛本身的某些内容。结果是它不再是你的疼痛。你干脆客观地看待它。当某人情绪冲动时，我们不断从这个角度劝解他。这样做时，我们所摆脱的不是引起反感的事物本身，而是对反感事物的反应。这种评判的客观性是一个中立者的客观性，他可以完全站在一种情境之外评价它。如果我们对反对我们的某个人的冒犯能持那种评判态度，我们便达到这样一种境界，不是愤恨他们，而是理解他们，在这种情境下，理解便是宽恕。由于这种态度，我们把自己的许多经验移出自我。对另一个人的鲜明而自然的态度是对他的冒犯表示愤恨，但我们现在在一定意义上超越了那个自我，成为一个具有其他态度的自我。这样，当我们在忍受苦痛或情绪激动的时候可以采用一种方法，那便是在一定程度上把我们的自我同经验分离开，使得它不再是有关个体的经验。

如果我们能够把该经验完全分离开，使我们不再记起它，使我们不必让它继续日日夜夜、时时刻刻地占据自我的注意力，那么，它对我们而言便不再存在。如果我们没有把经验与自我等同起来的记忆，那么就它们与自我的关系而言，它们无疑便会消失；不过它们可以继续作为感觉经验或可觉察经验存在，只是不被一个自我所注意。这种情境出现在多重人格病理学实例中。在那里，一个个体失去了对其生活的某一阶段的记忆。与那一阶段相联系的所有事情都被遗忘了，他成了另一个人。这段历史有其实在性，不论是否存在于经验之内，但是在此它与那个自我不认同——它并不构成那个自我。我们采取这样一种态度对待他人，例如，当某人在某个方面冒犯我们的时候，只需要说明一个情况，承认一下，或表示一下歉意，然后就不再放在心上了。一个表示宽恕但又耿耿于怀的人不是好伙伴；与宽恕同行的是忘却，是摆脱对它的记忆。

可以提出许多实例来说明特定内容与自我的松散关系，证明我们有理由认为它们在自我之外也有一定价值。至少，人们必须承认，我们可能达到这样一步，某种我们视之为一个内容的东西对于自我越来越不重要，它离开了现在的自我，对于这个自我不再具有它对于以前的自我所曾具有的价值。有些极端的例子似乎支持这样的观点，即这样的内容的一定部分可以完全同自我分隔开。虽然它在某种意义上存在着、准备着在特定条件下出现，就目前而论，它与自我还没有关系，还没有进入我们的自我意识的门槛。

另一方面，自我意识肯定是围绕社会个体组织的，而且，正如我们看到的，那并不只是因为某人处于一个社会群体并且受他人影响又影响他人，而是因为我一直强调的一点，即他自己的作为一个自我的经验是从他对他人的动作中获得的。就他能够采取另一个人的态度并像他人那样对他自身发生作用而言，他成了一个自我。如果姿态的会话能够成为指导和控制经验的行动的一部分，一个自我便可能产生。在一个社会动作中影响他人，然后采取他人被该刺激唤起的态度、然后又对这一反应作出反应，这样一个社会过程构成了一个自我。

我们的身体是环境的组成部分；并且存在这样的可能：个体经验到、意识到他的身体，意识到身体的各种感觉，却意识不到即不了解他自身，换句话说，不对他自身采取他人的态度。按照社会意识理论，我们所说的意识是个体人类经验环境的特殊性质和方面，这种经验来自人类社会，由对其自身采取他人态度的个体自我组成的社会。生理学的意识概念或意识理论单独看是不充分的；它需要从社会心理学的观点获得补充。构成自我意识的，是对自身采取或感受他人所持的态度，而不只是器官对个体所意识和经验的东西的感觉。直到个体的自我意识在社会经验过程中出现为止，个体对其身体（它的感受和知觉）仅仅是作为环境的一个直接组成部分来经验，而不是作为他自己的身体，不是在自我意识范围里来经验。这个自我和自我意识必须先出现，然后这些经验可以被具体地看作和该自我一致，或者被该自我所占用；打个比方说，要进入这一经验传统，自我必须先在包括该传统的社会过程中发展起来。

通过自我意识，个体有机体在某种意义上进入了它自己的环境领域；它自己的身体成为它对之作出响应或反应的一组环境刺激的一部分。没有更高层次上的这一社会过程为背景（在这些层次上该过程包括与之相互作用的个体有机体之间的有意识交流，有意识的姿态会话），个体有机体就不会使自己整个地成为其环境的对立面；不会整个地成为它自身的一个对象（因而不具有自我意识）；不会整个地成为它对之作出反应的刺激。相反，它只是对它自身的某些部分或某些孤立的方面作出反应，而且根本不把它们看作它自己的一些部分或方面，而只是看作它的总环境的组成部分或方面。只有在较高层次的社会过程中，只有在较为发展的社会环境或社会情境里，整个个体有机体才成为它自身的一个对象，并因而成为有自我意识的；在较低的、非意识水平的社会过程中，在那些逻辑上先于社会经验与行为过程并作为其必要前提的单纯的心理-生理环境或情境中，个体有机体不会成为它自身的一个对象。在这些或许可称为有自我意识的经验或行为中，我们虽然也对其他个体作出动作和反应，但尤其是对我们自身作出动作和反应；成为有自我意识的，实质上就是借助于某一个体与其他个体的社会关系而成为个体自我的对象。

当考虑自我的本性时，重点应放在思维的中心地位上。提供了自我的核心和基本结构的，是自我意识而不是情感性经验及其运动神经。因此自我本质上是认知的现象而不是情感的现象。思维或理智过程，个体把外部的表意的姿态会话（这种会话是他与属于同一社会的其他个体相互作用的主要方式）内在化、戏剧化的过程，乃是自我发生及发展中的最早的经验阶段。诚然，库利和詹姆斯，试图在内省的情感性经验即涉及"自我感觉"的经验中寻找自我的基础；但是这种认为自我的本性应在这样的经验中发现的理论并没有说明自我的起源，也没有说明他们视之为这种经验的特征的自我感觉的起源。在这些经验中，个体无需对他自身采取他人的态度，因为这些经验本身并不要求他这样做，而他不这样做的话就不能发展一个自我；在这些经验中他不会这样做，除非他的自我已经以其他方式即我们所描述的方式形成了。自我的本质，如我们已经说过的，是认知的：它是内在化的姿态会话，而后者构成思维，或者说，思想或思考通过它得以进行。因此，自我的起源与基础，像思维的起源与基础一样，是社会的。

22. "主我"与"客我"

我们详细讨论了自我的社会基础，并提示过，自我的产生并不仅仅在于对社会态度的简单组织。现在可以明确地提出有关那个意识到社会性"客我"的"主我"的本性问题。我不打算提出一个人如何可能既是"主我"又是"客我"这个形而上学问题，而是从行动本身的观点出发探讨这一区分的意义。"主我"作为与"客我"相对的一方在何处进入行动？如果某人确定他在社会中的地位并认为他自己有某种作用和特权，这些全都是根据"主我"规定的，但是"主我"不是一个"客我"，并且不可能成为一个"客我"。我们可能有一个较好的自我和一个较差的自我，但那也不是指与"客我"相对的"主我"，因为他们都是自我。我们赞成一个自我而不赞成另一个，但是当我们提出一个或另一个自我时，它们身为"客我"而成为赞成的对象。"主我"并未成为注意中心；我们对自己说话，但没有看自己。"主我"对因采取他人态度而出现的自我作出反应。由于采取那些态度，我们引入了"客我"，并作为"主我"对它作出反应。

论述这个问题的最简单方式是用记忆来说明。我对自己说话，我记得自己说过的话或许还有它所带有的情感内容。此刻的"主我"出现在下一刻的"客我"中。那里我也不可能足够快地转过身去抓住自我。我记得自己说过的话，就此而言，我成为一个"客我"。但是，可以把这种作用关系给予"主我"。正是由于这个"主我"，我们说我们绝不可能充分理解我们做的什么，我们为自己的行动感到惊诧。当我们动作时，我们意识到我们自己。在记忆中，"主我"不断地出现在经验中。我们能够直接回忆起片刻前的经验，然后我们便依靠记忆意象回想起其余经验。因此在记忆中，"主我"便作为一秒钟、一分钟或一天之前的自我的代言人而存在。由于是给定的，它是一个"客我"，但它这个"客我"是早些时候的"主我"。如果有人问，那么，在什么地方"主我"直接进入你自己的经验呢？回答是，它是作为一个历史人物进入的。它是一秒钟之前的你，即是"客我"的"主我"。它是必须扮演这个角色的另一个"客我"。在这个过程中，你不可能获得"主我"的直接反应。①在一定意义上我们把自己等同于这个"主我"。"主我"如何进入经验，构成了有关我们大部分有意识经验的问题中的一个问题；它不是在经验中直接给予的。

"主我"是有机体对他人态度的反应；②"客我"是有

---

① 有机体的敏感性把它自身的某些部分引入环境。但是，它没有把生活过程本身引入环境，有机体的激发人想象力的完整表象并不能显示有机体的生活。它可以令人置信地表现生活所处的条件，但不是整个的生活过程。肉体的有机体在环境中始终还是一个物（手稿）。
② ［关于"主我"被看作生物个体的问题，参见补充论文 2、3。］

机体自己采取的一组有组织的他人态度。他人的态度构成了有组织的"客我",然后有机体作为一个"主我"对之作出反应。现在我想更详细地考察这些概念。

在姿态的会话中既无"主我"亦无"客我";整个动作尚未实现,不过在姿态这个范围内做了准备。现在,只要个体在自身唤起他人的态度,便出现一组有组织的反应。由于该个体有能力采取他人的态度(在它们可以被组织起来的范围内),他便获得了自我意识。采取所有那些有组织态度使他获得了他的"客我";那便是他所意识到的自我。他可以因为球队里其他成员的要求而把球传给某个队员,那便是在他的意识中当下存在的自我。他持有他们的态度,知道他们需要什么以及他的任何动作将会有什么后果,他对该情境负有责任。那些有组织的态度构成了他作为"主我"正对之作出反应的那个"客我"。但那会是什么反应,他不知道,也没有任何其他人知道。他或许会打一个漂亮的球,或许会打一个失误球。在他的当下经验中出现的对该情境的反应是不确定的,正是那反应构成了"主我"。

"主我"是他在自己的行动中针对那一社会情境作出的动作,只有在他实现了该动作后,它才进入他的经验。于是他意识到它。他必须做这样一件事并且他做了。他履行了他的责任,他也许会自豪地看待自己的掷球动作。"客我"出现了,去履行那个责任,它以这种方式在他的经验中出现。

他在自身持有所有他人的态度，要求一种特定反应；这便是该情境下的"客我"，而他的反应便是"主我"。

我想提请大家特别注意，事实上"主我"的这一反应不是很确定的。某人所采取的影响他自己行动的他人的态度构成"客我"，那是已经存在的某物，而对它的反应尚未给出。当某人坐下来仔细考虑某事时，他有一些现成的资料。假设他必须弄清的是一个社会情境。他从群体中某个或另一个个体的观点看他自己。这些全都联系在一起的个体给他一个确定的自我。那么，他准备做什么？他不知道，其他人也不知道。他能让该情境进入他的经验，因为他能采取与该情境有关的各种各样个体的态度。由于采取他们的态度，他知道他们如何看待这个情境。事实上，他说："我已做了某些事情，它们似乎使我遵循一定的行动路线。"如果他果真如此动作，也许将会使他处于另一群体的错误立场。"主我"作为对这一情境的一种反应，与包括在他所取的态度中的"客我"形成对照，它是不确定的。而当这一反应发生时，它便作为一个记忆意象出现在经验领域里。

我们的似是而非的存在本身是很短暂的。但是，我们确实经验到各种短暂的事件；一部分事件推移的过程直接存在于我们经验里，包括某些过去的事件和某些将来的事件。我们看见一只球在传递过程中落下，在球的传递过程中有时球被盯住，有时未被盯住。我们记得片刻之前球的所在，除了我们经验中已有的东西之外，我们还能预计它将会在何处。我们自身也是如此；我们正在做某事，而回顾一下我们正在做的事，便获得记忆意象。因此"主我"实际上是作为"客我"的一部分在经验中出现的。但是在此经验的基础上，我们把正在做某事的那个个体同对他提出该问题的"客我"区别开。只有当反应发生时它才进入他的经验。如果他说他知道他准备做什么，即使这时他也可能是错的。他着手去做某事，但碰巧发生了某种干扰。结果产生的动作与他可能预期的任何事总是略有不同。哪怕他只是在走路，情况也是如此。他所跨出的预计的步子使他处于某种情境，同他预计的略有不同，在一定意义上是新的步子。可以说，向未来前进，是自我，"主我"跨出的步子。它是"客我"所不具有的某种东西。

以科学家解决问题的情境为例。在那里，他有一定的资料，要求一定的反应。这一组资料中有的要求他应用如此这般一个定律，而其他资料则要求另一个定律。资料连同其包含的意义存在着。他知道如此这般的倾向意味着什么，当他面对这些资料时，它们代表着他的一定反应；但是现在它们相互冲突。如果他作出一种反应，便不能作出另一种反应。他不知道他将要做什么，其他人也都不知道。自我的动作要对这些相互冲突的资料作出回答，它们以问题的形式出现，对他这个科学家提出相互冲突的要求。他必须以不同方式看待它。"主我"会采取何种动作，我们事先无法说出。

于是，处于"主我"与"客我"这一关系中的"主我"，可以说，是对个体经验之中的一个社会情境作出的响应，是个体对其他人的态度（当他对其他人采取某种态度时其他人对他采取的那种态度）所作的回答。这样，他目前对他们采取的态度存在于他自己的经验中，不过他对它们的反应将包括一种新的成分。"主我"产生自由的感觉、主动的感觉。在该情境中我们采取了一种有自我意识的动作方式。我们意识到我们自身，意识到是怎样一种情境，但是我们究竟将如何动作，一定要到动作发生之时才进入我们的经验。

"主我"并不以与"客我"同样的意义出现在经验中，这个事实的根据便在于此。"客我"体现我们态度中对共同体的一种明确组织，并要求一种反应，不过作出的反应是刚刚发生的事。对它没有任何确定性可言。该动作有一种心理上的必然性，但没有物理上的必然性。当动作实际发生时，我们才发现做了什么。我想，上述说明指出了"主我"与"客我"在该情境中的相对地位，指出了这两者在行为中分离的基础。这两者在行为过程中是分离的，但它们是一个整体的组成部分，在此意义上是有共同归属的。它们是分离的，但又是统一的。"主我"与"客我"的分离并非杜撰。它们不是同一的，因为如我说过的，"主我"是绝不可能完全预测的。就履行行动本身产生的义务而言，"客我"确实要求某种"主我"，但"主我"始终有别于情境本身的要求。

因此，在"主我"和"客我"之间始终是有区别的。"主我"既召唤"客我"，又对"客我"作出响应。它们共同构成一个出现在社会经验中的人。自我实质上是凭借这两个可以区分的方面进行的一个社会过程。如果它不具备这两个方面，就不可能有自觉的责任心，经验中就不会有新的东西。

23. 社会态度与物理世界

自我是一个过程而非一个实体，在这个过程中姿态的会话内在化于一个有机体。这个过程并非独立存在，而只是整个社会组织的一个阶段，个体是该组织的一个成员。社会动作的组织已经进入该有机体并成为个体的心灵。它仍包括他人的态度，但现在是高度有组织的，因此它们成为我们所称的社会态度而不是个别个体的角色。在正在发生的相互作用中把某人自身与其他人联系起来的这一过程，把"主我"与"客我"的会话引入个体的行动，就此而论，这一过程构成自我。[1]把姿态的会话引入个体行动，其价值在于使作为一个整体的社会获得更好的合作，使作为群体的一个成员的个体发挥更好的效率。鼠群、蚊群、蜂群中所能发生的过程与

---

[1] 按照这一观点，有意识的交流产生于社会过程内的无意识交流；用表意姿态进行的会话产生于非表意姿态的会话；有意识交流的这种方式的发展与该社会过程中心灵和自我的发展是一致的。

人类群体中所能发生的过程之间的不同便在于此。社会过程及其各种影响被个体经验实际接受下来，使得正在发生的过程更有效地进行，因为在一定意义上它在个体身上得到重演。他不仅在那些条件下更好地发挥他的作用，而且对于他作为其一名成员的组织作出反应。

这种姿态会话的本性要求他人的态度通过个体对他人的刺激所持的态度而有所改变。在低等动物的姿态会话中，这种作用与反作用显而易见，因为个体不仅使自己顺应其他动物的态度，而且也改变其他动物的态度。在这一姿态会话中，个体的反应在某种程度上不断改变着社会过程本身。对社会过程的这种改变在个体的经验中具有最重要的意义。他采取他人对他的刺激所持的态度，在采取那一态度时他发现它已改变，因为他的反应变成了一种不同的反应，并导致进一步的变化。

基本的态度应该是那些只有逐步变化的态度，而且没有一个个体能重组整个社会；不过个体不断用他自己的态度影响着社会，因为事实上他采取群体对他自己的态度，对它作出反应，并通过那一反应改变群体的态度。当然，我们经常是在想象中、思想中这样做的；我们利用自己的态度在我们所属的共同体中造成一种不同的情境；我们尽自己的力量，提出自己的意见，批评他人的态度，表示赞同或反对。但只有在我们能在自身唤起共同体的反应的范围里，我们才能够这么做；只有在我们能够采取共同体的态度然后对之作出反应的范围里，我们才会有种种观念。

就低等动物而言，个体对社会情境的反应，它与该情境相对的姿态，相当于人类对观念作出的反应。但是，这并不是观念。我们用有声的姿态对共同体的反应作出了相应的反应。于是，我们用自己的刺激对该反应作出回答，那一回答便是一个观念。你说："我认为应该做如此这般的事。"你的观念就是你对社会向你提出的要求的回答。我们说，社会要求你缴付某种税款。你认为那些税款不合理。因此，当你在自己的经验之中对共同体尤其是税款确定者的这一要求作出回答时，这个回答就是一个观念。当你在自己的行动中表现出你对该要求的回答时，你对应当怎样估计税款已有一个观念。你扮演了与你自身相对立的税款确定者的角色，并对之作出回答，就此而言，这是一种假想情境。这不同于狗打架的情境：一条狗事实上正准备扑过去，而另一条狗采取的另一姿势使它不能扑过来。区别在于，这里姿态的会话是实际实现的争斗的一部分，而在另一个例子里，你事先采取了税务当局的态度并考虑或作出了你自己对这种态度的反应。当这种反应发生在你的经验中时，你便具有各种观念。

某人威胁你，你当即打倒了他。在这种情境中，没有观念成分。如果你数十下并考虑那一威胁的含义，你便形成了一个观念，把该情境引入一种观念性背景。我们已经看到，正是这样构成了我们所说的心灵。我们正采取共同体的态度，并在这种姿态的会话中对之作出反应。这些姿态在这里是有声的姿态。他们是表意的符号，而我们说的符号不是指在该行动范围之外的什么东西。一个符号无非是事先给出其反应的刺激。那便是我们所说符号的全部意思。我们听到一句话并看到打了一拳。那一拳是那句话的历史前提，但如果那句话意味着一种侮辱，那么这种反应便包含在那句话里，是该刺激本身给予的。那便是一个符号的全部意义。如果那个反应能够根据一种用于进一步控制动作的态度作出，那个刺激与态度的关系便是我们所说的表意的符号。

我们内心所作的思考是上述意义上对符号的运用。通过各种姿态在我们自己的态度中引起各种反应，而一旦它们被引起，它们又接着引起其他态度。原来说的意义现在变成了一种符号，它具有另一种意义。该意义本身已经变成对另一个反应的刺激。在狗打架时，一条狗的态度具有改变另一条狗的态度的意义，但这种态度的改变现在对第一条狗又成为一个符号（虽然不是语言或表意的符号），使它也改变了态度。原来说的意义现在成了一个刺激。会话不停地进行，原来的反应在姿态的范围内成为一个刺激，而对该刺激的反应便是意义。只要反应存在于这样的姿态会话中，它们便是意义。我们的思考不过是凭借我们的能力不断地改变一种情境；我们能把它纳入自己的行动；我们能改变它使它引起我们的另一种态度，并坚持下去直到社会动作完成为止。

"客我"与"主我"存在于思维过程中，它们表明了思维所特有的交换意见的过程。如果没有一个"客我"，便不会有我们所说的那种意义上的"主我"；没有一个以"主我"为形式的反应，便不会有一个"客我"。当这两者出现在我们的经验中时，便构成人格。我们这些个体的人，生来便属于一定的民族，位于某一确定的地理位置，有如此这般的家庭关系，以及如此这般的政治关系。所有这些呈现为一个特定情境，它构成"客我"；但这必定包括该有机体在该情境存在过程中对"客我"的连续的动作。自我并不是先存在着，然后才与他人缔结关系，可以说，它是社会潮流中的一个漩涡，因而仍然是该潮流的一个部分。这是一个过程，在其中个体不断调整他自己以适应他所属的情境，并对它作出反应，这样，"主我"与"客我"，这种思维，这种自觉的顺应，便成为整个社会过程的一部分，并使一个更加高度组织化的社会成为可能。

"主我"与"客我"属于姿态的会话。如果只有"一句话和一拳"，如果某人不假思索地对某个社会情境作出回答，那就不会有前述意义上的人格，正如在狗或马的天性中没有人格一样。当然，我们往往赋予家畜以人格，但是当我们洞悉它们的情况时，我们明白，那里没有可把社会过程输入个体行动的地方。它们不具备这样做的机制即语言。因此我们说它们没有人格；它们不能为它们自身所处的社会情境负责。相反，人类个体让他自身参与那一社会情境。他对之作出反应，虽然他对它的反应可以是支持性的，也可以是批判性的，但他的反应包括认可该情境所提出的责任。在低等动物那里不存在这种认可。我们把人格赋予动物，但这些人格并不属于它们；最终我们认识到那些动物没有任何权利。我们有权把它们杀死；夺走动物的生命并不犯罪。它没有丧失任何东西，因为动物并没有前途可言；它不具有存在于它的经验之中、由于"主我"的反应而在某种意义上受它控制的"客我"，因此前途不会为它而存在。它没有有意识的过去，因为没有我们所描述的那种可以通过记忆扩展到过去的自我。在低等动物的经验中大概是有意象的，但没有我们所要求的那种思想或记忆。[1]它们没有瞻前顾后的人格。可以说，它们不具备能赋予它们权利的过去和将来。但常见的态度是赋予它们像我们自己一样的人格。我们对它们讲话，并且在讲话时就仿佛它们具有我们所有的那种内在世界似的。

在我们对周围无生物所取的态度中也存在一种类似的属性。我们以社会存在的态度对待它们。当然，这种态度最清楚不过地表现在我们所说的自然主义诗人身上。诗人与他周围的事物处于一种社会的联系之中，这一事实最生动地体现

---

[1] 没有任何证据表明动物能够看出某事是另一件事的征象并利用那一征象……（1912年）。

在华兹华斯身上。我认为,《丁登寺》向我们展现了从华兹华斯童年开始并贯穿其一生的各种社会关系。他对人与自然的关系所作的说明,实质上是一种爱的关系,一种社会性关系。个体对物理事物的这种社会性态度,正是个体对其他对象所持的态度;这是一种社会性态度。人会去踢绊倒他的椅子,他对在其工作或游戏中同他有联系的对象抱有一种感情。儿童对其周围事物的直接反应是社会的。我们对弱小之物所作的特殊反应显然有其基础,因为在任何弱小之物中都有某种引起父母式反应的东西;这样一个东西引起的父母式反应是普遍的。不仅是动物,就连物理的东西也都有这种情况。

物理对象是我们从对自然的社会反应中作出的一种抽象。我们与自然对话;与云、海、树以及周围的各种对象对话。后来我们从那种反应中作出抽象,因为我们逐渐了解了这样的对象。①但是,直接的反应是社会的;在我们把一个思维过程搬用到自然时,我们是在把自然理性化。自然像我们期望的那样动作。我们采取周围物理的东西的态度,而当我们改变情境时,自然以不同方式作出反应。

人手造成我所说的物理的东西,把物理的东西同我所称

---

① 人们发现物理对象是那样一种对象,对它不存在再次在个体身上唤起一个社会反应的社会反应。我们不能与之进行社会交流的那些对象是世界的物理对象(手稿)

我们已把我们在物理科学中的态度搬到心理学中,使我们忘却了我们早期意识的社会性。儿童在构造物理对象之前就构造了社会对象(1912年)。

的动作结果区别开来。如果我们像狗那样摄食，用咀嚼器官来对付食物，就没有任何理由把作为物理东西的食物同动作的实际结果、食物的消耗区别开。我们会接近食物，用牙咬住它，而对付它的动作便是吃掉它。但是对人类来说，手在动作结果与把对象送到嘴里这个过程中起了作用。这样做时，我们是在操纵一个物理的东西。这样一个东西介于该动作的开端及其最后结果之间。在这个意义上它是一个一般概念。当我们说到一件东西时，我们想的是一个物理的东西，某种可由我们把握的东西。当然，有些"东西"你无法把握，诸如财产权和诗人的想象；不过，我们日常谈到周围东西时指的是物理的东西。构成这些东西的各种特征主要取决于手。接触构成了这样一个东西的所谓本质。当然，它有颜色和气味，但我们认为这些都是我们能够控制的某件东西、物理的东西所固有的。这样一个东西在人类智能的发展中有极重要的意义。它是一个物理的东西，在这个意义上，它是普遍的，不管结果是吃的结果，还是听音乐会的结果。有一整套物理的东西在一个动作的开端及其结果之间出现，但是它们属于我们大家的经验，在这个意义上，它们是普遍的。从一场音乐会获得的结果对我们大家来说各不相同，但我们谈论的物理的东西是共同的，在那个意义上是普遍的。实际欣赏所取的形式可能体现着只有个别个体能够达到的经验，但是手所对付的东西是普遍的。我们划出一个特定方位，任何人都可能到达。我们有一套装备,任何人可以使用。我们有一套度量衡制,可以用它来确定这些物理的东西的界限。在这个意义上,物理的东西有可能出现一种共同性质,自我可以在其中起作用。[1]

一位正在造桥的工程师在同自然对话,正如我们同一个工程师对话一样。他要对付桥梁的应力张力问题,而自然作出其他的反应,他得用另外的办法对付这些反应。在思维中他采取了物理的东西的态度。他向自然发话,自然对他作出回答。自然对我们的动作有一定的反应,我们可以描述这种反应并对之作出答复。而当我们答复时,自然就有所改变,在这个意义上,自然是有智能的。对这种变化我们随后可以作出回答,并且最终达到这样一步,我们能够同自然合作。

现代科学便是这样从我们所谓的巫术中发展出来的。巫术也就是这种同样的反应,不过它还假设物理的东西真像我们一样思考和动作。在我们对那些触犯我们的对象或者我们所依赖的可靠对象所持的态度中,仍保留着这种假设。我们全都带有一定量的巫术。我们回避某种东西,因为觉得它有某种危险性;我们全都看重某些预兆,对它予以注意。我们对周围自然界作出某种社会性反应,虽然在作重要决策时不允许这一点影响我们。这些态度通常或许为我们所掩盖,但

---

[1] [关于物理东西的社会起源及本性,见第 35 节;亦见《当代哲学》,第 119—139 页。]

是又在无数场合向我们显现出来。我们是有理性的，因为我们推理和思考，在这个范围里，我们对周围世界采取一种社会性态度，就科学而言是批判的，就巫术而言则是非批判的。

24. 作为社会过程之个体输入的心灵

我用一个社会过程来描述自我和心灵，自我和心灵乃是姿态的会话输入个体有机体的行动，致使个体有机体采取了由它自己的态度引起的其他人的有组织的态度，以它的姿态为形式，在对那个反应作出反应时，又引起该个体所属共同体中其他人的其他有组织的态度。这个过程在一定意义上可以用"主我"和"客我"来表征，"客我"是那组有组织的态度，而个体作为一个"主我"对之作出反应。

我特别想强调的是社会过程在时间上和逻辑上都先于从它之中产生的有自我意识的个体。[1]姿态的会话是正在进行

---

[1] 心与身的关系是这样一种关系，它存在于作为一个有理性的共同体的一员而在行为中组织起来的自我与作为一个物理东西而存在的肉体有机体之间。

因此，作为人的特征的理性态度便是个体所参与的整个过程与在刺激自身作出反应时采取他人有组织的角色的个体自身之间的关系。这个有别于他人的自我存在于交流的范围中，而他人也存在于这一范围中。在知觉的范围里，可以向他人或个体自我指明而并不对指明的姿态作出反应的东西，我们称之为物理的东西。人体，尤其在对它进行分解时，被看作物理的东西。

因此，自我与身体之间的界线，首先是在对自我从中产生的动作的社会组织中、在它与生理有机体的活动的对照中发现的（手稿）。

区分心与身的合理根据在于社会型式与有机体自身的型式之间。**教育必须把这两者紧密联系起来。**但是，我们还没有能够包容它的范畴。这不是说存在任何反对它的逻辑理由；这仅仅是说我们的装备或知识不足（1927年）。

的社会过程的一部分。这不是个体单独能够做到的事。语言的发展，尤其是表意符号的发展，为把这种外部的社会情境接纳到个体自身的行动中来提供了可能。随之而来的是人类社会的巨大发展，预见其他个体将要作出何种反应的可能性，以及个体对此作出的预备性顺应。这些反过来又造成一个不同的社会情境，它又反映在我所称的"客我"中，使个体自身采取一个不同的态度。

试想一个政治家或国务活动家，在提出某项方案的过程中，他自身持有共同体的态度。他知道共同体对这项提案的反应。他在自己的经验中对共同体的意见作出反应，他同情这一意见。他有一组有组织的态度，即共同体的态度。他自己的贡献，这里的"主我"，是一项重组方案，他根据自己的考虑把这个方案向共同体提出。当然，他本人带来了变化，因为他提出这一方案并使之成为一个政治问题。现在出现了一种新的社会情境，这是由他提出的方案造成的。整个程序不但发生在共同体的一般经验中，而且发生在他自己的经验中。最后的"客我"反映了共同体所有成员的态度，在这个范围里他是成功的。我这里指出的是，所出现的事不仅发生在他自己的心中，而且他的心灵乃是社会情境这个正在进行中的共同体大合作过程在他自己行动中的表现。

我想避免这样的误解，认为个体接受了某种客观的东西并把它变作主观的东西。共同体的所有成员有一个实际的共同生活过程，这是凭借姿态进行的。姿态是调停整个过程的合作活动中的一定阶段。于是，在心灵出现之际所发生的无非是，这个过程已在某种程度上为特定个体的行动所接收。存在某种符号，诸如警察在指挥交通时使用的符号。这是客观存在的东西。当一个工程师受聘检查城市的交通规则，采取了警察对交通所持的态度，也采取了机车驾驶员所持的态度时，这种符号并未成为主观的。我们要说的意思是，他掌握驾驶员的动作；他知道要停车就得减速、关闸。他机体的某些部分受过训练，使他能在特定情况下把机车停下。警察举起手，这是一种姿态，它引起各种动作，通过这些动作，机车制动。这些动作是该专家自己的组织所有；他能采取警察和司机的态度。只在这个意义上，社会过程变成"主观的"。如果该专家只是像一个儿童那样做，那将是游戏；但如果是为了实行交通规则而这样做，那么便存在我们所称的心灵的作用。心灵不是别的东西，无非是为了对付所产生的问题，外部过程输入了个体的行动。

这一特殊的组织产生于一个社会过程，该过程在逻辑上是它的前提。在共同体中，有机体以这样一种合作的方式行动，一个有机体的行动便是引起另一个有机体作出反应的刺激，如此等等。这个共同体便是我们称之为心灵或自我的那种特殊组织的前提。以简单的家庭关系为例。家中有一个男人，一个女人，以及一个需要照料的儿童。有一个过程只有通过这个群体内的相互作用才能发生。不能说先有这几个个体，后有这个共同体，因为个体正是在这个过程中产生的，正如各不相同的细胞是在人体或任何多细胞机体内出现的一样。必须有一个进行中的生命过程，才能有各不相同的细胞；同样，必须有一个进行中的社会过程，才能有个体。如果没有个体作为其一个成分的过程，便不会有个体，这对社会和生理学情境同样适用。有了这样一个社会过程，才有人类智能的可能性；如果这一社会过程通过姿态的会话而被纳入个体的行动的话，当然，随后便通过现在成为可能的反应而出现不同的个体。可以想象一个个体像儿童那样玩耍而不加入社会游戏；但是人类个体之所以可能，是因为有一个社会过程，他可以在其中负责地发挥作用。态度是社会反应的组成部分；呼喊声如果没有在他人身上引起某种反应，就不能使自身成为有声的姿态；态度本身只有在这种姿态的相互作用中才能存在。

心灵无非是这种以表意符号的形式出现的姿态的相互作用。我们不能忘记，姿态只有在与反应、态度的关系中才能存在。没有这样的反应便不会有语词。语言绝不可能作为附属于某种刺激的一组纯粹任意的名词出现。语词产生于一种社会相互关系中。《格列佛游记》中有一则传说，说有这样一个共同体。它造出了一台机器，可以把字母表上的字母作任意种组合机械地馈入该机器。然后共同体的成员们聚在一起，观看每次转动之后字母是如何排列的，从理论上说，它们可能以《伊利亚特》史诗、莎士比亚戏剧或其他巨著的形式出现。在这个理论的背后是这样一个假设：符号完全独立于我们给它们规定的意义。这个假设毫无根据，因为，没有反应便不会有符号。如果没有对告急的呼声作出反应的倾向，便不会有求援的呼声。这种表意的符号，作为引发一种合作性反应的社会刺激的一个子系统，确实在某种意义上构成了我们的心灵，只要该符号以及反应都为我们自己的本性所具有。人类在所作所为中获得的成功在于组织对某个作为社会动作一部分的符号的反应，从而采取了他的合作伙伴的态度。正是这给了人一个心灵。

一个畜群的哨兵是畜群中对气味和声音比其他成员更敏感的那个成员。当危险来临时，它率先奔跑起来，其他动物尾随其后，因为畜群具有一同跑的倾向。这里有一种社会性刺激，也可以说，一种姿态，其他动物对之作出反应。第一个动物先嗅到气味并撒腿跑了起来，它开始奔跑是对其他动物也跑的刺激。这完全是外部的；不牵涉心理过程。那头敏感的动物并不认为它自己是应发出信号的个体；它不过是在某个时刻奔跑并引得其他动物也跑。如果具备心灵的话，发出那个信号的动物还采取对之作出反应的其他动物的态度。他知道他的信号意味着什么。一个呼喊"起火"的人能够在他自身引起他在其他人身上引起的反应。只要这人能采取其他人的态度，即其他人对起火作出反应的态度和他的恐惧感，对他自己喊声的反应便是造成他的行动的一种心态，与他人的行动形成对照。①但这里所发生的无非是，发生在畜群中的外部的事被输入人的行动。有同样的信号和作出反应的同样倾向，不过人不仅能发出信号，还能在他自身唤起惊慌逃跑的态度，并且在喊出声之后，他能回想起自己惊呼的倾向并能控制它。他能对他自身作出反应，采取整个群体试图逃离危险的有组织态度。除了能在他自己行动中看到对他自己的刺激的反应，并能利用所发生的姿态会话来确定他自己的行动以外，并没有什么更为主观的东西。如果他能这样动作，他能建立一种合理控制，并因而使一个更为有组织得多的社会成为可能。这个过程是这样一个过程，并不在以前没有意识的地方利用一个具有意识的人，而是利用一个把整个社会过程纳入他自己行动的个体。当然，这种能力首先取决于，符号是他能对之作出反应的符号；就我们所知，有声的姿态是那种符号发展的条件。没有有声的姿态它是否能发展，我说不准。

我想要肯定的是，我们知道进入心灵的内容只是社会相

---

① 由表意的符号组成的语言便是我们所说的心灵的意思。我们的心灵的内容是：(1) 内在的会话，会话从社会群体输入个体；(2) ……意象。意象应当联系它在其中起作用的行为来看（1931 年）。

意象在动作中的作用恰似饥饿在摄食过程中的作用（1912 年）。[参见补充论文 1。]

互作用的发展和产物。这是一种具有巨大意义的发展，它造成纷繁复杂的社会，使我们几乎无力描绘，但起初它不过是采取他人的态度而已。当动物能够采取他人的态度并利用那一态度控制他自己的行动时，我们便有了所谓的心灵；而且那是心灵出现时所涉及的惟一途径。

我不知道，除了通过个体对社会经验与行为过程的内在化，就是说，通过这种表意的姿态会话的内在化，通过这种由于个体采取其他个体对他自己和对所思考的东西所持的态度才可能发生的内在化之外，还有什么途径能使智能和心灵得以产生。如果心灵或思想是以这种方式发生的，那么就不会有也不可能有任何没有语言的心灵或思想；并且语言发展的早期阶段必定先于心灵或思想的发展。

25. 作为自我的两个方面的"主我"与"客我"①

现在来看有自我意识的自我或心灵在共同体中的位置。这样一个自我表现在维护自身权利上，或表现在把自身献给共同体的事业上。自我作为一种新型的个体出现在社会整体中。由于我所描述的这种个体心灵的出现，由于这种维护自

---

① [亦见"精神现象定义"，载《芝加哥大学十年纪念刊》，1903年，第104页以下；"社会意识的机制"，载《哲学杂志》，第9卷（1912年），第401页以下；"社会的自我"，载《哲学杂志》，第10卷（1913年），第374页以下。]

身权利的自我或与共同体认同的自我，便有一种新的社会整体。自我是发展中的重要方面，因为它可能把这一社会态度输入整个共同体的反应，从而使这样一个社会能够产生。由于把姿态的会话输入个体的行动而发生的变化，是发生在所有个体成员经验之中的变化。

当然，这些变化不是共同体中发生的惟一变化。言语方面发生的种种明确变化根本没人意识到。要发现这样的过程已经发生，需要科学家们作调查研究。人类组织的其他方面也是如此。我们说，它们无意识地变化，正如冯特在《实验心理学》中对神话进行的这样一种研究所说明的。神话的发展可以说明组织是如何发生的，虽然基本上没有任何自觉指导，而且那种变化始终在发生。以某人对一种新款式的态度为例。一开始他可能并不喜欢该式样。过了一阵他改变了，开始考虑这种款式，他注意橱窗里的衣服，并且自己穿上了这种新款式的衣服。他身上发生了变化，而他并未意识到。于是有这么一个过程，通过这个过程，与他人相互作用的个体不可避免地像他人一样做同样的事，而那一过程并不出现在我们所说的意识中。当我们明确采取他人的态度时，我们才意识到该过程，而这种情境必须同前一种区分开来。或许某人说他不在乎穿某种式样，不过更喜欢穿其他式样；于是他在他自己的行动中采取了其他人对待他自己的态度。当来自另一个蚁穴的一只蚂蚁被带进其他蚂蚁的洞里时，这些蚂蚁都来攻击它，把它撕得粉碎。人类共同体中的态度可能是个体本身的态度，拒绝服从他自己是因为他事实上采取了共同的态度。蚂蚁的例子完全是外部的事态，而在人类个体那里，这是采取他人态度的问题，是使自己作出顺应或争辩个明白的问题。在使用个体的自我意识的过程中承认他是一个自我，这使他产生维护自身权利的态度或忠于共同体的态度。那时，他已成为一个明确的自我。这样维护自身权利完全不同于另一种情况，即不同于兽群成员维护自身权利的情况，它或许控制着该群体，并可能猛烈地攻击它的其他成员。在那里，我们说，个体仅仅是在一定情境下凭本能行动。在人类社会中，有这样的个体，他不仅采取他自己的态度，而且在某种意义上采取他的下属的态度；在他占支配地位的范围里，他知道该指望什么。当这种情况出现在个体的经验中，便产生不同于兽群首领的反应并伴有不同的情感。在后一种情况下，只有愤怒和敌意；而在另一种情况下，则是自我带着权力感和统治感维护自己的权利、有意识地反对其他自我。总之，当共同体的反应被输入个体时，便有一种新的经验价值和一种新的反应等级。

我们从"主我"与"客我"的观点讨论了自我。"客我"体现着代表共同体中其他人的那一组态度，尤其是我们在讨论竞赛和讨论社会制度时详述过的一组有组织的反应。在这些情境中，存在某种与个体有机体的任何社会动作相应的有组织的态度。在任何合作的过程中，诸如家庭中，个体从群体其他成员身上引起一种反应。能够在个体身上引起那些反应，使他能对之作出回答，在这个范围里，我们便有了可以构成自我、"他人"和"主我"的那些内容。这种区别表现在我们的经验中。我们要求在自己的经验中承认他人，并在他人的经验中承认我们自己。如果我们不能在他人与我们的关系中承认他人，我们便不能实现我们自己。当个体采取了他人的态度时，他才能够使他自己成为一个自我。

当然，这里谈到的社会情境不同于有机体的反射作用这样的单纯机体反应。我们已经讨论过某些单纯反应，例如人不自觉地顺应其周围人的那些情况。在这样一种经验中不存在自我意识。仅当某人采取他人的态度或受到刺激要采取他人的态度时，他才获得自我意识。于是他处于在自身对他人的那一态度作出反应的地位。设想我们处于一种经济情境。我们采取他人向我们开价的态度，这时，我们才可能表现自己的意愿接受这个价格或降低这个价格。这是自我的一个反应，不同于显然无意识的报价，后者无需自我意识便能发生。一个小男孩把一份广告塞在我们手里，我们接住它，一点没有关于他和我们自己的明确意识。我们可能心不在焉，而这个过程仍然发生。当然，要人照料的幼儿也有如此情况。幼儿感到有人向他们走近，便以直接的方式顺应来者，而在他们经验中并不存在一个自我。

当一个自我确实出现时，它总是包括另一个人的经验；不可能有一个完全独立的自我的经验。植物和低等动物对某环境作出反应，但是那里没有自我的经验。当一个自我确定在经验中出现时，他与他人相对而出现。我们已经描述了这个他人在人类动物经验中出现的条件，即那样一种刺激在合作活动中出现，它在个体自身唤起它在他人身上唤起的同样反应。当他人的反应成为个体的经验或行动中的一个基本成分时，当采取他人态度成为他行为的一个基本成分时，该个体作为一个自我出现在他自己的经验中；而且直到这种情况发生时，他才作为一个自我出现。

理性的社会当然不局限于任何特殊的个体群。任何有理性的人都可成为它的一部分。共同体对我们自己的反应所持的态度以我们所作所为的意义的形式输入我们自身。这种输入以最广泛的方式出现在一般话语中，出现在理性世界对我们的话所作的回答上。其意义与该共同体一样普遍；它必须包括在该共同体的理性特征上；由理性的人构成的世界对我们自己的陈述不免要作出的就是这种反应。通过这样一个过程，我们使对象和我们自身都进入经验；就我们确实采取了这样一种有组织的泛化的态度而言，他人出现在我们自己的经验中。

如果某人在街上遇到一个人而没能认出他，他对那个人的反应便是他对同一共同体中任何一员的反应。可以说，他就是那个他人，那个有组织的、泛化的他人。他采取了那个人的态度，而与他自己的自我相对立。如果那个人走这一边，他便走那一边。他以那个人的反应作为自己的一种态度。正是有了那种态度，他才可能成为一个自我。可以说，这里包含的东西并非仅仅是本能地、没有自我意识地向右转。要具有自我意识，某人必须在自身具有他人的态度，以控制他准备做的事。在采取那一态度时，出现在某人的自我直接经验中的，是我们所说的"客我"。这是能在共同体中维护其自身的自我，它在该共同体中得到承认，因为它也承认其他人。这便是自我的"客我"的一面。

与"客我"相对的是"主我"。个体不仅有权利，他还有义务；他不仅是一个公民，是该共同体的一个成员，而且他对共同体作出反应，并且如我们在姿态的会话中看到的，在对它作出反应时改变它。"主我"是当共同体的态度出现在个体自己的经验之中时个体对这种态度所作的反应。他对那一有组织的态度作出反应并改变了它。如我们指出过的，这个变化直到发生之后才出现在他自己的经验中。"主我"以记忆的形式出现在我们的经验里。只有在我们动作之后我们才知道干了什么；只有在我们说话之后我们才知道说了什么。出现在我们自己的本性中的对有组织的世界的顺应代表着"客我"，它是始终存在的。但如果对它的反应是那种姿态会话性质的反应，如果它造成了一个在某种意义上说是新颖的情境，如果某人揭示了他的这样一个侧面，断言他自己与他人相对立，坚持说他们对他采取一种不同的态度，那么便出现了某种重要的东西，以前的经验中所没有的东西。

某人准备动作时所处的总环境可能出现在他的经验中，但他不知道他将作出怎样的反应，正如科学家不知道他对一个问题的思考会推出怎样的假说一样。正在发生诸如此类的事，与人们坚持的理论相反。应该怎样解释它们？以下述发现为例。一克镭能使一壶水沸腾，并且看起来能量没有损耗。这里发生的情况与物理学理论直至镭活度概念相反。面对这些事实，科学家必须作出某种解释。他提出一个解释，说镭原子正在衰变，因此释放出能量。根据以前的理论，原子是一种恒态，不可能从它那里得到能量。现在如果设想原子本身是一个系统，包含着能的相互作用，这样一个系统的衰变便释放出相对大量的能。我在这里说明的是，科学家的这个解释是他忽然想到的，而不是他心里现成就有的。相反，他的心灵乃是那一思想出现的过程。某人在某个场合声言他的权利，他已在自己心里排演过那一情境；他已对共同体作出过反应，当这种情境出现时，他便让自己说出心里已有的话。但是当他第一次对自己说时，他并不知道他会说些什么。然后他说出某些自己不曾说过的话，正如那个假说突然闪现在科学家脑海里，对他是一个新的思想一样。

对于包括在有组织的态度中的社会情境所作的这样一种新的答复构成了与"客我"相对的"主我"。"客我"是一个循规蹈矩、因循守旧的个体。它始终存在着。它必须具有每个人都有的那些习惯、反应；否则该个体就不能成为共同体的一员。但是，个体始终以表现自己的方式对这样一个有组织的共同体作出反应，不一定是在冒犯共同体的意义上维护他自己，而是在属于一个共同体这样一种合作过程中表现他自己，成为他自己。所涉及的态度取自该群体，但是把它们组织起来的个体有机会以一种也许从未有过的方式表现它们。

于是产生这样一个普遍问题：是否可能有任何新东西出现？[1]当然，事实上新东西不断在发生，对这一点的认识更广泛地表现在突现这个概念中。突现包括一种重组，而重组带来某种从未有过的东西。氧和氢一旦相逢便出现水。因此水是氢与氧的结合，但以前水并不存在于这两种孤立的元素中。突现概念是近代哲学非常重视的一个概念。如果完全从一个数学方程式的观点（方程式的两边绝对相等）看待世界，那当然不会有任何新东西。世界是满足该方程的。在 X 和 Y 中代入任何值，同一方程成立。不错，这些方程是成立

---

[1] ［参阅《行动哲学》，第3篇。］

的,但在它们成立的同时,某种从未有过的东西事实上出现了。例如,有一群必须共同工作的个体在一个社会中,从所有人身上必可发现一套共同的有组织的反应习惯,不过在具体环境下个体的动作方式使所有这些个体产生区别,这些区别表征着不同的人。他们必须以某种共同方式动作,这个事实并不抹杀他们的独创性。共同的语言存在着,但是在人际每一次新的接触中都对语言有不同的用法;重建中新的因素通过个体对他们所属群体的反应而发生。这种重建不是事先给出的,正如科学家提出的那个特定假设不是在说明问题时给出的一样。因此,正是个体对有组织的"客我"、那个在一定意义上只是共同体一员的"客我"的反应,体现了自我经验中的"主我"。

"客我"与"主我"的相对价值在很大程度上取决于情境。如果某人在共同体中获得其财产,他是该共同体的成员就具有头等重要意义,因为由于他采取他人的态度才保证了对他自己权利的认可。在那些情况下成为一个"客我"是重要的。这给了他地位,给了他作为共同体一员的尊严,这是他对他作为共同体一员所具有的价值作出情感反应的根源。这是他加入他人经验的基础。

有时候,则是自我或"主我"对情境的反应、某人表现他自己的方式给人至关重要的感觉。这时他相对某个情境来维护自己的权利,此处强调的是反应。要求的是摆脱习俗,摆脱既定法则。当然，只有在个体脱离一个可以说狭隘有限的共同体而求助于一个更大的即逻辑意义上更大的、具有不那么有限的权利的共同体时，这种情境才可能发生。某人呼吁摆脱僵化的习俗，它们对于一个各项权利均须得到公开承认的共同体已不再有意义。某人向他人求助，设想有一个由有组织的他人组成的群体会响应他自己的呼吁，哪怕是向后代作的呼吁。在那种情况下，便有与"客我"相对的"主我"的态度。

"主我"和"客我"这两个侧面对于充分表现自我都是必不可少的。为了归属一个共同体，某人必须采取一个群体中他人的态度；为了进行思考，他必须利用纳入他自身的那个外界社会。由于他与该共同体中他人的关系，由于在该共同体中获得的合理社会过程，他才成为一个公民。另一方面，个体不断对社会态度作出反应，并在这一合作过程中改变了他所属的那个共同体。那些变化可能微不足道。他可能无话可说，尽管他也费了不少口舌。但是，一定量的调整与再调整发生了。我们说某人是个循规蹈矩的人；他的思想与他邻人的思想完全一样；他不过是各种环境下的一个"客我"；他所作的调整仅仅是些微小的调整，可以说是无意中发生的。与此形成对照的，则是一个有确定人格的人，他对有组织的态度所作的答复有很重要的影响。对于这样的一个人来说，"主我"是经验中更为重要的方面。那两个不断出现的方面都是自我之中的重要方面。①

26. 自我在社会情境中的实现

在自我的发展中还有一个方面需要更加详细地讨论：自我在它所由产生的社会情境中的实现。

我已论证过，自我出现在经验中，基本上是作为一个具有它所属共同体的组织的"客我"出现的。这一组织当然表现在个体的特定天赋和特定社会情境中。他是共同体的一员，但他是共同体的一个特定成分，具有把他同任何他人区别开来的特定的遗传特征和地位。他是共同体的一员，就此而言，他便是他，构成这个特定个体的原料不是一个自我，而是在他作为其中一个成分的共同体中的他与他人的关系。他是这样意识到自身的，而且不仅在政治的公民身份上即在他作为其中之一员的群体中的成员身份上是这样，从反思的观点看也是如此。他是这个思想家共同体的一员，他阅读这些人的作品，这些作品中可能也包含了他自己发表的思想。他属于这样一个社会，其中人人都有理性，他所认同的合理

---

① 心理学家通常论述的是所谓"知觉"所涉及的那些过程，但非常普遍地忽视了对自我的特性的说明。在很大程度上，由于病理学家，自我的重要性才进入心理学。精神分裂已使人们集中注意自我，并已表明心灵的这一社会性绝对重要。构成人格的东西在于从事一个合作过程的群体成员之间的这种平等交换。是这种活动造成了人这种有智能的动物。

性包括一种持续的社会交换。个体所处的最广泛的共同体，那个无处不在、涉及一切人、适合一切人的共同体，是思想的世界本身。他是这样一个共同体的一员，并且作为这样一员而成为他自身的。

所有自我都凭借或通过社会过程而构成，都是该过程的个体反映，即都具有它所展示的它们在各自结构中掌握的这一有组织的行为型式，这一事实丝毫不与下述事实相悖，也不会危害下述事实：每一个体自我都有其自己特有的个体性，自己的独特型式；因为各个体的自我处于该过程，当它在其有组织的结构中反映整个过程的行为型式时，是从它自己在该过程中的独特立场出发的，因此在其有组织的结构中所反映的整个社会行为型式的那个侧面或角度不同于该过程中任何其他个体自我在有组织的结构中所反映的侧面或角度（正如在莱布尼茨的宇宙中，每一个单子都从一个不同的观点反映那个宇宙，因而反映了该宇宙的一个不同侧面或角度一样）。换言之，在人类社会经验与行为过程中，每一个体自我有组织的结构反映了那一整个过程的有组织的关系型式，并且是由该型式构成的；不过各个体的自我结构反映了这一关系型式的不同侧面或角度，并且是由不同侧面或角度构成的，因为他们各自是从其自身特有的立场来反映这一关系型式的；因此个体自我及其结构的共同的社会根源和构造并不排除它们中间的广泛的个体差别和变异，也不否认它们各自事实上拥有的独特性和显著程度不等的个体性。一个特定社会或社会共同体中的每一个体自我，在其有组织的结构中，反映了该社会或共同体所表现或正在实行的有组织社会行为的整个关系型式，而且它的有组织的结构是由这一型式构成的；但是由于这些个体自我各自从它在表现这一型式的整个有组织的社会行为过程中的独特地位或立场出发，在其结构中反映了这一型式的不同侧面或角度（因为各自与那整个过程有各不相同的、独特的关系，并在那里占有自己的实质上独一无二的关系中心），所以各个自我的结构由这一型式构成的方式不同于任何其他个体结构的构成方式。

我们已经看到，个体不断对这一社会作出反应。个体使自己顺应共同体，而他的每一顺应都涉及共同体的某种变化。这一变化当然有可能非常重要。以我们能够介入的最广泛的共同体即表现在所谓通用话语中的理性共同体为例。直到前不久，这一共同体的形式还是亚里士多德学说的世界。但是在美国、英国、意大利、德国、法国，人们已非常显著地改变了那一世界的结构，提出以一种多重关系逻辑取代亚里士多德的实体与属性的关系。世界形式所发生的另一根本变化，是由于一个个体即爱因斯坦所作的反应发生的。伟大的历史人物带来非常根本的变化。通过个别有才智的人的动作而发生的这些深刻变化，不过是通过"主我"而不只是"客我"的反应稳固地发生的那些变化的极端表现。后面这种变化是逐渐发生的，不太容易察觉的。我们知道，当我们从一个历史时期向另一个历史时期转变时，存在根本性的变化，并且我们知道这些变化是由于不同个体的反作用。我们所能看出的只是最终结果，而这些差别是由无数个体的姿态造成的，他们的姿态实际上改变了他们所处的情境，虽然具体的变化过于细小以致无法察觉。我已指出过，造成那种变化的自我或"主我"只是在其反应发生之后才出现在经验中。只是在我们说出了所说的话之后，我们才认识到自己是说了那句话的人，认识到自己是说了那件特定事情的特定自我；只是在我们做了所做的事之后，我们才意识到我们正在做的事。无论我们多么仔细地规划未来，未来总是不同于我们所能预见的情况，我们把不断提出和补充的这个东西等同于仅在动作完成时才在我们的经验层次上出现的自我。

当然，在某些方面，我们能够确定自我准备做什么。我们能够在事先接受某些责任。人们签订契约、作出许诺，然后受其约束。情况可能改变，动作可能不像个体本身预料的那样实现，但他信守他所签订的契约。他必须做某些事，为的是继续成为该共同体的一员。在我们称之为理性动作的各项义务中，在顺应某个通行各种自然规律、经济规律和政治制度规律的世界中，我们能够说明将要发生什么并对打算做的事承担责任，而出现在那个动作中的真实自我有待于动作本身的完成。注意，这一实际的动作从不直接进入反省经验。只是在动作发生之后，我们才能在记忆中捕捉到它，把它放在我们已经做过的事中。可以说，我们不断地试图实现并且通过实际的动作本身实现的便是这个"主我"。人从不在他自身实现之前完全理解它。有时候，其他人可以告诉他某些有关他本人而他并不知道的事，他对他自己从无把握，他的行动使他自己吃惊的程度不亚于使他人吃惊的程度。

我们天性中的各种可能性，威廉·詹姆斯如此津津乐道的那些能力，是超出我们自己的直接表象之外的自我的可能性。我们不知道它们究竟是什么。就我们所能理解的而言，在某种意义上它们是我们所能期待的最迷人的内容。我们从传奇文学、电影、艺术中获得极大享受，因为它们释放了，至少在想象中释放了属于我们自己的或我们希望属于自己的各种能力。自卑情结产生于自我的各种需要，想要满足而又无法满足的需要——所谓的自卑情结使我们顺应这些需要。"主我"的可能性属于实际上正在发生、正在进行的事情，并且它在某种意义上是我们经验中最迷人的部分。新奇事物产生在那里，我们最重要的价值定位在那里。我们不断寻求的便是这一自我在某种意义上的实现。

有各种各样途径可使我们实现自我。因为它是一个社会的自我，它是在它与他人的关系中实现的自我。它必须得到他人的承认，才具有我们想要归之于它的那些价值。在某种意义上它凭借对他人的优势而实现自身，犹如它在与他人相比时认识到它的劣势一样。自卑情结是我们自己与周围人相比时所抱有的优越感的反面。深入研究人的内在意识，弄明白我们在保持自尊时容易依赖什么，这是有趣的。当然，这里有着深刻而稳固的基础。人们信守诺言、履行义务；这便提供了自尊的基础。不过，那些是我们与之有关的共同体中大多数成员所具有的品质。我们全都有失误之时，但是从整体上看我们始终是说到做到的人。我们的确属于共同体，我们的自尊有赖于认识到自己是这样自尊自重的个体。但是那对我们还不够，因为我们想要在我们与其他人的差别中认出我们自己。当然，我们具有特定的经济地位和社会地位，使我们能把自己同他人区别开来。我们还在不同群体中占有某些地位，这可用以证明自我的身份，不过在所有这些问题背后是这样一种认识，即，整个说来，我们比其他人做得好。深入研究这些优势十分有趣。许多优势微不足道，但在我们看来却举足轻重。我们可能想到言谈和衣着的风度，想到记忆力，想到这，想到那，想到其他什么方面——但总是想到我们比人们出色的东西。当然，我们注意避免直接夸耀自己。明白表示我们对证明自己能比其他人干得好感到满意是幼稚的。我们费很大气力掩盖这种情境；而实际上我们是极为满意的。在儿童中间和原始的共同体中间，这些优势得到张扬，人们以此为荣；就是在较为发展的群体中，这些优势也作为实现人的自我的基本方式而存在，而且它们并不被等同于我们所说的利己主义或自我中心者的表现。某人可能在有关经济的事务或成就方面像你喜欢的那样真诚,他可能真诚地承认他人的成就并为之欣喜,但这并不妨碍他欣赏他自己的能力、从他自己的成就中获得特别的满足。

这种优越感并不一定代表那种令人讨厌的过分自信的性格,它也并不意味着那个人想要贬低别人以抬高他自己。至少,那是人们很容易采取的实现自我的形式,而我们大家都认为,这样一种形式不仅是不适当的,而且在道德上多少有点可鄙。但是,有这样一种要求,一种持久的要求,在对周围那些人的某种优势中实现自我。也许,它更明确地表现在我已提到过的那些情境中,而它们是最难解释的事。对他人的不幸,尤其是私事方面的不幸,有一种幸灾乐祸的心理。这种心理表现在说人闲话中,尤其是搬弄是非的闲话。我们必须对此提高警惕。我们可能怀着真诚的悲伤谈到某个事件,但是仍在庆幸某事发生在他人身上而不是发生在自己身上。

看到他人摔倒感到好笑,这里就包含着上述态度。在这样的笑声里有某种轻松感,即我们不需要付出努力从地上爬起来。这是一种直接的反应,它位于我们所说的自我意识的深处,但这种好笑并不等于对他人幸灾乐祸。如果某人真的摔断了腿,我们会同情他,但是,看到他四脚朝天的样子毕竟很可笑。在这种情境下,个体与他人多少有一种认同。可以说，我们开始要和他一起倒下去，在他倒下之后要和他一道站起来，而我们对笑声的解释则是，它将我们在那些情境下想要控制住自己的当下倾向释放出来。我们与那个人认同，采取他的态度。他的态度包括一种我们无须实施的巨大努力，而对这一努力的释放则表现在笑声中。可以说，笑声是"主我"在那些情境下的反应方式。该个体可能动手帮助另一个人站起来，但是这个反应中有一个因素表现在站着的人对躺在人行道上的人的优越感上。因此，优越感一般并不是在有形的情境下发现的，在共同体中的一个成员失礼时，这种优越感同样很明显；这同样使我们觉得可笑，感到自己的优越。

我想用这些例子表明"主我"的朴素态度与"客我"的较为老练的态度之间的区别。某人举止非常得当，他止住笑声，迅速地帮助摔倒的人站起来。这是一种"客我"的社会态度，与欣赏该情境的"主我"正相反；不过我要说，这种欣赏并无恶意。这里没有任何邪念，甚至在发生更重大的耻辱和困难的情境下，人们所感到的某种庆幸也没有任何邪念，那种态度含有优越感而并不同时带有任何邪念。我们可能对自己所说的话非常留意，但是仍然持有自我的态度，在这些情况下它占有一定优势；我们没有做这种特别令人不快的事，我们一直防止它发生。

当这种优越感属于一个把自身与群体紧密联系在一起的

自我时，它便被放大了。它在我们的爱国主义中被强化了，在那里我们把肯定自己的优势合法化了，而在我前面提到的那些情况下这是不允许的。断言某人所属的国家优越于其他国家、为了证明维护自己国家的行动的价值而给其他国家的行动抹黑，似乎是完全合法的。在政治上和宗教上把一个派别凌驾于其他派别之上便是如此。这代替了早期即宗教战争时期各种民族主义的排外表现。属于某个比其他群体优越的群体的人可以充满信心地维护自己的权利，因为上帝站在他一边。那里我们看到这样一种情境，似乎肯定这种优势是完全合法的，它与自我意识同在，并且在某种意义上似乎是自我意识所必不可少的。当然，这并不限于民族主义和爱国主义。我们全部认为自己所在的群体优越于其他群体。我们可以同本群体的成员在一起闲谈一些对其他任何人或群体闭口不谈的东西。当然，领导有其作用，因为在我们中间居于高位的人的热情有助于组织群体；但从整体看，我们依靠一种共识，即认为别人不如我们。

群体的优越感通常用群体的组织来解释。各种群体在过去保存下来，因为它们是为反对某个共同敌人组织起来的。它们坚持下来，是因为它们在反对共同敌人时作为一个整体而动作。这是根据适者生存、组织得最好的共同体生存的观点作出的解释。这当然是最容易的聚集方式，而且这可能是一个恰当的解释。

如果某人确实具有一种真正的优势，那是一种以履行确定职能为依据的优势。某人是个好外科医师，一个好律师，他可以为他的优势自豪，不过这是他要利用的优势。而且当他在他所属的共同体中利用这一优势时，这种优势失却了自我主义的成分，也就是某人吹嘘自己对别人的优势那种自我主义。我强调这另一个方面，是因为我们有时在自己的经验中掩盖了它。但是当这种优越感转为职能的表现时，它不仅成为完全合理的，而且是个体实际改变他们的生活情境的方式。我们用自己具有而其他人不具有的能力改变事物。是这样的能力使我们成为有实力的人。直接的态度是带有一种优越感保存其自我的态度。优势并不是期待的目标。它是保存自我的手段。我们必须把自己同其他人区别开，达到这一点，要靠我们做其他人做不了或不可能做得一样好的事。

因此，能够保持我们的独特性是一件好事。如果它只是采取露骨地自吹自擂的方式，便暴露出它廉价的丑恶的一面。但是如果它表现了它所支持的那些职能，便失去那种不好的性质。我们认为这将是民族主义种种表现的最终结果。国家应当能像专业人员发挥职能那样表现它们自己。国际联盟中可以看到这样一种组织的端倪。国家承认它作为联盟成员国所必须做的事。甚至委任统治权制度，至少还给主导国的行动披上履行职能的外衣，而不只是权力的表现。

27. "客我"与"主我"的贡献

至此,我把"主我"与"客我"分别看作自我的不同侧面,"客我"符合于我们明确采纳的其他人的有组织的态度,并且只要它具有一种自觉的性质,它便因此决定我们自己的行动。于是,可以认为"客我"给"主我"提供形式。新东西在"主我"的动作中出现,但自我的结构、形式是因循惯例的。

可以把这个因循惯例的形式降到最低限度。在艺术家的态度中,在有艺术创造的地方,对新事物的强调达到最高限度。打破陈规的要求在现代艺术中格外引人注目。艺术家应该同惯例决裂;他的艺术表现的一个方面便在于打破惯例。那种态度当然并非艺术职能所必不可少的,并且它可能从未出现在人们常常宣扬的极端形式中。以过去的某些艺术家为例。在希腊世界,艺术家在某种意义上便是最高级的工匠。他们所要做的事在不同程度上是由共同体提出、为他们自己所接受的。例如,表现英雄人物,表现某些神,建立寺庙,等等。他们承认某些确定的规则是艺术表现所必需的。同时艺术家使其作品具有独创性,使一个艺术家不同于另一个艺术家。在艺术家那里,对打破陈规的强调,对"客我"的结构中所没有的东西的强调,也许达到了它所可能达到的地步。

这种强调也出现在某种由冲动引起的行动中。由冲动引起的行动是无法控制的行动。"客我"的结构并不决定"主我"的表现。如果用弗洛伊德的术语,"客我"在某种意义上是一种潜意识压抑力。它决定可以作出何种表现,它安排舞台并为角色提词。在冲动的行动中,该情境所涉及的"客我"的这一结构根本没有提供任何这样的控制。以一意孤行的情境为例。自我一味固执己见而无视他人的意见,假如这种情绪非常强烈,以致将各种合理举动的社会礼节弃之不顾,他便会表现得很粗暴。这里"客我"就是为情境所决定的。在某些公认的领域内,个体可以坚持自己的权利,他在这些界限内拥有某些权利。但是如果强调过分,不再遵守这些界限,个体也许会以激烈的方式坚持他自己的权利。这时"主我"便是与"客我"相对的支配因素。在我们认为正常的条件下,个体的动作方式是由他采取群体中他人的态度决定的,但是如果个体没有获得与人们相遇的机会,像一个不许与人交往的儿童那样,便会产生一种情境,使得个体的反应成为无法控制的。

社会控制①乃是与"主我"的表现相对的"客我"的表

---

① [关于社会控制这个问题,参见"自我的发生与社会控制",载《国际伦理学杂志》,第35卷(1924—1925年),第251页以下;"社会改革的有效前提",载《美国社会学杂志》,第5卷(1899—1900年),第367页以下;"刑罚正义心理学",载《美国社会学杂志》,第23卷(1917—1918年),第577页以下。]

现。它规定界限，它设立的限定可以说使"主我"能够把"客我"用作实现大家全都关心的事业的手段。当人们被拒之于那种有组织的表现之外时，便产生缺乏社会控制的情境。在弗洛伊德学派多少带点幻想的心理学中，思想家们论述性生活和激烈的独断专行现象。不过，正常情境是这样的，它包括个体在一个由社会决定的情境中的反作用，但是他作为一个"主我"对该情境作出自己的反应。在个体的经验中，这种反应是使自我被人认识的表现。正是这样一种反应使他高出于按惯例行动的个体。

如我前面说过的，一种惯例，说到底，不过是对我们全都具有的态度的组织，控制和决定行动的他人的有组织的态度。于是，这种按惯例行动的个体是（或应当是）个体以自己的方式表现他自身的手段，因为这样的个体表现也就是自我必不可少的、从自我产生的那些价值观中的自我。说这些价值观从自我产生，并不是把自私的利己主义的性质加给它们，因为在我们所谈论的正常条件下，个体是在对一个共同事业作出他的贡献。棒球队员打了一个漂亮的球，那个球是符合他所属球队要求的球。他是为他的球队打的。当然，某人可能为迎合观众而打球，他对打一个漂亮球的兴趣超出帮助本队获胜的兴趣，正如一个外科医生可以作一次漂亮的手术却牺牲了他的病人一样。但是在正常条件下，个体的贡献表现在社会过程中，这些过程包括在动作中，因此把这些价值观与自我相连并不涉及利己主义或自私。在另一种情境下，自我在其表现中的确在某种意义上利用了他所属的群体或社会，这种情况可以说造成了一个狭隘的自我，它利用整个群体来满足私利。即使这样的一个自我也仍然是社会的。我们非常明确地区分自私的人和冲动的人。某个发脾气把另一个人打倒的人可能毫无利己之心。他未必是要利用某种情境为他自己的利益服务。后面那种情况就涉及狭隘的自我，他不把自己同他作为其一部分的整个社会群体连在一起。

价值观无疑与自我所特有的这一表现相连；而自我所特有的亦即它称之为自己的。但是这一价值存在于社会情境中，不可能脱离社会情境。即使只有在社会情境中才获得那一价值，它仍是个体对该情境的贡献。

我们当然追求那种属于自我表现的表现。当某一个体感到自己受到阻碍时，他认识到需要有一个环境，使他能有机会为事业作点贡献，而不只是做一个因循惯例的"客我"。在一个执行例行事务的人身上，它导致对机器的反感，导致这样的要求：那种例行的工作应该在整个社会过程中占有它的地位。当然，做例行工作需要一定的智能和体力，这是人生活中非常必要的部分。某人可以以多少有点机械的方式非常妥帖地执行某些过程，他对这个过程贡献很小，却处于不错的地位。像约翰·斯图尔特·穆勒这样的人，能够在一天中的某些时候做例行的公事，然后在其余时间投身于独创性的工作。不能做一定量的老一套工作的人不是一个健全人。个体的健全和社会的稳定都需要相当大量这样的工作。对机器工业的反感只是要求限制从事这种工作的时间，而并不要求整个地废除它。但是，假定这样，就必须有某种方式，使得个体能够表现他自己。正是在这样的情境中，才有可能获得这种特别珍贵的表现，也即在这些情境中，个体能独立做某件事，能以他自己的方式承担责任和完成工作，能有机会考虑他自己的想法。这些社会情境使"客我"的结构暂时成为个体从中获得自我表现机会的结构，从而产生最令人兴奋愉快的经验。

这些经验发生的形式既可能涉及道德的堕落，也可能涉及更高的价值的突现。暴民提供了一种情境，使得"客我"直率地支持和强调那种比较激烈的冲动的表现。这种倾向深深置于人的本性中。病人的"主我"有很大部分由谋杀故事构成，达到惊人的程度。当然，在故事中，追捕凶手是兴趣的焦点；但是追捕凶手使人回到原始社会的复仇态度。在凶杀故事中，人们查出一个真正的坏人，把他搜出来，缉拿归案。这样的表达可能会贬低自我。在涉及国家防卫的情境中，是暴民的态度占上风还是高尚的道德态度占上风，依个体而定。使人能够放手大干、使"客我"的结构为"主我"打开大门的情境有利于自我表现。我谈到过这样的情境，某人可能坐下来同他的朋友谈他对某个他人的想法。让人的自我畅所欲言，有一种满足感。在其他环境下不会说甚至不会想的那种事现在自然地谈出来。如果某人加入一个群体，该群体像他一样思考，那么他可能以使他自己吃惊的程度全力以赴。上述情境中的"客我"无疑由社会关系构成。如果这一情境为冲动的表现敞开大门，人们便获得一种特殊的满足，或高级或低级的满足，而其源泉乃是"主我"在社会过程中的表现所具有的价值。

28. 突现的自我的社会创造力

我们讨论了聚集在自我周围的价值，尤其是与"客我"所包含的价值观相对的"主我"所包含的价值观。"客我"本质上是一社会群体的成员，并因而代表着该群体的价值观，代表着该群体使之成为可能的那种经验。它的价值观是该社会所有的价值观。在某种意义上这些价值观是最重要的价值观。这些价值观在某些极端的道德和宗教环境下号召自我为整体而牺牲。没有事物的这一结构，自我的生活将成为不可能。在这些环境下那种表面的悖论出现了，个体为了那个使他自己的生活可能成为一个自我的整体而牺牲了他自己。正如没有一个社会群体便不可能有个体意识一样，个体在某种意义上不愿意在某种环境下生活，那种环境在自我的实现过程中含有自我的自杀因素。与那种情境相对，我们指的是特别与"主我"而非"客我"相联的那些价值观，在艺术家、发明家、有所发现的科学家的直接态度中发现的价值观，一般地说，是在"主我"的动作中发现的价值观。那是无法预测的，它包括对社会的重建，包括对属于该社会的"客我"的重建。它是在"主我"中发现的那个经验方面，与它相连的价值观是属于这一类型经验本身的价值观。这些价值观不是艺术家、发明家、科学发现者所特有的，而是属于所有自我的经验，在这些自我身上存在一个与"客我"相应的"主我"。

"主我"的反应包括适应性变化，不过适应性变化不仅影响自我而且影响帮助构成自我的社会环境；即，它意味着一种进化观，在进化中个体既影响它自己的环境，又受环境的影响。在较早的一个时期，一种常见的关于进化的说明只假定环境对有组织的活细胞质的影响，在某种意义上按照它必须生活的世界的模样来塑造它。根据这种观点，个体实际上是被动的，与始终影响着它的力量形成对照。但现在需要承认的是，有机体的性质是决定其环境的因素之一。我们谈到单纯的敏感性，似乎它是独自存在的，忘了它始终是对于某些类型的刺激敏感。生物根据其敏感性选择环境，不是在人们选择某一城市、某一农村或某一种特殊气候来生活这种严格意义上的选择，而是下述意义的选择：它发现它能对之作出反应的那些特征，并且运用所得到的经验来获得延续其生命所必需的某种机体效果。因此，在某种意义上，有机体按照手段和目的来规定其环境。当然，对环境的那种决定像环境对有机体的影响一样实在。当某种有机体发展了某种能力（不管是如何发生的），它就在这个范围里为自己创造了一个新环境。具有消化器官的牛能够把草作为食物，它就增加了一种新的食物，并且在增加这个食物时增加了一种新的对象。这种物质在成为食物之前并不是食物。牛的环境增加了。有机体在一种实际的意义上决定其环境。这种环境中有作用与反作用，而改变了有机体的适应性变化必定也改变环境。

当某人使自己顺应于某个环境时，他成为另一个个体；但是在成为另一个个体时，他影响了他所生活的共同体。这可能是一种轻微的影响，但是在他使自己作出顺应的范围里，这种顺应改变了他能对之作出反应的环境的类型，而世界因此成为一个不同的世界。在个体与个体所生活的共同体之间始终存在一种相互关系。在一般条件下，我们对这一点的认识局限于比较小的社会群体，因为在这里，个体不可能进入该群体而不在某种程度上改变该组织的性质。人们必须顺应他，不亚于他必须顺应他们。看起来个体周围的各种力量要塑造他，但社会同样在这一过程中改变了，在某种程度上变成了一个不同的社会。这种变化可能是合意的，也可能不合意，但它不可避免地发生了。

当我们注意到有些人物的出现使较广泛的社会成为一个显著不同的社会时，个体与共同体的这一关系变得令人吃惊。具有伟大心灵和伟大品格的人们引人注目地改变了他们对之作出反应的共同体。因此我们称他们为领袖。不过他们只是通过作为该共同体成员、属于该共同体的个体而把第n种动力带给共同体中的这一变化。[1]伟大人物是那样一些人，由于他们在共同体中所处的地位，把那一共同体变成一个不同的共同体。他们扩大和丰富了该共同体。历史上宗教领袖之类的大人物通过其成员身份，无限地扩大了共同体本身所可能有的范围。耶稣用家庭概括了共同体这个概念。这种说明就像寓言中对邻居概念的说明一样。甚至共同体之外的人现在也会采取那一泛化的家庭的态度对待它，并且他使那些与他建立关系的人成为他所属共同体的成员，一个世界性宗教共同体。当然，由于个体的态度而发生的共同体的变化在历史上给人以特别深刻难忘的印象。它使独立的个体变得突出，成为象征性的。在他们的人际关系中，他们代表一

---

[1] 天才人物的行为是由社会决定的，正如普通个体的行为一样；他的成就是社会刺激的结果，即对社会刺激的反应，正如普通个体的成就一样。天才人物像普通个体一样，从他所属的有组织的社会群体的立场看待他自己，以那一群体对待任何他所参与的计划的态度对待他自己；他用自己对任何特定计划的明确态度对群体这种泛化的态度作出反应，正如普通个体一样。不过天才人物而言，他自己用以对群体的泛化态度作出反应的明确态度是独特的、创造性的，就普通个体而言则并非如此；正是他对特定社会情境、问题或计划（它们决定他的行为正如决定普通个体的行为一样）所作反应的独特性和创造性，把天才人物与普通个体区别开来。

种新的秩序，并继而成为共同体的代表。因为如果共同体沿着他们开创的路线充分发展的话，便可能生存。通过伟大的个体，新概念带来的态度极大地扩展了这些个体在其中生活的环境。与群体中的任一他人为邻的人，是一个更大社会的一员，而且由于他生活在这样一个共同体中，他促进了那一社会的产生。

正是在个体的、与其自身所处情境相对的"主我"的这种反作用中，发生了重要的社会变迁。我们常常说它们是某些人的个人天才的表现。我们不知道伟大的艺术家、科学家、政治家、宗教领袖——那些将对其所属社会产生塑造性效果的人——什么时候会出现。对天才下定义，将回到我所谈论的那些东西，回到那一不可预测性，回到个体所处环境由于他本人成为共同体的一员而发生的变化。

我们所谈论的这种个体的出现，总是关系到一种暗含的、没有充分表现的社会形式或社会秩序。以宗教天才如耶稣或佛陀为例，或以思想天才如苏格拉底为例。使他们具有独特重要性的，是他们采取了一种与更大社会相关的生活态度。那个更大的国家已或多或少暗含于他们所生活的共同体的制度中。这样一个个体，与我们可称之为共同体偏见的观点背道而驰；但是在另一种意义上，他比任何其他人都更为完整地表达了该共同体的原则。于是出现雅典人或希伯来人用石头击毙天才的情况，那位天才表达了他自己社会的原则，一是合理性原则，一是完全的睦邻原则。我们所指的天才便是那种类型的天才。在艺术创造的领域有类似情境：艺术家们也揭示与一个更广泛的社会相应、体现一种更广泛的情感表现的内容。我们使自己生活的共同体有所改变，就此而言，我们全都具有天才的必要因素，而当产生的影响成为深刻的影响时，便成为天才。

"主我"的反应过程可能涉及社会状况的堕落，也可能涉及更高的整合。以暴民的各种表现为例。暴民是一个组织，它取消了个体彼此关系中通行的某些价值标准，简化了它自身，这样做时，它就有可能允许个体，尤其是受压抑的个体获得在其他情况下所不允许的表现。社会结构自身的实际堕落使个体的反应成为可能，不过它并未带走在那些条件下出现在个体面前的直接价值。他从那一情境获得他的情感反应，因为在他的激烈表现中他是在做其他每个人都在做的事。整个共同体都在做同一件事。以前存在的压抑消失了，他与共同体融为一体，共同体与他融为一体。在我们与周围人的人际关系中发现一种更为平常的实例。我们的礼貌不仅是人们进行交往的方法，而且也是相互戒备的方式。一个人可以用他的礼貌把自己孤立起来，使其他任何人都无法接近他。礼貌提供一种方式，使我们与不认识也不想认识的人保持距离。我们全都利用那样一种作用。不过在有些场合，我们会丢掉与人保持距离的礼貌。在某个遥远的国家遇见某个人，在国内我们也许会尽力避免与他见面，而这时我们却伸出双臂紧紧拥抱他。在与其他国家处于敌对状态时，会有一种令人极为振奋的情境；我们大家似乎成了一个整体，反对一个共同的敌人；障碍消失了，对于在一个共同事业中和我们站在一起的人，我们有一种社会的同志情谊感。同样情况也发生在政治运动中。此刻，对于我们所属群体的任何一个成员，我们伸出友谊之手，还递过一支烟。在那些情形下，我们摆脱了某些限制，实际上阻止我们得到丰富的社会经验的那些限制。一个人可能成为他彬彬有礼态度的牺牲品；礼貌可以保护他，也可以包围他。不过在刚才谈的条件下，一个人超越了他自身，这就使他成为比他以前所属共同体更大的一个共同体的确定成员。

这种扩大了的经验有其深刻影响。它是新入教者皈依宗教时的经验。它是一种归属于共同体的感觉，与属于同一群体的无数个体有了一种亲密联系的感觉。在皈依宗教时有时发生歇斯底里的极端行为，其背后深藏的便是这种经验。某人已加入教会这个普遍共同体，所产生的经验便表现出把自己的自我等同于共同体中每一个他人的认同感。爱的意识通过给麻风病患者洗脚的行动表现出来；一般的做法则是，找到一个远离该共同体的人，恭恭敬敬地为他服务，使自己的自我完全与这个人连在一起。这样一种做法打破了壁垒，使个体成为一切人的兄弟。中世纪的圣徒竭力用那一方法把自己同所有的人紧密联系在一起，如印度的宗教方法一样。这样消除了障碍，激发起人们极大的热情，因为他使人能与其他人建立无数的可能联系，而过去这些联系是受制止、遭压抑的。个体加入那个新的共同体，使他自己成为其中之一员，通过这个步骤以及他的认同经验，他便采取了属于那一共同体所有成员的价值。

　　当然，这样的经验无比重要。在共同体中我们始终使用着这些经验。我们指责敌对的态度，作为保持国与国相互关系的手段。我们认为应当放弃战争的方法和外交手腕，在国与国之间取得某种政治联系，使它们可能被看作一个共同体的成员，从而能够根据其共同的价值观而不是敌对的态度表现它们自己。这便是我们建立国际联盟所抱的理想。但是我们不能忘记，建立自己的政治制度而不引入各党派的敌对状态是不可能的。没有各党派，我们就无法使一部分选民到投票站投票，表明他们对具有重大社会意义的问题的意见，但是我们却能够使共同体的相当大部分的人加入与其他某个党斗争的政党中。正是斗争这个要素保持着人们的兴趣。我们可以提起那些想战胜对立党的人的兴趣，让他们到投票站去投票。当然，党的纲领是抽象的，对我们并不重要，因为实际上我们在心理上依靠这些较为原始的冲动的作用，以便保持我们的制度的正常运行。当我们反对腐败政治机构的组织时，我们不应当忘记，要对那些能够提高人们对公众事务兴趣的人有某种感激之情。

通常我们依赖那样的情境，使自我能够以直接的方式表现自己，没有其他的情境能像为反对群体的共同敌人而联合起来的情境那样使自我如此易于表现他自己。我们最常想起的表现基督教世界的圣歌是"基督的战士向前进"；保罗组织他那个时代的教会反对异教徒世界；而"启示"象征着与黑暗世界对立的共同体。撒旦这个概念对于教会的组织是必不可少的，正如政治对于民主的组织必不可少一样。必须有某种可与之作斗争的东西，因为自我在加入一个确定的群体时最易于表现他自己。

一个有秩序社会的价值是我们生存所必需的，但是，如果要有一个获得满意发展的社会，还必须为个体本身的表现留下余地，必须为这种表现提供手段。在具有这样一种社会结构使得个体能像艺术家和科学家那样表现他之前，就得重新依靠在暴民那里看到的那种结构，使每一个人都能在反对群体的某个仇视对象时自由地表现他自己。

原始人与文明人两种社会的区别之一在于，与文明人社会相比，在原始社会中，个体自我的思想和行为都更为全面地受制于他所属特定社会群体所采取的有组织社会活动的一般型式。换言之，与文明人社会相比，原始人社会为个性——为创造性、独特性即该社会内部的属于该社会的个体自我的创造性思想和行为——留下的活动范围要小得多；事实上，从原始人社会发展到文明人社会，在很大程度上取决于或产生于对个体自我及其行动的逐步的社会解放，以及对由于这一解放而产生、成为可能的人类社会进程的修改和阐述。与文明社会相比，在原始社会，个性在远为大得多的程度上由特定社会类型多少完善的成就构成，这个类型已经在社会行动的有组织型式中、在特定社会群体所展示和坚持的社会经验与行为过程的整体关系结构中被给定、指出和说明；相反，在文明社会中，个性则是由偏离或有所修改地实现任何特定社会类型而不是遵奉这一类型构成的，与原始人社会相比，这里的个性往往是更为显著、卓越而独特的。但是，即使在最现代的高度发达的人类文明形式中，个体，无论他的思想或行为如何具有独创性和创造力，总是并且必然表现出与一种经验活动的一般有组织型式的确定关系，而且这种关系反映在他的自我或人格的结构性之中；这种一般型式展示在他所参与的社会生活过程中，是这种过程的表征，而他的自我或人格实质上是这一过程的创造性表现或具体化。没有一个个体具有完全独立的、脱离社会生活过程而起作用的心灵，心灵从社会生活过程中产生，从这一过程中突现，结果在这个过程中，有组织的社会行为型式给了它根本性的影响。

29. 个人主义自我理论与社会自我理论的对比

一种社会心理学从个体参与其中并在其中经验地相互作用的社会过程中引申出个体的自我，相反，另一种社会心理学从个体的自我引申出个体所参与的社会过程，这两种社会心理学的区别非常清楚。第一种假设，一种社会过程或社会秩序是参与该过程或属于该秩序的个体有机体的自我出现的逻辑前提和生物学前提。相反，另一种假设，个体的自我是他们在其中相互作用的社会过程或社会秩序的逻辑上和生物学上的先决条件。

关于心灵、自我及社会经验或行动过程的发展的社会论与个体论之间的区别，类似于过去唯理论者和经验论者关于国家所持的进化论与契约论之间的区别。[1]后一种理论认为，个体及个体的经验——个体的心灵与自我——在逻辑上先于他们所参与的社会过程，并用它们来解释那一过程的存在；而前一种理论认为，社会经验过程或行为过程在逻辑上先于参与这一过程的个体及个体经验，并用那一社会过程来

---

[1] 从历史上看，唯理论者和经验论者都只能用个体来解释经验（1931年）。

其他人存在恰如我们存在一样；要成为一个自我需要其他的自我（1924年）。

在我们的经验中，事物存在恰如我们存在一样。我们的经验在事物中恰如事物在我们之中一样（手稿）。

解释他们的存在。但是后一种理论根本无法解释它认为逻辑上在先的东西，无法解释心灵与自我的存在；而前一种理论可以解释它认为逻辑上在先的东西，即社会行为过程的存在，用繁殖、用个体为相互保护、为保证食物而进行的合作这样一些根本的生物学或生理关系及相互作用来解释。

我们的论点是，如果不是在社会环境内，心灵就无法得到表现，并且根本就不可能存在；一种有组织的社会关系与相互作用的趋势或型式（尤其是借助于作为表意符号而起作用并由此创造一个话域的姿态进行的交流）是心灵的必要前提，是心灵的性质必须包括的。关于心灵的这种完全社会性的理论或解释①——只有在社会经验与活动的过程中，只有通过这一过程，心灵才能发展和存在，因此它以这个过程为前提，没有任何其他方法能够使它发展和存在——必须明确地同关于心灵的不完全（不过仅仅是不完全）社会性的观点区别开来。根据这种观点，虽然心灵只能在一个有组织的社会群体的环境中、在这个范围里得到表现，但它却在某种意义上是个体有机体的一种天生的禀赋——一种先天的或遗传

---

① 在为社会心灵理论辩护时，我们是就心灵的性质为一种机能的观点而不是任何一种实体的或本质的观点辩护。我们尤其反对一切有关心灵在头骨内或表皮内的特征和位置的观点。因为从我们的社会心灵理论得出，心灵的范围必定与社会经验行为过程（社会关系与个体间相互作用的策源地）的范围同样广阔，并包括其全部成分，心灵以这个过程为前提，从这个过程产生或出现。如果心灵是社会地构成的，那么任何特定个体的心灵的范围或所在，必定同社会活动或构成社会关系范围的组织同样广阔；因此，心灵的范围不能局限于它所属的个体有机体的躯壳。

的生物学属性，否则它根本不可能在社会过程中存在或出现；所以它本身实质上并非一种社会现象，相反，从它的性质及起源来说都是生物学的现象，仅仅从它独特的表现形式或表达方式来说是社会的。此外，按照后面这种观点，社会过程以心灵为前提并在某种意义上是心灵的产物；与这种观点直接对立的是我们相反的观点：心灵以社会过程为前提并且是社会过程的产物。我们这种观点的优势在于，它使我们能够详细地说明、如实地解释心灵的发生与发展；而认为心灵是个体有机体先天的生物学的禀赋的观点，实际上根本不能解释它的性质与起源：既不能说明它是怎样一种生物学禀赋，又不能说明有机体如何在进化过程的一定水平上开始拥有它。①不仅如此，关于社会过程以心灵为前提并在某种意义上是心灵产物的设想，看来与某些低等动物的社会共同体尤其是蜜蜂和蚂蚁相当复杂的社会组织的存在相矛盾。这种组织很明显是在纯粹本能或反射的基础上运行的，在组

---

① 根据心理学的传统假设，经验的内容完全是个体的，在任何程度上都不能用社会的术语给予基本的说明，虽然它的背景或环境是社会性的。对于库利的社会心理学来说（它也以这个同样的假设为基础），一切社会相互作用取决于有关个体的想象，并且根据它们在社会经验过程中直接的有意识的相互影响而发生。因此，从库利《人类本性与社会秩序》一书看出，他的社会心理学不可避免是内省的，而他的心理学方法带有彻底唯心论的影响：社会实际上并不存在，除非是在个体的心灵中，而任何本质上社会性的自我概念只是想象的产物。即使对库利来说，自我也是以经验为前提，而经验是自我从中产生的一个过程；但是由于该过程在他看来根本上是内部的、个体的，而不是外部的、社会的，他在他的心理学中便委身于一种主观主义的、唯心主义的而不是客观主义的、自然主义的形而上学的立场。

成或构成它们的个体有机体身上丝毫不包含心灵或意识的存在。即使避免了这一矛盾，承认只有在更高的水平上（只有在以人类社会关系和相互作用为代表的水平上）社会经验与行为过程才以心灵的存在为前提或必然成为心灵的产物，仍然很难设想这一已经在进行并且在发展中的过程竟然会在其进化的一个特定阶段为继续下去而突然要依靠一个完全外在的因素，一个从外部引入该过程的因素。

个体这样进入他自己的经验，只是作为一个对象而不是作为一个主体；而且他只有在社会关系和相互作用的基础上、只有借助于他在一个有组织的社会环境中与其他个体的经验交易，才能作为一个对象进入他的经验。不错，经验的某些内容（尤其是动觉）只有特定的个体有机体可及而其他人都不可及；经验的这些个人的"主观的"而非公开的"客观的"内容通常被看作奇特而密切地同个体自我连在一起，即是一种特殊意义上的自我经验。不过个体经验中的某些内容仅对特定个体有机体可及，这并不影响我们提出的有关自我的社会性及起源的理论，与这种理论并无矛盾。存在个人的或"主观的"经验内容并不改变这个事实：自我意识包括个体通过在一个有组织的社会关系背景中采取他人的态度以对待他自己而成为他自己的一个对象，如果个体不是这样成为他自己的一个对象，他就根本不会成为有自我意识的，不会有一个自我。没有他与其他个体的社会相互作用，仅仅借助于他经验中这些个人的或"主观的"内容，他就不会把他的这些经验内容同他自己联系起来，就不可能意识到他自己，意识到他是一个个体，一个人；因为，重复一遍，为了意识到他自己，他必须成为他自己的一个对象，即作为一个对象进入他自己的经验，并且只有通过社会手段，只有通过采取他人的态度对待他自己，他才能成为他自己的一个对象。①

当然，一旦心灵在社会过程中产生，它就使那一过程有可能发展成为个体之间社会性相互作用的更复杂形式，其复杂程度大大超过心灵产生之前所能出现的情况。不过，一个特定过程的产物促进该过程的进一步发展或成为其必要因素，这是不足为奇的。因此，一个社会过程的起源或最初存在并不依赖自我的存在和相互作用；虽然该过程在自我从中产生之后所达到的更复杂的阶段和更高级的组织确实依赖自我的存在和相互作用。

---

① 人类发展其心灵或智能的生理学能力是生物学进化过程的产物，正如他的整个机体一样；但是有了这种能力，他的心灵或智能本身的实际发展必须通过社会情境而进行，它从社会情境获得表现并输入其中；因此它本身是社会进化过程、社会经验与行为过程的产物。

第四篇
社　会

30. 人类社会的基础：人与昆虫

在前面几篇的讨论中，我们研究了自我在人类有机体的经验中的发展，现在要对这个自我从中产生的社会有机体作些考察。

倘若没有心灵与自我，我们所了解的人类社会便不可能存在，因为它的所有典型特征都以它的个体成员拥有心灵与自我为前提；但是，倘若心灵与自我没有在人类社会过程的较低发展阶段中产生或突现出来的话，人类社会的个体成员便不会拥有心灵与自我。在那些低级阶段，人类社会过程仅仅是它所包括的个体有机体的生理差异和生理要求的结果，完全取决于这些差异和要求。必须要有这样的人类社会过程的低级阶段，不仅是出于各种生理原因，而且还因为（如果我们关于心灵与自我的起源及本质的社会理论正确的话），没有这些阶段，心灵与自我，意识与智能，便不会出现；因为，要使人类能在人类社会过程中、通过该过程发展心灵与自我，必须在心灵与自我存在之前便有某种包括人类在内的不断发展的社会过程。①

一切生物有机体的行为都有一种基本的社会性：构成所有这些行为基础的各种根本的生物生理的冲动与需求（尤其是有关饥饿与性欲的冲动与需求，关系到营养与繁殖的冲动与需求），在最宽泛的意义上，是具有社会性或与社会有关的，因为它们要从任何特定个体有机体得到满足的话，便要牵涉到或需要有社会情境或社会联系；因而它们构成一切类型或形式的社会行为的基础，不论这些行为是简单的还是复杂的，原始的还是高度有组织的，初步的还是相当发展的。即使在最低的进化水平上，个体有机体的经验与行为也总是一个较大的社会整体即经验与行为过程的组成部分，个体有机体必定卷入这一过程，因为激发它的经验与行为从而得到表达的根本的生理冲动和需求是社会性的。任何一种生物有机体都不具有这样的本质或构造，使它能够完全脱离所有其他生物有机体而生存或保存它自身，以致与其他生物有机体（不管是同种的还是不同种的有机体）的某些联系（在

---

① 另一方面，自从心灵与自我从人类社会经验与行为过程中突现出来之后，人类社会发展或进化的速度便由于那一突现而极大地加快了。

一旦自我从社会生活过程中产生，社会的进化或发展便与自我的进化或发展相互关联、相互依存。

严格意义上是社会的联系）在它的生活中不具有必不可少的作用。一切生物有机体都在一个总的社会环境或情境中、在一个社会联系和相互作用的联合体中结合起来，它们的继续生存有赖于此。

在作为一切生物有机体的社会行为与社会组织之基础的那些根本的社会—生理冲动或需求（以及随之而来的态度）中，就人类社会行为而言最重要并且最明确地表现在整个人类社会组织（原始的和文明的）一般形式中的，是性欲或生殖的冲动；虽然几乎同样重要的是父母的冲动或态度，这当然与性的冲动紧密相联，还有睦邻的冲动或态度，这是父母的冲动或态度的一种泛化，而一切合作的社会行为或多或少取决于这种冲动或态度。因而家庭是生殖及维系人类的基本单位：它是履行或实现维持生命所必需的这些活动或职能的人类社会组织的单位。氏族或国家这样一些更大的人类社会组织的单位或形式，归根结底建立在家庭的基础上，并且是直接或间接地从家庭发展起来的，是家庭的延伸。氏族或部落组织是家庭组织的一种直接推广；而国家或民族组织是氏族或部落组织的直接推广，因而归根结底也是家庭组织的推广，虽然是间接的推广。简单说，一切有组织的人类社会，即使是十分复杂、高度发展的社会，在某种意义上也不过是其个体成员之间那些简单而基本的社会—生理关系（由生理差异而产生的不同性别之间的关系，以及父母和子女之间的关系）的延伸，是从这些关系衍生出来的，它建立在这些关系之上、从这些关系中产生。

不仅如此，这些社会—生理的冲动作为一切社会组织的基础，在一切社会联系与相互作用、社会反应与活动的复杂过程中表达自身，从而构成社会演变与进化总过程的两极中的一个极。它们是通过社会过程而形成的人性的基本生理材料；因此人性是某种完完全全社会性的东西，并且始终以真正社会的个体为前提。实际上，对人性的任何心理学论述和哲学论述都包含这样一个假设，即，人类个体属于一个有组织的社会共同体，并且从他与整个共同体以及与共同体其他个体成员的社会相互作用及联系中形成他的人性。社会演变与进化总过程的另一极，由个体对于他人的一致反应即阶级的或社会的反应，或者说其他个体的整个有组织的社会群体关于特定社会刺激的反应所作的反应构成，这些阶级或社会的反应是社会制度的根源、基础和材料。于是我们可以把社会演变与进化总过程的前一极称为个体极或心理极，而把这一过程的后一极称为制度极。①

---

① 自我的自私的一面与无私的一面应该用自我的内容与自我的结构来说明。在某种意义上，我们可以说，自我的内容是个体的（因而是自私的，或自私的根源），而自我的结构是社会的（因而是无私的，或无私的基础）。

自我的理性的一面即基本社会的一面，与其冲动的情绪的一面即基本反社会的个体的一面之间有这样的关系，后者的行为主义的表现通常受前者的控制；而不同的冲动之间或冲动的一面的各种不同成分之间时时出现的冲突则由理性的一面来解决和调停。

我已指出社会有机体为个体所用，个体的合作活动对整体的生活是必不可少的。这样的社会有机体在人类社会之外也存在。昆虫显示出一种非常奇特的发展。我们在说明蜜蜂和蚂蚁的生活时总想拟人化，因为在它们的组织中追溯人类共同体的组织似乎比较容易。那里有具有相应功能的不同类型的个体，有一种生活过程，决定着不同个体的生活。人们总是要说到这样一个生活过程，说它类似于人类社会。但是，我们还没有任何根据证实这样的类似，因为我们无法从昆虫社会看出任何交流系统，还因为这些共同体中的组织原则不同于在人类共同体中发现的原则。

这些昆虫中的组织原则是生理适应原则，它导致一个不同类型的生物顺应某些机能的生理过程的实际发展。因而，蜂王或蚁王为整个共同体担负全部生殖过程，这只昆虫具有极其发达的生殖器官，而共同体中其他昆虫的生殖器官则相应退化了。共同体中还发展出一个斗士群体，分化程度高到它们无法养活自己。使一个个体成为社会整体一个器官的生理发展过程非常类似于一个生理有机体内不同组织的发展。在某种意义上，在一个多细胞生物中发现的所有机能都可以在单个细胞中发现。单细胞生物可以实现整个生命过程；它们运动、排泄、繁殖。而在多细胞生物内则有组织的分化，这种分化形成运动肌肉细胞、吸进氧气呼出废气的细胞、用于生殖过程的细胞。因而，产生了由分化的细胞构成的组织。同样，在一个蚁群或蜂群中，存在一种不同个体间的生理分化，类似于一个多细胞生物组织内不同细胞的分化。

但是，这种分化不是人类社会的组织原则。当然，存在性别上的根本区别，这仍然是一种生理分化，而且父母与孩子之间的区别大体上也是生理的区别，但除去这些，在构成人类共同体的不同个体之间实际上不存在生理的区别。因此，组织不可能像在蚁群或蜂群中那样，通过使某些生物成为社会器官的生理分化来实现。相反，所有个体基本上具有同样的生理结构，而这些个体中间的组织过程必定完全不同于在昆虫中发现的过程。

昆虫分化所能达到的程度是惊人的。这些共同体保持着高级社会组织的许多成果。它们捕捉其他小生物，因喜爱其分泌物而饲养着它们，犹如我们饲养奶牛一样。它们有武士阶级，负责袭击，掠夺奴隶，然后使用它们。它们能干人类社会不能干的事，它们能决定下一代的性别，挑选和决定由谁做下一代的父母。我们看到与我们试图在社会中进行的事业类似的惊人发展，不过实现这些发展的方式有本质的区别。它是通过生理分化而实现的，而且在对这些动物的研究中，没能发现任何人类组织借以实现的那种交流媒介。虽然我们对于蜂箱或蚁穴这种社会实体基本上仍是一无所知，虽然我们注意到它们与人类社会之间明显的相似，在这两种场合存在全然不同的组织法。

在两种场合都有一种组织过程，特定的个体从中产生，并且它是不同个体出现的条件。除了在蜂群中，不可能有在蜂箱中发现的那种奇特发展。在某种程度上，我们可以对理解这样一种社会群体的进化获得某种启发。我们可以发现诸如野蜂这样的独居生物，不妨推想一下昆虫社会可能从中得到发展的其他形式。推测起来，发现剩余食物使这些生物能够把它贮存起来留给下一代，这也许是一个决定性因素。在独居昆虫的生活中，第一代消失，幼虫留下来，随着新一代的每次出现，成虫便完全消失。而在蜂箱这样的组织中则出现一种条件，由于充足的食物，使这些蜜蜂能代代相传。在那种条件下，有可能发展一个复杂的社会，不过仍然取决于生理的分化。还没有迹象表明通过一代与另一代的交流而得到传递的经验会自然增长。不过，在有剩余食物的条件下，这种生理发展以惊人的方式蓬勃进行。像这样的一种分化只能在一个共同体中进行。蜂王和蚂蚁中的兵蚁只有在昆虫社会中才可能出现。人们不可能把这些不同的个体放到一起来构成一个昆虫社会；为了使这些个体可能出现，必须先有一个昆虫社会。

在人类共同体中看来不可能有个别个体的全然不同的智能和由社会母体造成的个体的发展，像社会母体造成昆虫的发展那样。人类个体在很大程度上是相同的；从两性之间的生理分化观点来看，智能没有本质的差别。存在基本相同的生理有机体，因此似乎不存在一个造成个体出现的社会团体。正是出于这种考虑，人们提出了一个理论，说人类社会是从个体中产生，而不是个体从社会中产生。例如，社会契约论认为，个体最初全都作为有智能的个体、作为自我存在，这些个体聚集起来形成社会。按照这种观点，社会像商业公司那样产生，一群投资者深思熟虑地聚到一起，选出他们的官员，使自己构成一个社会。先有个体，然后由于某些个体的控制而产生社会。这是一种陈旧的理论，它的某些方面仍在流行。然而，如果我所说的论点是正确的，如果个体只有通过与他人的交流，只有通过精致的社会过程、借助表意的交流才能达到他的自我，那么自我便不可能发生在社会有机体之前。社会有机体必须首先存在。

哺乳动物中间双亲与孩子的关系包括一种社会过程。我们从存在于人类个体中间的惟一自然分化（除了性别之外）出发，而这些生理差别为社会过程提供了基础。这样的家庭可以存在于比人低等的动物中间。它们的组织有生理学的基础，一个动物由于它的生理结构而以某种方式行动，另一动物则因为它自己的生理结构作出反应。在那个过程中必定有一个姿态引起那个反应，不过姿态的会话在此初期阶段不是表意的会话。然而在以生理差别为基础的组织过程中已经开始有交流；那里也有个体的相互冲突，那些冲突未必都以生理条件为基础。

个体之间发生争斗，也许有生理背景，诸如饥饿、性的竞争、领导地位的竞争。或许我们总能发现某种生理背景，但竞争是实际处于同一水平上的个体之间的竞争。在这样的冲突中存在姿态的会话，与我用狗打架说明的情况相同。于是，我们在合作的过程（不论是生殖过程、是照料下一代还是争斗的过程）中发现交流过程的开端。姿态还不是表意的符号，但它们确实使交流得以进行。在其背后存在一个社会过程，该过程的某一部分取决于生理分化，但是该过程还包括姿态。

看起来表意的交流是从这一过程中产生的。在这一交流过程中出现了另一类个体。当然，这个过程取决于某种生理结构：如果个体对他自己的刺激（这种刺激是实现对另一个体的反应所必不可少的）不敏感，这样的交流便不可能进行。事实上，我们从聋哑人的情况中看到，如果不注意语言的发展，儿童便不会发展正常人的智能，只能停留在低等动物的水平上。因此，语言具有一种生理背景，不过这种背景并不是不同个体之间的生理分化。我们全都有发声器官和听觉器官，只要我们的发展是正常的发展，便都能在影响他人的同时影响我们自己。正是由于这种能力，即在影响他人时被我们自己的姿态所影响的能力，产生了人类社会有机体这一特殊形式，它是由生理上完全相同的人组成的。这种交流在其中发生的某些社会过程取决于生理差别，但是个体并非在社会过程中与其他个体有生理上的差别。我坚持认为,这一点构成了各种昆虫社会与人类社会的根本区别。①但在指出这一区别时还须有所保留,因为将来可能会以某种方式在蚂蚁和蜜蜂中间发现一种语言。我已说过,我们确实发现生理特征的分化,这种分化解释了昆虫社会的独特组织。因此,人类社会自身的特有组织形式以语言的发展为基础。

对昆虫生理学与人类生理学作比较研究并指出其差别,这是很吸引人的。但是,虽然推测这些差别很有吸引力,现在那一领域内还不具备进行概括的充分根据。人类的情况不同于昆虫的情况。当然,蚂蚁和蜜蜂有脑,但它们没有任何与皮层相应的东西。我们承认,正因为有一个根据生理分化原则建立的社会类型,我们必定有一种不同的生理组织。我们借助另一种器官,大脑与皮层,把人类有机体的不同结构统一起来。昆虫有机体由于各生理部分的实际合作也有一种统一性。这种统一性后面有某种生理

---

① 社会化的人类动物采取他人的态度对待他自己,对待他和其他个体碰巧置身其内、卷入其内的特定社会情境;因此他在那个特定情境中和他人一致,像他一样不明确地作出反应,或者根据他人作出的明确反应控制他自己的明确反应。相反,社会化的非人类动物,不采取其他动物的态度对待自己、对待它们所参与的特定社会情境,因为它在生理上不能这样做,因而,它也不能像人类动物所能做的那样,意识到其他动物的态度,并据此从顺应的角度、合作的角度控制它自己对特定社会情境的明确反应。

在低等动物甚至在高度发展的昆虫社会的成员中间,一切交流、一切姿态的会话,大概都是无意识的。因此只有在人类社会中(只有在人的中枢神经系统从生理上使之成为可能的特别复杂的社会联系和相互作用的范围里),心灵才出现,或者说才可能出现;也正因为此,人类显然是具有或可能具有自我意识亦即拥有自我的惟一的生物有机体。

基础，虽然具体情况还不清楚。①重要的是认识到，有智能的动物获得智能的发展，是由于中枢神经系统这样一种器官及其大脑与皮层的独特发展。脊柱体现一整套多少固定的反应。皮层的发展造成这些数量无限但相对固定的反应的各种可能结合。于是，借助于附加在中枢神经系统上的一个器官，能够在通过低级系统产生的不同类型反应之间建立起各种联系。因而，人类有机体的反应出现了几乎无限的多重性。

虽然由于大脑本身的发展，独特的人类行为才可能出现，人类行为如果完全用大脑与脊柱来解释将是非常局限的，人类动物将成为一种软弱而无足轻重的动物。他就不会有多大作为。凭借那些追溯到原始中枢神经系统的反射作用，他可以奔跑，攀爬，吃他能用手放到嘴里的东西。不过，在那里看到的所有不同过程的一系列组合在人类动物各种活动中产生无数的可能反应。正是由于通往皮层的路径上所发生的反应与刺激的组合方式多种多样，人们能够把人类使用其手臂、腿以及身体其余部分的所有不同方式作各种各

---

① 即便最发达的无脊椎动物的社会，其个体成员也不具备充分的生理能力以从其社会联系和相互作用中发展心灵或自我、意识或智能；因而，这些社会既不能达到使心灵和自我从中突现所必要的复杂程度，也不能达到仅在心灵和自我从中突现或产生之时所有可能达到的更复杂的程度。只有人类社会的个体成员才具有心灵和自我的这种社会发展所要求的生理能力；因而只有人类社会的结构和组织能够达到这种复杂水平，这一点成为可能，是心灵和自我在其个体成员中突现的一个结果。

样的组合。①

如我们所见，人类动物的发展有另一个非常重要的方面，或许正如言语对人的特有智能的发展那样必不可少的方面，这就是用手把物体分开。言语和手在社会的人的发展中共同起作用。智能要达到完全成熟，便必须出现自我意识。但是，如果一个动作要富于智能地展开，它必须具有一个能中途停止的阶段，而语言和手提供了必需的机制。我们全都具有手和言语，作为社会的人，全都是同样有智能的人。我们全都具有我们所说的"意识"，并且我们全都生活在一个物的世界。通过这样的媒介，人类社会发展了，这种媒介完全不同于昆虫社会借以发展的那些媒介。

31. 人类社会的基础：人与脊椎动物

我们已经看到，人类社会根据一个不同于昆虫社会的原则组织起来，昆虫社会的组织基础是生理的分化。人类个体

---

① 我们已经大致说过，任何一种动物有机体可能达到的社会发展限度（那一物种的个体能够达到的社会组织的复杂程度）是由它们的有关生理素质的性质和限度、它们进行社会行为的生理能力所决定的；就人类这个特例而言，社会发展的可能限度至少在理论上是由人脑的神经细胞或神经元的数目决定的，是由它们影响或控制个体的公开行为的可能组合与相互联系的数量及多样性决定的。
  同心灵与自我有关的所有先天的即遗传的东西，乃是人的中枢神经系统的生理机制。借助于它，心灵与自我从人类经验与行为过程中发生（从人的社会联系和相互作用的范围内发生）在人类个体的生物学方面成为可能。

在许多方面是彼此相同的,生理的差异相对说来比较小。即使存在这样的分化的话,构成这样一个社会的有自我意识的个体也不依赖生理的分化;而在昆虫共同体中,共同体的存在本身便取决于这种生理分化。社会态度的组织构成人类个体自我的结构与内容,这种态度的组织既受到神经元及其在个体中枢神经系统内的互相结合的影响,又受到个体作为进行某一行为的社会或群体的成员而参与的社会群体行为的一般有序型式的影响。

诚然,许多处于社会初始状态的脊椎动物也不依赖生理分化。这样的社会低于人类社会,比较起来并不重要。当然,它们的家庭是重要的,我们可以说这种家庭低于人类家庭。这里不仅存在婴幼期父母与孩子间的必要联系,而且两性间的关系可能是比较持久的,并且导致家庭的组织。但是没有发现一个完全以家庭组织为基础的更大的群体组织。畜群,鱼群,鸟群,就其形成松散的集合体而言,并非由于一种属于家庭的生理机能的发展而产生。这些畜群表现出的联系我们可称之为"本能的联系",这是指,这些动物聚在一起并且从彼此之间得到一种继续其自身活动的刺激。在群体中的动物会比独处时吃得更好。这些动物具有本能的倾向,会朝其他动物移动的方向移动,正如人们发现的,畜群吃草时会在大草原上一起游荡。一个牲畜的移动是对另一个牲畜的刺激,使之沿着它正在移动的方向继续走下去。畜群的状态至多如此。也有动物在防御或进攻时挤作一团，如畜群在狼群袭击时一起防卫，狼群在袭击畜群时跑在一起。不过这种机制为组织提供的基础比较薄弱，而且它们并不进入个体的生活以致决定那整个生活。个体并不由它与畜群的关系决定。畜群作为一种新的组织出现，并且从抵御进攻的观点看，它使个体的生活成为可能，但实际的摄食过程和繁殖过程并不依靠畜群本身。它并不是决定各个成员生活的这样一种全体成员的组织。更为重要的是，家庭，就存在于低等动物中的家庭而言，并不是作为使畜群本身的结构成为可能的基础而出现的。诚然，在大群的牛聚在一起抵御外来进攻时，幼畜被围在牛群的内部，这是家庭关系的发展，是父母关怀幼辈这种一般态度的发展。但是这并非在此明确发展成为防卫过程或进攻过程的一种本能。

相反，人类群体是这样发展的，复杂的社会阶段产生于因自我出现而成为可能的组织。人们或许从最原始群体的不同成员的关系中看到互相防御和互相攻击的态度。可能是这种合作的态度加上家庭的态度，造成了自我从中产生的情境。有了自我，然后才有以自我意识为基础的社会进一步发展的可能性，它和畜群的松散组织或昆虫的复杂社会有很大不同。自我本身使独特的人类社会成为可能。诚然，某种合作活动先于自我的出现。必须有某种松散的组织，使得不同的有机体共同工作，在那种合作中，个体的姿态可能成为对他自己的一种刺激，如同对其他个体的刺激一样，从而姿态的会话可能进入个体的行动。这些条件是自我发展的必要前提。而当自我发展之后，性质不同于我刚才提到的这些社会的一种社会的发展便有了基础。

可以说，家庭关系使我们联想到昆虫所有的那种组织，因为在此不同成员之间有生理的分化，即父母与孩子。在暴民中有向畜群社会回复的现象。一群个体可能像牛一样乱窜。不过在那两种表现中，就其自身即离开自我来说，便没有人类社会的结构；不可能从以低于人类的形式存在的家庭建立起一个人类社会；不可能从一个畜群建立起人类社会。作这种联想，便会忽视有关一个自我或多个自我的人类社会的根本组织。

当然，在某种意义上，人类社会有一种生理基础，即中枢神经系统的发展，正像脊椎动物所具有的那样，它在人类那里达到最高的发展。通过中枢神经系统的组织，个体的不同反应可按各种各样的时空顺序组合，脊柱代表了一整套可能的不同反应，在受到刺激时，这些反应单独发生，而中枢神经系统的皮层对这些各不相同的可能反应提供各种各样的组合。脑的这些较高水平使高级脊椎动物能够进行多种多样的活动。用生理学术语来说，这是人类社会的智能所由产生的原料。

人的社会性是十分显著的。从生理上看，他的社会性反应比较少。当然，存在基本的生殖过程和照料下一代的过程，它们被视作人的智能的社会发展的一部分。不仅存在一个生理的婴幼期，而且它延续很长时间，相当于个体期望寿命的1/3。与这一时期相应，个体的亲子关系得到扩展，远远超出了家庭；学校的发展，制度的发展，如包含在教会和政府内的制度，是亲子关系的延伸。这是对简单生理过程的无限复杂性的一个表面的说明。我们照料婴幼儿，从母亲的观点看着他；我们看到人们在孩子出生之前给予母亲的关怀，为了提供合适食品所费的思量；我们考虑学校的经办方式，以便从孩子生活的第一年就开始对他进行教育，习惯的形成对他至关重要；我们设想以娱乐的方式进行教育，并以这样那样的方式予以公共的控制；在所有这些方面，我们都可以看到父母在最原始条件下给予孩子的直接关怀有何等精致的发展，而这无非是对儿童的原始关怀过程的进一步复杂化。

这是对发生在中枢神经系统中的那种发展的一个外部描绘。有许许多多比较简单的反应，可以按各种各样顺序把它们互相联结起来，使之变得无限复杂，也可以打破一种复杂的反应，以不同的方式重新构造它并把它与其他过程联结起来。试以演奏乐器为例。存在一种直接的韵律作用倾向，一种用身体节奏强调某些声音的倾向，在大猩猩中间可以看到这样的动作。于是，便有可能分解整个身体的动作，构造精美的舞蹈，把舞蹈与歌声联系起来，这些现象表现在希腊戏剧杰作中。然后这些成果外化为乐器，它们有点像是身体各个不同器官的艺术复制品。所有这些外表的复杂性不过是存在于高级中枢神经系统内的那种复杂性在社会中的外化。我们抓住原始的反应进行分析，在不同的条件下重建它们。这种重建通过智能的发展亦即自我的出现而进行。社会的一些设制，诸如图书馆、运输系统、个体在政治组织中形成的复杂联系等，可以说不过是以放大的方式把存在于中枢神经系统内部的复杂性投射在社会屏幕上，当然它们必须从功能上表现这一系统的作用。

在人类动物及相应的人类社会中之所以可能出现那种程度的精致发展，要从交流在自我的行动中获得的发展来看。唤起那种会导致与在其他个体身上引起的行动相同的行动的态度，使分析的方法、对动作本身的分解成为可能。拿击剑手和拳击手来说，某人虚晃一招，为的是引起对手的某种反应，他明白自己在做什么，就此而言，他同时在自身引起同样反应的开端。当他那样做时，他正在刺激中枢神经系统某一个区域，如果那是个主要的区域，便会导致个体做他对手正在做的同样的事。他采取了行动，并把行动的那一特定方面分离出来，而在分离那个方面时，他也分解了他自己的反应，因而他所能做的不同的事便都存在于他心中。他刺激了与那一复杂过程各个不同部分相应的那些区域。现在他可以各种不同方式把它们结合起来，他的结合是一个反思性的智力过程。这个过程在弈棋人身上得到十分充分的说明。一个好棋手在他自己的中枢神经系统中保持着对手的反应。他可以提前想好四五步棋。他所采取的步骤刺激另一棋手采取某一步骤，与此同时他刺激自己采取同一步骤。因而他能够按照来自对手的反应把他自己的进攻方式分解为不同要素，然后在此基础上重建他自己的行动。

我强调过这个论点，交流过程不过是对脊椎动物所具有的特有智能的一种精致发展。大脑使得分析各种反应、拆散和重建这些反应的机制成为可能，交流过程是在个体自身控制下实行这一机制的手段。他可以分解他的反应，并把它作为一组不同的事情呈现给他自己，这些是他在多少可以控制的条件下所能做的事情。交流过程不过是把智能交给个体自己支配。不过，具有这种能力的个体是一个社会的个体。他并不是独自发展这种能力然后凭借这种能力加入社会。他是作为一个社会的个体才成为这样一个自我并获得这种控制，并且只有在社会中他才能达到这样一个自我，使他能够转回自身，向自己指明他所能做的不同事情。

因而，脊椎动物的智能在人类社会中的精致发展取决于这样一种社会反应的发展，使得个体能够像影响他人一样影响他自身。正由于这一点，使他可能接受其他个体的态度并精致地发展这一态度。他这样做是依据代表着所发生反应的高级中枢神经系统。步行的反应、攻击的反应或任何简单的反应，属于连接脑干的脊柱。除此之外所发生的无非是这类反应的各种组合。当某人穿过一个房间去拿一本书时，在他大脑中发生的是走过房间所涉及的过程与拿起那本书所涉及的过程的结合。当你采取另一个人的态度时，不过是唤起了上述反应，它把一个反应与不同的反应结合起来以造成必要的反应。在把低级形式的反应结合起来时，所涉及的神经中枢与高级心理过程相应，并使这些复杂形式的反应能够被精致地发展。

人类动物具有在其自身进行这些结合的机制。一个人类个体能够向自己指明其他人准备做什么，然后在此基础上采取他的态度。他能够借助这一过程分解他的动作和重建他的动作。他所具有的那种智能不是以生理的分化为基础，也不是以畜群的本能为基础，而是以通过社会过程取得的发展为基础。在这一过程中，他向自己指明可能的不同反应，分解它们，并重新组合它们，从而使他能实现他在社会反应中的作用。正是这样一种个体使得人类社会成为可能。上述考虑与一种完全非逻辑的分析相对立。那种分析认为，人类个体是生理上分化的，仅仅因为人们能在人类社会中发现一种可与蚁穴中的个体分化相似的分化。在人类中，由于语言产生的机能上的分化提供一种完全不同的组织原则，它不仅产生一种不同类型的个体，而且产生一种不同的社会。

32. 有机体、共同体与环境

接下来我想讲一讲有机体与环境的关系，这种关系表现在共同体与其环境的关系中。

我们已经看到，个体有机体在某种意义上通过它的感受性决定它自己的环境。有机体能够对之起反作用的惟一环境是其感受性所揭示的环境。因此，有机体能够存在的环境，是在某种意义上由有机体决定的环境。如果在有机体的发展中它的感受性越来越多样，有机体对其环境的反应也将增加，即，有机体将有一个与此相应的更大环境。有机体对环境有一种直接的反作用，导致某种程度的控制。在食物方面，在防雨、避寒、抵御敌人方面，有机体确实通过它的反应在某种意义上直接控制着环境。不过，这种直接的控制与有机体依靠感受性对环境所起的决定作用相比是非常微小的。当然，有些对整个有机体产生影响的力量并不与这种决定作用相对应，像地震这样的大火变，这类事件把有机体抛到不同的环境，而并不直接涉及有机体本身的感受性。地理巨变，诸如冰川期的逐渐提前和消失，完全是外加给有机体的。有机体无法控制它们；它们径自发生了。在这个意义上，环境控制有机体而不是受有机体的控制。但是，就有机体对环境作出反应而言，它借助于它的感受性作出反应。在这个意义上，它选择以什么构成其环境。它选择对什么作出反应并为了自身的目的利用它，这些目的包括在它的生命过程中。它利用大地，在地面行走，或钻进地洞躲藏起来，它利用它攀爬的树；但仅当它感受到它们时才这样利用。刺激与反应之间必定有某种联系；如果有机体要对环境作出反应的话，环境必定在某种意义上存在于有机体的动作中。

我们必须把环境与有机体的这种密切联系铭记在心，因为我们动辄从这样的观点看问题，认为环境是先在的，生物有机体进入环境或从中发生，然后想象这一环境影响着有机体，规定着有机体生存的条件。这样，便提出了一个应该顺应环境的问题。从地球生命史的科学观点看，这是个相当自然的观点。在生命出现之前，地球已经存在，当不同的有机体消失而其他有机体出现时，地球依然如故。在地质记录中，有机体的出现是附带事件，并且带有偶然性。在地球史的许多关键时期，生命的出现取决于所发生或出现的事件。有机体似乎完全受环境的支配。所以我们不是用有机体说明环境，而是用环境说明有机体。

然而，有机体对之作反应的惟一环境是由有机体的感受性及其反应预先决定的。不错，反应可能是对有机体不利的反应，但我们感兴趣的变化，是有机体在它自己选择的、按它自己行动组织的环境中的变化。有些物体对有机体有利，有些对它不利，它离开它们而存在，并用它自己趋近或离开这些物体的运动来调节与它们的距离。在其远距离经验中影响它的是，对进行接触后将会发生什么的估量。它可能是与食物的有利接触，也可能是与敌人的危险接触。远距离经验表明这样的结果；环境便是以这样的方式存在的。

我们在稍远一点的地方看到的东西是在我们向它走近之后将会接触到的东西。我们的环境在某种意义上作为假设而存在。"那里有一堵墙"，意味着"我们有某种视觉经验，告诉我们将会接触到坚硬、粗糙而冰凉的东西"。存在于我们周围的一切都以这种假设的方式而对我们存在。当然，可以说，这些假设得到行动、实验的支持。我们把脚放心地踩下去，这种放心产生于过去的经验，并且我们预期有通常的结果。我们偶尔受幻觉影响，然后便认识到存在于我们周围的世界确以一种假设的方式存在。通过远距离经验出现的是一种语言，它向我们显示，如果真的横越了我们与那些物体之间的距离，我们可能得到怎样的经验。没有远距离经验的有机体，如变形虫，或者仅仅在机能上有这种远距离经验的有机体，不具有其他有机体所具有的那种环境。我想说明这点以便强调一个事实：环境在一种非常实在的意义上是由有机体的特性决定的。从科学地说明世界的观点出发，我们有可能超出不同有机体的这些环境并把它们互相联系起来。在那里我们从环境与有机体本身的关系来研究环境，并且先说明环境，然后把它们与有机体联系起来。但是就环境对有机体存在而言，它们是以这种被选择的特性而存在的，是由可能的反应构成的。①

与有机体对其环境施加的控制（可以说成选择和组织）相对，有机体还有另一种控制，即我刚才提到过的，根据它的反应实际决定存在于它周围的物体。一个动物挖了个洞或筑了个巢，它把一些东西集拢来为自己造了个窝。这些实际构造与我前面提到的那种控制具有不同的性质。例如，蚂蚁事实上在它们的地道里贮藏它们赖以为生的某些植物。对环境的这种控制不同于我们刚才提到的控制，因为它要求动物作出主动反应，决定植物将如何生长。这样的动作在这些昆虫的生活中只占很小的一部分，但它们的确会出现。那种控制超出了挖洞或筑巢，因为那是一种实际的环境构造，动物在这个环境中实现它的生活过程。人类有机体的引人注目之处在于，对我刚才提到的昆虫的那类控制加以精致的扩展。

我已经说过，环境是我们的环境。我们明白我们能达到什么，能操纵什么，然后在同它接触时与它打交道。我强调指出，手在构造这一环境中的重要性。生物有机体的动作是那些渐渐达致完成的动作，诸如吃食的动作。手在这一过程的开端与终结之间出现。我们弄到食物，处理它，并且就我们对环境的说明而言，可以说，我们把它描述为被操纵的物

---

① [关于共同经验的世界与科学的世界的关系，参见《行动哲学》，第2篇。]

体。我们能够占有的水果是我们能够处理的东西。它可能是可吃的水果，也可能是蜡制的水果。不过，这对象是个物体。我们周围物体的世界不只是我们运动的目标，而且它允许我们完成该动作。当然，一条狗能捡起枝条并把它们带回来。它可以用嘴咬住它，不过这是实际用嘴吞食的过程之外惟一可能的其他用法。这个动作很快就达到完成。然而，人类动物在吃这个动作的实际完成与开端之间有运用器具的阶段，器具在动作的该阶段出现。我们的环境本身是由物体构成的。我们的行动把我们对之作反应的对象转变为在直接动作实际完成之后仍然存在的物体。我们能够弄到手、能把它弄成碎片的东西，是在动作尚未完成前获得的东西，在某种意义上是我们能够用进一步的活动操纵的东西。如果说，动物用它的感受性、用它朝着物体的运动、用它的反应构成其环境，我们可以看到，人类用以构成其环境的则是这样的物体，它们实际上是我们双手的产物。当然，从智能的观点看，它们还有一个优点即它们是器具，是我们能够利用的东西。它们出现在动作开始与完成之间，于是我们有了可用以表示手段与目的之关系的对象。我们可以根据我们所能运用的手段来分析我们的目的。人手当然是以无数为中枢神经系统所控制的动作为基础的，它在人的智能的发展中极为重要。人要能从树上下来（假定他的祖先生活在树上），这一点很重要。但是更为重要的是，他要有一个与四指相对的拇指才能抓住和利用他所需要的东西。于是我们把世界分解为各种物体，分解为我们能够为最终目标与意图而加以操纵和利用的物体的环境。

除了个体的这种功能之外，我们还用这样的物体来促进有组织的群体对其世界的控制。把这种群体还原到最低级状态，就像我们关于穴居人的传说中所说的，它所借用的东西不过是棍棒和石头而已。它的环境与动物的环境相去并不甚远。但是人类社会大规模的发展已导致对其环境的非常全面的控制。人类在它希望的地方建立起自己的家；建立起城市；把水从极遥远的地方引来；决定在周围种植哪些植物；决定哪些动物可以生存；投入了现今仍在继续的同昆虫生命的那种斗争，决定哪些昆虫将继续存活；并试图决定哪些微生物将在它的环境中继续存在。它依靠其衣着和住所决定周围应有的温度；它借助旅行的方法调节它的环境范围。人类在地球表面所作的全部斗争就这样决定了存在于它周围的生活，就这样控制了决定和影响它自己生活的物体。共同体本身借助于对环境的感受性而创造了它的环境。

我们谈论达尔文进化论，谈论不同物种的互相斗争，说它是发展问题的本质部分；但是，如果撇开某些昆虫和微生物不说，便不存在什么生物有机体是与人类有机体的社会能力根本冲突的了。我们决定饲养哪些野生动植物；我们可以消灭存在的一切动物和植物；我们能够播下想播的种子，杀掉或喂养我们想要杀掉或喂养的动物。我们的问题不再设定在达尔文意义上的生物环境中。当然，我们无法控制地质学的力，所谓"不可抗力"。它们一来，便消灭人所创造的一切。太阳系的变迁可能完全毁灭我们所生活的行星；这些力非我们所能控制。但是如果我们说的是对地球上人类的发展具有重要意义的力，它们便在很大程度上受人类社会的控制。群居密度的压力问题在选择生存的物种中始终起很大作用。以拟人的手法说，自然必须根据生产过剩原则来选择，为的是可能有变种，其中有的变种可能具有超过其他品种的优势。正如伯罗斯在他的种植实验中利用无数变种以期某些植物会具有优势一样，以拟人的手法说，自然也这样利用变种，生产更多能够存活的生物，以期某些优良品种将能存活。有一种昆虫的死亡率是 99.8%，那些存活的虫子数量越来越少。对人类来说，人口问题依然存在，但是人能够用他已经具备的知识来决定生存的人口。只要共同体理智地对待它的问题，这问题便为它所掌握。因此，即使是从共同体内部产生的那些问题也肯定能为共同体所控制。对自身进化的这种控制便是人类社会发展的目标。

人们已经合理地说过，在生物进化过程中没有表现出任何目标，进化论是一种机械的自然理论的一部分。可以说，这样的进化是从背后起作用的。这种解释的根据是现存的种种力，并且在此过程中那些确实适应某些情境因而在生存斗争中存活下来的特殊物种出现了。这样一个适应过程并不一定选择出我们认为最称心的物种。寄生虫无疑是进化过程的一个结果。它丧失了许多器官，因为不再需要它们，但是它使自己适应于依赖寄主的生活。我们可以从进化的观点解释这一点。从这样一种观点出发，我们不必认为自然产生越来越复杂、越来越完善的物种。变迁只需用变异和对所出现情境的适应就可以解释了。没有必要为所有创造活动引进一个目的。

但是，我刚才描述的人类情境确实在某种意义上提出了一个目的，可以说，不是在生理的意义上，而是作为对地球表面生命过程的一种决定。能够自己决定其生活条件的人类社会不再处于这样一种情境：仅仅试图对付环境所提出的问题。如果人类能够控制它的环境，它就将在一定意义上稳定自身并达到一个发展过程的终点，除非该社会在控制自己环境的这一过程中继续向前发展。为了在寒冷的气候下生活，我们无须发展一种浑身是毛的新机体；我们完全能够生产可以让探险队到北极去的衣服。我们能够测定怎样的条件将会使热带高温成为可以忍受的。我们能在房间的墙上安装电线，提高或降低室温。甚至就微生物而言，如果我们能控制这些，像人类社会已部分做到的那样，我们所决定的就不只是与我们有直接联系的环境是什么，而且是对有机体有影响的物理环境是什么；而且那将产生一个作为进化目标的终点。

我们距离任何实际的最终顺应如此遥远,因此我们正确地说社会有机体的进化还有很长的路要走。但是假设它已达到这一目标,已经决定它能够生活并繁殖自身的条件,那么人类有机体的进一步变迁将不再按照那些决定生物进化的原则进行。人类的处境是一切生物在选择和组织环境时施加给环境的那种控制的发展,不过人类社会已达到一个任何其他生物都未曾达到的顶点,实际上在一定范围内决定了它的无机环境。我们无法把自己运到其他行星上去,也无法决定太阳系将如何运动(可能有的变化不受人类有机体的任何控制);但是除了这些限制以外,影响有机体的生活并能在达尔文的意义上改变它的那些力量已经处于社会自身的控制之下,而且,就它们处于社会施加的控制之下而言,人类社会代表了有机进化过程的顶点。不需要再补充说,就人类社会的发展而论,这个过程本身距离它的目标还很遥远。

33. 思想与交流的社会基础及功能

经过同样的社会—生理过程,人类个体对自身有了意识,也对其他个体有了意识;而且他对自身及对其他个体的意识,对于他自己的自我发展和对于他所属的有组织的社会或社会群体的发展同样重要。

我提出了作为人类社会组织基础的原则，是包括他人参与在内的交流原则。这一原则要求他人在自我中出现，他人参与自我，通过他人而达到自我意识。这种参与通过人类所能实现的交流而成为可能。这类交流有别于其他动物之间发生的交流，其他动物的社会中没有这一原则。我讨论了所谓的哨兵，可以说它把它发现的危险传达给其他成员，可以说母鸡的咯咯叫声是向小鸡传达某种信息。在某些条件下，一个动物的姿态用来使其他动物以恰当的态度对待外部条件。在某种意义上可以说该动物与其他动物交流，不过这种交流与有自我意识的交流之间的区别显而易见。一个动物并没有意识到它正与另一动物进行交流。在我们所称的暴民意识中可以看到例证。那是听众受到一个大演说家的影响时将会采取的态度。一个人受到他周围那些人态度的影响，这又反过来表现在其他听众身上，以致他们像一个整体那样作出反应。人们感觉到所有听众的总的态度。于是有了一种真正意义上的交流，即，一个人向另一个人传达的一种态度，是另一个人对环境的某一方面采取的态度，而该环境对他俩都很重要。这种水平的交流在某些比人类群体的社会组织低级的社会形态中也可以发现。

另一方面，在人类群体中，不仅有这种交流，而且在这样的交流中，利用这一姿态作这种交流的人采取其他个体的态度并在其他个体身上引起这样的态度。他自身处于他正在刺激、影响的其他人的角色之中。正是通过扮演他人的这一角色使他能够返回自身并这样指导他自己的交流过程。我如此频繁使用的一个短语即扮演他人的角色，并非只具有短暂的意义。它不是仅仅作为姿态的一个偶然结果出现，而是在合作活动的发展中具有重要意义。这种角色扮演的直接效果在于个体对他自己的反应所能施加的控制。①如果个体能扮演他人的角色的话，他在一个合作活动中对动作的控制可以发生在他自身的行动中。从组织群体行动的观点来看，正是通过扮演他人的角色而控制个体自身的反应导致这类交流的价值。这种控制活动使合作过程比畜群或昆虫社会所能进行的更进一步。

因而，那种通过自我批评而起作用的社会控制，如此密切而广泛地施加给个体的行为或行动，足以按照个体所参与的有组织的社会经验与行为过程整合个体及其动作。人类个体中枢神经系统的生理机制，使个体有可能按照他对其他个

---

① 从社会进化的观点看，把任何特定的社会动作或以该动作为构成之一的整个社会过程直接作为一个有组织的整体引入该动作所涉及的各个个体有机体的经验之中，使他可能因此而调节和控制的个体行动，便构成了自我意识在这些个体有机体中的价值和意义。

我们已经看到，思维的活动或过程是个体在他自身与泛化的他人之间进行的会话；这一会话的一般形式和主题是由出现在经验中的某种有待解决的问题给定和决定的。表现在思维中的人类智能被认为具有这样的特性：它面对并处理有机体所遭遇的任何环境顺应问题。因而如我们所知，智能行为的基本特征是延迟反应——行为暂停而思维继续进行；这一延迟反应和造成延迟的思维（包括作为思维的结果，在特定环境下的几种可能反应中选出最好的或最方便的反应的最后抉择），从生理上说，通过中枢神经系统的机制而成为可能，从社会上说，通过语言的机制而成为可能。

体成员以及整个社会群体的一体化的社会关系，采取其他个体的态度，采取以他和其他个体作为其成员的有组织社会群体的态度来对待他自己；这样，群体所进行的总的社会经验与行为过程直接出现在他自己的经验中，使他能在这一社会过程中参照他与整个社会群体的关系及其他个体成员的关系，自觉而批判地掌握和指导他的行动。因而，他不仅成为有自我意识的，而且是有自我批判力的；通过自我批评，对个体行为或行动的社会控制便借助于这种批评的社会根源和基础而起作用。即是说，自我批评本质上是社会批评，受自我批评控制的行为本质上是受社会控制的行为。①因此，社会控制，不仅不会扑灭人类个体，不会湮没其有自我意识的个性，相反，实际上它乃是个性的基本要素，与个性不可分解地联系在一起；因为个体之所以作为个体，作为一个有意识的个体的人存在，正是在于他是社会的一员，参与了社会经验与活动过程，并因而在他的行动中受到了社会的控制。

有自我意识的共同体的组织，取决于采取其他个体的态度的个体。正如我所指出的，这一过程的发展取决于采取有别于单个个体的态度的群体态度，采取我所称的"泛化的他人"的态度。我用球赛为例说明了这一点。在球赛中，一队

---

① 弗洛伊德心理学的"潜意识压抑力"概念体现了部分承认社会控制通过自我批评而起的作用，即，承认有关性经验和性行动而起的作用。不过个体对自身的这种压抑或批评也反映在他的社会经验、社会行为和社会联系的所有其他方面，这是从我们的社会自我理论自然而不可避免地得出的一个事实。

个体的态度包含在一个合作的反应中，使不同角色互相牵连。就一个人采取群体中某一个体的态度而言，他必须联系该群体其他成员的动作采取这种态度；如果他要使自己充分适应，他就必须采取所有参与该过程的人的态度。当然，他能那样做的程度受到他的能力的限制，但是在所有智能过程中，我们仍然完全能采取那些参与该活动的人的角色，使我们自己的动作成为富有智能的。整个共同体生活进入单个个体有自我意识的生活的程度存在巨大差异。历史通常致力于追溯那种不可能在历史学家所论时代的共同体成员的实际经验中出现的发展。这一说明解释了历史的重要性。人们可以回顾过去发生的事，说明当时没人意识到的变化、力量和兴趣。我们必须等待历史学家来描绘，因为实际过程是一个超出单个个体经验的过程。

偶尔会出现这样一个人，他能比其他人更多地理解过程中的一个行动，他能把自己置于同共同体中所有群体的关系中，这时这些群体的态度尚未进入共同体中其他人的生活。他成为一个领袖。封建秩序下的各个阶级互相之间如此隔离，虽然它们能在一定的传统环境中行动，却不能互相理解；于是便可能出现一个个体，他能理解群体其他成员的态度。那种人成为极其重要的人，因为他们使各个完全分离的群体有可能进行交流。我们所说的这种能力在政治中便是政治家的态度，他能够理解群体的态度、把自己的经验普遍化从而起到调停作用，使其他人能够通过他参与这种交流形式。

新闻业所运用的那些传播媒介的极端重要性一望便知，因为它们报道各种情况，使人们能够理解他人的态度与经验。戏剧在表现人们所认为的重要场面时也起到这一作用。它选出一些存在于人们心中的传说人物，像希腊人在他们的悲剧作品中所做的那样，然后通过这些人物表现他们自己时代的各种情境；个体作为社会不同阶级的成员，彼此之间出现了事实上的坚固壁垒，而这些情境则使个体超越这些壁垒。这种传播从戏剧发展到小说，它在历史上具有的意义与新闻对现代所具有的意义同样重要。小说描绘的场面以这样的形式超出了读者的直接视界，使他理解了该场面中的群体的态度。在那些条件下比在其他条件下存在一种高级得多的参与，因而也存在一种高级得多的交流。当然，这样一种发展与存在共同利益有关。不可能用存在于个体生活过程之外的各种要素来构造一个社会。必须以个体本身积极参与的某种合作作为参与交流的惟一可能基础。人们不可能同火星人进行交流，也不可能在先前并无联系的地方建立一个社会。当然，如果火星上已经存在一个与我们的共同体有同样性质的共同体，那么，我们可能同它进行交流；但是，与一个完全外在于我们自己的共同体，与没有共同利益、没有合作活动的共同体是无法交流的。

人类社会中出现了某些普遍形式，表现在世界性的宗教上，也表现在世界性的经济过程上。就宗教而言，这些形式可以追溯到人类互相友好、互相帮助、互相支援这些基本态度。这些态度包含在群体中个体的生活中，在所有普遍的宗教背后都可发现对这些态度的一种推广。只要我们进行合作活动，这些过程便具有睦邻的性质并且可以援助那些遇到麻烦遭受困苦的人。帮助穷困潦倒、患有疾病或遭遇其他不幸的人，这种基本态度乃是人类共同体中个体的结构本身所具有的。甚至在存在完全敌对态度的条件下也可能发现这种基本态度，例如在战斗中帮助受伤的敌人。骑士风度，或者仅仅与他人分享一只面包，便把个体与他人密切联系起来，哪怕那人是敌人。在那些情境下，个体处于一种合作的态度中；正是在那样的一些情境下，由于那种普遍的合作活动，普遍的宗教出现了。这种基本睦邻态度的发展通过有关好心的撒玛利亚人的寓言表达出来。

另一方面，个体之间还有一种基本的交换过程。该过程产生于商品，即对个体本身来说并非急需但可用来获得他们的必需品的物品。凡在个体拥有多余物品可用来交流的地方便发生这种交换。需求的态度中包含着一种参与，各人置身于另一个人的态度中，知道交换对双方分别具有的价值。这是一种高度抽象的关系，因为在交换中，某人自己用不着的东西把他带到与其他任何一个人的关系中。这种情况与我们谈到睦邻关系时提到的一样普遍。这两种态度代表了最高度普遍的、并且目前是最高度抽象的社会。这些态度能够超越围绕其自己的生活过程组织起来的不同社会群体的限制，甚至可能出现在群体之间的实际对立中。在交换或援助过程中，本来敌对的人可能采取合作的态度。

这两种态度背后存在某种东西，任何真正的交流所含有的东西。在某个方面它比宗教态度和经济态度更普遍，另一方面又不及它们普遍。在交流之前必须有要交流的东西。某人表面上可能具有另一种语言符号，但如果他与说那种语言的人没有任何共同思想（包括共同的反应），便不能与他们交流；因此甚至谈话过程背后都必须存在合作活动。交流过程是比普遍宗教或普遍经济过程更普遍的过程，因为它们都要用到它。那两种活动是最普遍的合作活动。科学共同体已经在某种意义上成为普遍的，但是就连它也不能在没有自觉的符号或文字的人们之中发现。于是，交流过程在某种意义上比这些不同的合作过程更普遍。它是这些合作活动能在有自我意识的社会中进行的媒介。但必须认识到，它是合作活动的一个媒介；没有任何一个思想领域能够完全独立地进行。思维是一个不能脱离各种可能的社会用途的领域或王国。必须有某个宗教或经济之类的领域，在那里有某种需要交流的东西，有一种合作过程，所交流的东西能够被社会所利用。为了达到所谓的"论域"，人们必须接受那样一种合作活动。这样一个论域是所有这些不同社会过程的中介，在这个意义上，它比它们更普遍；但可以说，它不是个单独进行的过程。

必须强调这一点，因为哲学以及与之相随的各种定论已经建立一种思想过程和一种思维实体，它先于思维在其中进行的这些过程。但是，思维不是别的，而是个体在他与他人所参与的一个广泛社会过程中对另一个体的态度的反应，是某人所采取的其他人的这些态度对他的先行动作的指导。因为思维过程正由此组成，它不可能单独进行。

我把语言看作一种社会组织原则，它使独特的人类社会成为可能。当然，如果火星上有居民，如果我们能与他们建立社会联系，我们便同样能参与同他们的交流。如果我们能够把任何思维过程所必需的逻辑常项分离出来，大概这些逻辑常项会使我们处于一个继续与其他共同体交流的地位。它们会构成一个共同的社会过程，致使人们能够与存在于任何历史时期、任何空间位置的任何其他人一起进入一个社会过程。借助于思想，人们可以把一个社会投射到将来或过去，不过我们总是设想有一种社会关系，使这一交流过程得以进行。交流过程不可能被建成某种独立存在的东西，不能作为社会过程的先决条件。相反，为使思想和交流有可能进行，必须以社会过程为前提。

34. 共同体与制度[①]

这里存在着我所称的"泛化的社会态度",使得有组织的自我有可能出现。在基本相同的情境下,共同体中有着一些特定的动作方式,而任何人采取的这些动作方式都是当我们采取某些步骤时在他人身上激起的动作方式。如果我们维护自己的权利,那么,因为它们是普遍的权利,我们便唤起一种明确的反应,一切人都会或将会作出的反应。那一反应出现在我们自己的本性中;在某种程度上我们乐于采取相同的态度对待某个他人,如果他提出呼吁的话。当我们在他人身上唤起那一反应时,我们可以采取他人的态度然后让自己的行动适应于它。于是,在我们生活的共同体中便有一整套这样的共同反应,而这样的反应我们称之为"制度"。制度体现了共同体全体成员对一个特定情境的一种共同反应。当然,这个共同反应会因个体的特性而变化。就偷窃而言,行政司法长官的反应有别于检察长的反应,有别于法官和陪审员等人的反应;但是它们全都是维护财产权的反应,包括承认他人的财产权。一种共同的反应呈现出不同的形式。而这些差异,如不同官员

---

① [参见"自然权利与政治制度理论",载《哲学杂志》,第 12 卷 (1915 年),第 141 页以下。]

的反应所表明的，得到一种组织，它使种种反应统一起来。某人向警察求助，他指望州行政司法长官尽职，指望法庭及其各种工作人员履行审判罪犯的程序。他确实采取了与维护财产权有关的所有这些不同官员的态度；作为一个有组织的过程，这些态度在某种意义上全都在我们自己的本性中发现。当我们唤起这样的态度，我们是采取了我所称的"泛化的他人"的态度。这些有组织的反应互相联系；如果某人唤起这样一组反应，他也在隐含地唤起其他反应。

因而社会制度是群体活动或社会活动的有组织的形式。这些形式经过组织，使得社会的个体成员能够通过采取他人对待这些活动的态度而恰当地合群地动作。压制性的、陈旧的、极端保守的社会制度（例如教会）用它们多少有点僵硬、顽固的守旧性扼杀个性，阻止与它们有关、受辖于它们的个体自我或个人的思想行为有任何与众不同的独创性的表现。这些制度是一般社会经验与行为过程的不受欢迎的结果，但不是必然的结果。并不存在必然的不可避免的理由，使社会制度一定要是压迫性的、顽固僵化的，一定不能像许多制度那样灵活进步，一定不能促进个性发展而是阻碍个性发展。无论如何，没有某种社会制度，没有构成社会制度的有组织的社会态度和社会活动，就根本不可能有充分成熟的个体自我或人格；因为社会制度是一般社会生活有组织的表现形式，而只有当参与该过程的个体各自分别在其个体经验中反映或理解这些由社会制度所体现或代表的有组织的社会态度和社会活动时，才能发展和拥有充分成熟的自我或人格。像个体自我一样，社会制度是在人类进化水平上的社会生活过程中发展的，是该过程特有的形式化的表现。因此它们并不一定破坏个体成员的个性；它们也不一定代表或支持对某种固定的特殊的动作型式的狭隘规定，这种型式在任何特定环境下都将体现作为特定共同体或社会群体成员的一切有智能、有社会责任能力的（与白痴、低能儿这些缺乏智能和社会责任能力的个体相反的）个体的行为特征。相反，它们只需在一种非常宽泛而一般的意义上规定个体行动的社会的即对社会负责的型式，为这种行动的创造性、灵活性和多样性留下充裕的余地；并且，在人类水平上的社会生活过程中，它们作为整个有组织结构的形式化职能的主要方面或阶段，实际上也具有那一过程的能动性和进步性。①

我们常说，有许多制度化的反应是有任意性的，诸如一

---

① 我们坚持指出，人类社会，并不只是把它有组织的社会行为型式铭刻在它的任何个体成员身上，致使这一型式变得似乎是个体自我的型式，同时，它还给他一个心灵，作为有意识地同他本身会话的手段或能力，构成他的自我的结构并体现反映在该结构中的人类社会有组织行为型式的社会态度，是这一会话的根据。并且他的心灵使他反过来把他的进一步发展（通过他的心理活动获得的进一步发展）的自我的型式铭刻在人类社会结构或组织上，因而在某程度上用他的自我重建和修改社会或群体行为的一般型式，他的自我起初是用这种行为型式构成的。

个特定共同体的礼仪。当然，礼仪在其最高的意义上，无法同道德区分开，但它们无非是个体对他周围人的礼貌的表示。它们应当表达每一个人对所有其他人的自然的礼貌。应该有这样一种表达，但是，表示礼貌的大量习惯当然是完全任意的。在不同的共同体中，打招呼的方式各不相同；在一个共同体中是合宜的，在另一共同体中却可能是无礼的。于是产生了这样的问题，某种表示礼貌的礼仪是否是"约定俗成的"。为了回答这个问题，我们建议区别礼仪和习俗。习俗是孤立的社会反应，就其表现在社会反作用中的基本特征来说，它不会进入或构成共同体的本质。产生混淆的根源在于把礼仪和道德与习俗等同，因为前者所具有的任意性并不像习俗的任意性。因而保守派把纯粹的习俗等同于一种社会情境的本质；认为没有任何必须改变的东西。而我所指出的这种区分意味着，这些不同的制度，作为对个体在其中采取社会动作的情境的社会反应，都是互相有机地联系在一起的，习俗则并非如此。

这种相互联系的论点是在比如对历史的经济解释中所阐明的论点之一。最初是由马克思主义社会主义者作为一种多少带有党派性的学说提出来的，意味着一种特殊的经济解释。现在它已成为历史学家的方法，带有这样一种认识，如果他能掌握实际的经济形势（经济形势当然比大多数社会表现更易于把握），他便可从这种形势研究推广到共同体的其他表现和制度。中世纪的经济制度使人们能解释该时期的其他制度。人们能够直接了解和研究经济形势，能够发现其他制度是什么，或必须是什么。制度、礼仪或词语，在某种意义上表现了共同体本身的生活习惯；而当某一个体在比方说经济上对另一个体采取动作时，他所引起的不只是单一的反应，而是一整套有联系的反应。

同样的情况在生理有机体中普遍存在。如果某个站立着的人的平衡被打破，便要求一种重新顺应，只有当神经系统受到影响的部分导致某些确定的相互联系的反应时，这种重新顺应才成为可能。反应的不同部分可以分离，但有机体必须作为整体来动作。诚然，生活在社会中的个体是在某种有机体内生活，该有机体作为一个整体对他作出反应，而他凭借他的动作唤起这种多少有组织的反应。也许他只注意到这种有组织反应的某个非常微小的部分，比方说，他只考虑一定量的金钱的出入。但是若无整个经济组织，那一交换便不可能发生，而经济组织又包含了群体生活的所有其他方面。个体可以在任何时间从一个方面进到另一些方面，因为他的本性中便具有他的动作所要求的反应类型。在采取任何制度化的态度时，他在某种程度上组织了整个社会过程，他的自我愈完全，这种组织程度便愈高。

这种社会反应进入个体便构成教育的过程，它以多少有点抽象的方式接收了共同体的文化媒介。①教育无疑是接收某一套对某人自己的刺激所作的有组织反应的过程；并且，直到某人能够像共同体对他作出反应那样对自身作出反应时，他才真正属于该共同体。他可能属于一个小共同体，如小男孩属于一个团帮而不是属于他所生活的城市。我们都属于一些小的集团，并可继续留在里面。于是，出现在我们自己身上的"有组织的他人"便是一个狭隘的共同体。我们现在正力求获得相当的世界观念。我们认识到自己是一个更大的共同体的成员。现阶段强烈的民族主义最终应当唤起更大的共同体的国际性的态度。这种情况类似于男孩与团帮的情况。当他加入这个更大的共同体时，他便获得一个更大的自我。总之，自我无疑与构成共同体本身的社会反应的组织相应；自我发展的程度取决于共同体，取决于该个体在他自身唤起制度化反应群的态度。罪犯本身是在一个非常小的群体中生活的个体，于是他劫掠更大的共同体，他不是这个共同体的成员。他攫取属于他人的财产，而他本人不属于那个承

---

① [在有关教育的大约18篇笔记、时评和文章中应注意下述几篇："游戏与教育的关系"，载《芝加哥大学纪事》，第1卷（1896年），第140页以下；"大学科学教育"，载《科学》，第24卷（1906年），第390页以下；"教育中蕴含的社会意识心理学"，载《科学》，第31卷（1910年），第688页以下；"工业教育和商业学校"，载《小学教师》，第8卷（1908年），第402页以下；"工业教育、劳动者与学校"，载同上，第9卷（1909年），第369页以下；"论小学历史问题"，载同上，第9卷，第433页；"学校中的品行训练"，载同上，第9卷，第327页以下；"中学科学"，载《学校评论》，第14卷（1906年），第237页以下。参见本书末尾的书目。]

认并保护财产权的共同体。

对我们的动作存在某种有组织的反应，它表现了人们在某些情境下对我们作出反应的方式。这些反应在我们的本性中，因为我们作为共同体的成员而对他人采取动作，而且我现在强调的是，对这些反应的组织使共同体可能存在。

我们很容易认为，对共同体作估价应根据其范围大小。美国人崇敬大，而不是质的社会内容。雅典那样的小共同体生产了某些世上所曾有过的最伟大的精神产品；把它的成就与美国的成就相对照，便没有必要问，美国的单纯的大与雅典人的成就的质的内容是否有关系。我希望说明高度发展、高度组织化的共同体所隐含的普遍性。雅典作为苏格拉底、柏拉图、亚里士多德的故乡，作为同一时期形而上学重大发展的所在地，作为那些政治理论家和戏剧大师的诞生地，实际上属于整个世界。我们把这些质的成就归之于一个小共同体，只是因为它拥有使它具有普遍性的组织。雅典的共同体以奴隶劳动为基础，以一种狭隘有限的政治状况为基础，它的那一部分社会组织不是普遍的，不能作为一个更大的共同体的基础。罗马帝国的崩溃在很大程度上便是由于其整个经济结构建立在奴隶劳动的基础上。它不是在一个普遍的基础上组织起来的。而从法律观点和管理组织来看，它是普遍的。正像希腊哲学流传到现在一样，罗马法也流传下来。一个共同体的组织获得多大成就，它就在多大程度上是普遍的，并使一个更大的共同体成为可能。在某种意义上，不可能有比以合理性为代表的共同体更大的共同体，而希腊人使合理性获得其自觉的表现。①在同样的意义上，耶稣的福音无疑使任何人所能要求的睦邻态度都得到表现，并为一种世界性宗教的产生提供了土壤。其中美好而令人赞美的东西是普遍的，虽然能使这种普遍性得到表现的现实社会也许还没有产生。

从政治上看，美国已在某种意义上把普遍性赋予我们所称的"自治"。中世纪的社会组织存在于封建制度和手艺行会之中。其中存在自治的直接社会组织全是特殊的临时行会或特殊的共同体。在美国的情况是，我们已经把自治原则一般化，使它成为政治上控制整个共同体的基本力量。如果那类控制成为可能，从理论上说，该共同体的范围便没有限制。只有在那个意义上，政治上的大才成为共同体自身成就

---

① 柏拉图认为，城邦是最好的国家类型或社会组织类型，如果不是最好的，事实上也是惟一可行的或可能的类型，亚里士多德同意这种观点。不仅如此，按照柏拉图的观点，任何一个城邦与世界其余部分的完全的社会隔离是值得向往的。相反，亚里士多德承认不同城邦之间或任何一个城邦与文明世界其余部分之间社会联系的必要性，不过他没能发现一条可借以确定那些相互联系而不严重损害城邦本身的政治社会结构的一般原则；而且他像柏拉图一样希望保存这一结构。就是说，他不能找出一条基本原则，把希腊城邦的社会政治组织推广运用于几个这样的城邦间的相互联系（这些城邦全都作为构成单位包括在一个社会整体如亚历山大帝国之内），或运用于那一社会整体或帝国本身；并且尤其是运用于这样的社会整体或帝国，哪怕它并不把城邦作为单位包括在自身之内。如果我们没说错，那么他没能发现的这个基本原则无非是，通过理性的自我、自我在各自有组织结构中的反映、自我参与其内并从中获得其存在的有组织的社会型式，来进行社会融合和组织的原则。

的一种表现。

于是,对社会反应的组织使个体有可能不仅在他自身唤起他人的单一反应,而且唤起可以说是整个共同体的反应。正是那种反应给予个体我们所说的"心灵"。现在做任何事都意味着某个有组织的反应;而且如果某人在他自身有那一反应,他便具有我们所说的"心灵"。我们用以指称那一反应的符号适于作唤起这种反应的手段。如我们所说,使用"政府"、"财产"、"家庭"这些名词是要说明它们所具有的意义。因此,那些意义以某些反应为根据。某人在其自身具有共同体对他的所作所为的普遍反应,便在那个意义上具有共同体的心灵。我们说,身为一名科学家,他的共同体由他所有同事组成,不过这一共同体包括任何能够理解所说内容的人。文学也是如此。它的听众的范围是个函数;如果组织获得成功,它的范围可以不受限制。在这个意义上,大可以成为质的成就的一种标志。在某种意义上,大的总是客观的,它总是普遍的。个体的心理发展便在于从诸反应纵横交错的联系中使他自身获得这些有组织的反应。

它的理性的方面,与我们所称的"语言"相伴随的一面,是符号;并且这是反应借以发生的方法、机制。为了有效的合作,人们必须具有能使反应借以发生的符号,因此掌握一种表意的语言头等重要。语言蕴含着有组织的反应;而价值,这些反应的含义,要从共同体中去寻找,这种反应的组织从共同体进入个体自身的本性。表意的符号只不过是动作的一部分，它可以作为一种姿态，在作出该姿态的个体的经验中唤起该过程的另一部分即他人的反应。因而符号的使用最为重要，甚至在达到数学研究中运用符号的程度时，人们可以在并不知道这些符号是什么意思的情况下接受这些符号并按照它们所属数学共同体的规则把它们组合在一起。事实上，在这样的领域，人们必须从这些符号的意义出发进行抽象；这里有一个并不知道意义是什么便进行合理推理的过程。我们对付的是 X 与 Y，以及它们可以如何联结；我们事先并不知道它们适用于什么。虽然在某些条件下可以这样一种方式处理符号，但毕竟我们要把它们带到现实中，要应用它们。符号本身不过是唤起反应的方式。它们不是空洞的词语，而是与某些反应相对应的词语；当我们把某些符号连在一起时，就不可避免地把某些反应连在一起。

这便又一次提出了关于普遍的问题。就个体采取了他人的态度而言，该符号是普遍的，但是当它受到如此限制时，它果真还是普遍的吗？我们能够超出那种限制吗？逻辑学家的论域明确规定普遍性的限度。在较早的一个阶段，那一普遍性被认为表现在一套逻辑公理中，但是人们发现，那些假定的公理并不是普遍的。因此，事实上，"普遍的"话语要成为普遍就必须不断被修正。它可以代表我们所接触的那些理性的人，并且在这样一个世界里存在着潜在的普遍性。我想，这可能是使用表意符号所涉及的惟一普遍原则。如果我们掌握一套表意的符号，它在这个意义上有一种普遍的意义，任何能够理智地用那种语言谈话的人都具有那一普遍性。注意，除了某人必须讲那种语言、使用携有那些含义的符号之外，不存在其他限制；这便使任何了解该语言的人获得一种绝对的普遍性。当然，存在不同的论域，但是就它们彼此之间有可能互相理解而言，在所有论域背后是逻辑学家的论域，它有一组常项和命题函项，而任何使用它们的人都将属于这同一论域。正是这使交流过程具有一种潜在的普遍性。[①]

我已试图说明这个观点，我们所属的社会代表了对个体所参与的某些情境的一套有组织的反应，并且如果个体能够把那些有组织的反应接纳到他自己的本性中、在社会反应中借助符号唤起这些反应，他便具有使心理过程能够进行的心灵，他从他所属的共同体得到了心灵的内部结构。

个体的统一性便是整个社会过程的统一性，而社会对个体的控制在于这个正在进行的共同过程，这个过程根据个体

[①] 思维正是借助这一普遍机制（即普遍表意的姿态或符号）才得以进行，并使人类个体超越他直接所属的局部的社会群体，因而使那个社会群体通过其个体成员而超越它自身，把它自身同它周围的以及它仅仅是其一个部分的整个有组织的社会联系和相互作用的更大环境联系起来。

从生理上看，在人类社会层次上，心灵的普遍性基本上是以属于那一社会层次的所有个体相似的神经结构的普遍性为基础的，即以心灵的社会发展所要求的那种神经结构的类型为基础的。

的特殊作用把他区分出来，同时又控制他的反作用。某人把他自身置于他人地位的能力使他知道在一个具体情境下他应该做什么。正是这种能力使他具有作为共同体一员的特征；从政治的观点说，是他的公民身份；从任何其他的观点看，是他的作为共同体一员的成员资格。这使他成为共同体的一部分，而且他认识到自己是它的一员，正因为他实际上采取了那些有关的人的态度，并按照那共同的态度控制了他自己的行动。

对普通个体来说，我们在人类社会中的成员资格并不引起多大注意。他很少愿意在人类社会的基础上建立一个宗教而不加点其他限制，一种宗教的范围越广，自觉皈依它的人就越少。我们并不很看重我们在人类社会中的成员资格，但是它对我们正变得越来越实在。世界大战动摇了大量的价值观；我们认识到，印度、阿富汗、美索不达米亚所发生的事正在进入我们的生活，因此我们正在获得我们所说的"世界观念"。我们用与人类群体另一边的人的反应相应的方式作出反应。

回答我们是否属于一个更大共同体的问题，要根据我们自己的动作是否在这个更大的共同体引起反应，以及它的反应是否反映在我们自己的行动中。我们是否能用国际性词语进行会话？[①]这个问题大体上是一个社会组织问题。必然的

---

① [参见"国家观念与世界观念"，载《国际伦理学杂志》，第39卷（1929年），第385页以下；"国际主义的心理基础"，载《考察》，第33卷（1914—1915年），第604页以下。]

反应已更为明确地成为我们经验的一部分,因为我们同其他民族比以前更接近了。我们的经济组织变得越来越发达,以致我们在南美、印度、中国卖的货物都明显影响我们的生活。我们必须给顾客优惠条件;如果我们准备在南美实行成功的经济政策,就必须解释门罗主义的意义是什么,如此等等。

我们越来越认识到自己所属的整个社会,因为社会组织的状况如此,它不仅在其他人身上,而且在我们自己身上,引起他人对我们自己动作的反应。基普林说:"东方是东方,西方是西方,两者永远不会相遇",但是它们相遇了。他的设想是,东方对西方的反应与西方对东方的反应是互相不能理解的。但是,在事实上,我们发现自己正在觉醒,我们正在开始交换角色。一种组织过程在我们的自觉经验之下进行,而这种组织越是实行得多,我们就越紧密地连到一起。我们在自己身上引起由我们的姿态在他人身上引起的那种反应越多,我们对他的理解就越多。

当然,在这一切背后有一个更大的共同体,用宗教词语可称之为一个"受福的共同体",一种普世宗教共同体。但是,那也建立在合作活动的基础上。《圣经》中的好心的撒玛利亚人是一个例证。耶稣向人们指出某人有不幸,这在另一个人身上引起他能理解的反应;他人的不幸是个刺激,这个刺激在他自己的本性中引起反应。这便是名之曰"睦邻"

的那种基本关系的基础。这是我们会在某种意义上对所有人作出的反应。那个陌生人在我们自身引起一种有益的态度，而且那是另一个人所期望的。这使我们大家相互亲近。它提供了所有世界性宗教的基础即共同的人类本性。不过，使得睦邻关系能够表现出来的情境范围非常狭小；因而以它为基础的这些宗教不得不把人们的生活局限于很少几种关系，例如对不幸的同情，或者把它们自身局限于表现人性的情绪方面。但是如果社会关系可以推进到越来越多的方面，我们无疑可以在自己的集团、自己的共同体、在世界上成为一切人的邻居，因为，当我们在自身唤起他人的态度时我们便更加接近于这一态度。必不可少的是社会关系整个机制的发展，它使我们走到一起，使我们能在各种不同的生活过程中采取他人的态度。

拥有一个自我的人类个体总是一个较大的社会共同体、一个较广泛的社会群体的成员，而不只是他可以直截了当地发现自己或让自己归属于它的群体。换言之，反映在有关个体各种有组织态度（自我的各种整合结构）中的社会或群体行为的一般型式，对于那些个体来说总是有更广泛的联系，而不只是它与它们的直接联系，即超出它本身而关涉到一个更广泛的社会环境或社会关系网络，它被包括在其中，并且只是其中一个多少有限的部分。他们明白那种关联，因为他们是有感觉能力、有意识的人，因为他们具有心灵，因为他们由此进行推理活动。①

35. "主我"与"客我"在社会活动中的融合

在人们全都试图援救某个溺水者的情境中，有一种同心协力的感觉，一个人受其他人的刺激而去做他们正在做的事。在那些情境中，人有一种与全体密切相关的感觉，因为他们的反应本质上是相同的反应。在集体工作的情况下，个体与群体有一种认同；但在这种场合，一个人正在做的事有别于其他人，虽然其他人所做的事决定了他要做的事。如果事情进展顺利，也可能像其他情境一样存在某种高昂情绪，并且仍然存在有指导的控制感。在"主我"与"客我"能在某种意义上融合的地方，出现宗教态度、爱国态度所特有的高昂情绪，在这些态度中，某人在他人身上唤起的反应亦是某人在自身唤起的反应。现在，我想更为详细地谈谈"主

---

① 一切思想或推理以逻辑论域即普遍有效符号的一般系统为其活动领域，这个论域超越了不同语言和不同种族以及不同的民族习惯。通过这个论域，属于任何特定社会群体或共同体的个体开始意识到它自身之外的群体或共同体的这种更广泛的社会联系，即与整个人类社会或人类文明的更多更大的社会联系和相互作用的关系，它与所有其他特殊的人类社会或有组织的社会群体一起包含在其中。任何特定人类社会群体或共同体一般行为型式的这种更广泛的关系或联系在原始人那里最不明显，在高度文明的现代人那里最为显著。通过他的理性自我，即通过对他自身和对他人的社会态度的组织（这种组织构成他的理性自我的结构，不仅反映他直接所属的社会群体的行为型式，而且反映这一型式与整个更广泛的一般人类社会或群体行为型式的关系，前者只是后者的一个部分），现代文明人个体才是、并且认为自己是一个社会成员，不仅是某个局部共同体即国家、民族的一员，而且是整个人类整个文明的一员。

我"与"客我"在宗教态度、爱国精神和集体工作中的融合。

在普遍的睦邻概念中，包含一组友善与乐于助人的态度，使得某人的反应在他人和他自身唤起同样的态度。因而"主我"与"客我"的融合导致强烈的情绪经验。这种融合所涉及的社会过程越广泛，所产生的情绪反应便越高昂。我们在每天工作的当中，坐下来和朋友玩玩桥牌，或纵情于其他娱乐。这样打发了一个小时，然后我们继续干活。但是，我们置身于整个社会生活之中；它把各种义务加在我们身上；我们必须在各种不同情境下维护自己的权利；那些因素全都处于自我背后。不过在我刚才提到的那些情境下，处于背景中的东西与我们全都在做的事融为了一体。我们认为这便是生活的意义，并且体验到一种高昂的宗教态度。我们形成大家一致的态度，如果大家都属于同一个共同体的话。只要我们能保持那一态度，便暂时摆脱了控制感，这种感觉笼罩着我们大家，是因为我们在艰难困苦的社会条件下所必须履行的种种责仕。这是社会活动的正常情境，它的问题深深藏在我们心里；但是在宗教情境中，似乎大家都提高到承认所有人属于同一群体的态度。某人的利益也是大家的利益。个体之间完全认同。而在个体自身则是"客我"与"主我"的融合。

在这种场合下"主我"的冲动是睦邻与友善。人们把面包给予饥饿的人。正是我们全都具有的那种社会倾向引起了某种反应：人们想要给予。某人有一张数额有限的银行存单，他不可能把他的全部所有给予穷人。但是在某些宗教情境下，在具有一种特定背景的群体中，他便可能采取那样做的态度。给予是由更多的给予引起的。他可能没有多少可以给人，但他乐于把自己的所有全部给人。这里是"主我"与"客我"的一种融合。"客我"不是为了控制"主我"而存在，但已经形成这样的情境，在他人身上唤起的态度刺激某人去做同样的事。爱国主义的高昂情绪便体现了这样的融合。

从情绪的角度看，这种情境尤为珍贵。当然，它们包括该社会过程的圆满完成。我想，宗教态度包含社会刺激与整个世界的关系，包括把这种社会态度用于更大的世界。我想，那便是使宗教经验出现的确定领域。当然，在人们持有一种打上明确标记的神学的地方，对神有明确的论述，人对神动作就像对房间里另一个人动作一样具体，那里所发生的行动可比之于对另一社会群体的行动，而且可能缺乏我们通常归之于宗教态度的那种特殊神秘性。它可能是一种斤斤计较的态度。某人许下一个愿，如果神给他一个特定恩惠，他就还这个愿。现在，那种态度通常会出现在一般宗教陈述中，但是此外人们一般还认为，必须把这种特定的社会态度推广到整个宇宙。我想，这就是通常所指的宗教经验，并且是使神秘的宗教经验从中产生的情境。这种社会情境遍及全世界。

也许只有在一周的某几天和一天的某几个小时里，我们能够理解那种同周围所有人和所有事物一致的态度。我们要过日子；我们必须到市场上与别人竞争、不让自己在困难的经济形势下湮没。我们不能保持崇高感，但即使那时，我们仍然可以说，生活的这些要求只是放在我们肩上的任务，是我们必须履行的责任，为的是在特定时刻获得宗教态度。而当获得这种经验时，它伴随着这样一种感受：自我与他人的完全认同。

在我刚才提到的"集体工作"中出现的是另一种也许更高级的认同态度。这里，人们因为同他人一起在某个情境下工作而感到满足。当然，仍有一种控制感；说到底，某人所做的事是由其他人正在做的事决定的；某人必定强烈意识到所有其他人的态度；他知道其他人准备做什么。为了在集体工作中起到他的作用，他必须经常意识到其他人的反应方式。那种情境使人感到愉快，但不能使人得到一种完全投身于潮流之中的沉湎感。那种经验属于宗教的或爱国的情境。不过，集体工作具有其他情境所不具有的内容。就内容而言，宗教情境是抽象的。人们如何帮助他人是非常复杂的事。一个普遍地给他人帮助的人很容易成为一个普遍讨嫌的人。没有比一个总是力图帮助所有人的人更苦恼的人了。有效的帮助必须是理智的帮助。如果人们能够达到这样一种情境：一个组织完备的群体作为一个单位而从事某件事，便能获得一种作为集体工作经验的自我感，而且，从一种理智的观点看，这无疑比单纯抽象的睦邻更高级。集体工作的意义就在这里发现：大家全都朝着一个共同目标工作，每个人都有一种共同的目标观念，这一目标解释了他正在发挥的特殊作用。

力图表现一种基本的睦邻态度①的社会服务者所常有的态度可以与工程师、组织者的态度相比，它以极端的形式说明了集体工作的态度。工程师具有群体中所有其他个体的态度，而且正由于他具有那种参与，他才能指挥。当工程师带着蓝图走出金加工车间时，机器还不存在；但他必定知道人们要做些什么，需要花多少时间，如何衡量其中的各道工序，以及如何清除废物。尽可能充分完全地采取每一个他人的态度，从如此完全地扮演他人角色的观点出发开始自己的动作，也许可以称之为"工程师的态度"。这是一种高度理智的态度；如果可以用对社会集体工作的浓厚兴趣来形成这种态度，它便属于高级社会过程，属于重要的经验。此处"客我"的充分具体性取决于一个人在他指挥的过程中采取每一个他人的态度的能力。此处达到的具体内容，在某人的

---

① ["从伦理的观点看博爱"，载《理智的博爱》，法里斯、莱恩、多德编。]

自我与群体的每一个他人的单纯情绪认同中是找不到的。

这些就是我想阐明的"主我"与"客我"关系的不同类型的表现，以便完成对"主我"与"客我"关系的说明。在这些环境下的自我，是与扮演"客我"中他人的角色相一致的"主我"的动作。自我既是"主我"又是"客我"；"客我"规定"主我"对之作反应的情境。"主我"和"客我"都包括在自我中，且在此互相支持。

下面我想用另一个方法讨论"主我"与"客我"的融合，即通过对物理对象与作为社会对象的自我的比较来讨论。

我说过，"客我"体现行动发生的情境，而"主我"是对该情境的实际反应。这种情境与反应的两分是任何智能动作的特征，哪怕该动作并不包括这一社会机制。有一种确定的情境，它提出一个问题，然后有机体通过组织所涉及的各种不同反应对该情境作出反应。我们日常在房间里不同物件之间走动，穿行于森林中、汽车之间，都必须对各种活动作这样的组织。当下的刺激势必唤起极为多样的反应；但是有机体的实际反应是对这些倾向的一种组织，而不是调停所有其他反应的单一反应。某人没有坐在椅子里，没有拿起书，没有打开窗，也没有做当他走进房间时在某种意义上诱使他去做的各种各样的事。他做了某一件特别的事；他也许走到书桌边找出一张纸而没做其他的事。然而那些物体对于他来说存在于房间里。椅子、窗子、桌子本身存在着，因为通常他要用这些东西。椅子在他知觉中的价值是属于他的反应的价值；因此他绕过椅子，经过桌子，离开窗子。他环顾了一下房间，看了物体的放置，就能够实际走到放着他正要找的那张纸的抽屉边。这一环顾是达到他正在寻找的目标的手段；而椅子、桌子、窗子，全都作为对象被他尽收眼底。在某种意义上，人们不会以完全的方式对物体作出反应。如果在你步入房间的瞬间，你不知不觉坐在椅子上，不会更多地注意到这椅子；同样，当你看出远处一个物体是椅子并朝它走过去的时候，你也并没有把它看成是椅子。在后一种情况下，存在着的椅子不是你坐在上面的椅子；而是当你果真坐下去时将会接纳你的东西，而那就给了它作为一个物体本身的特征。

这样的物体被用来构成一个范围，使得远处之物也可被达到。从时间的角度说，当某人通过某个必须先予完成的在先的动作而实现一个比较远的动作时，出现同样的结果。在智能行动中始终进行着这样的组织。我们根据自己准备做的事组织范围。可以说，从抽屉中取出纸和为了实现这一目标而穿过房间之间有一种融合，而且它是我前面提到过的那种融合，即只有在宗教经验这样的实例中才会在社会调停中发生的那种融合，而在这一作用过程中的对象是社会性的，因而代表了一个不同的经验层次。不过其过程是类似的：在我们与其他个体的联系中我们之所以是我们，因为我们用其他个体的态度对待我们自己，以致我们被自己的姿态所刺激，恰如一把椅子之所以是椅子，是由于它诱使人们坐下；椅子是我们可以坐上去的东西，可以说，是一个物理的"客我"。在一个社会的"客我"中，所有其他人的各种不同态度表现在我们自己的姿态中，代表了我们正在社会合作活动中发挥的作用。于是我们实际做的事，我们说的话，我们的表情，我们的情绪，便是"主我"；不过它们与"客我"融合在一起，正如与屋内物件有关的一切活动都与通往抽屉的路及取出那张纸融合在一起一样。在那个意义上，这两种情境是相同的。

动作本身即我所说的社会情境下的"主我"是整体统一的根据，而"客我"则是这一动作能在其中表现它自身的社会情境。我认为我们可以从一般智能行为的观点看待这样的行动；我说过，在这样一个社会领域内发生的惟有行动，它使一个自我从群体的社会情境中产生，正如房间从一个个体去取他正在找的这个特定物体的活动中产生一样。我想，用来说明某对象在某种意义上构成某个问题的范围中产生的观点也可以用于说明自我的出现；它的惟一特殊性在于这样一个事实：它是一种社会情境，这一社会情境包括"客我"与"主我"的出现，而它们本质上都是社会因素。我认为，承认我们所称的"物理对象"与有机体之间以及社会对象与自我之间的这种类似关系是没有矛盾的。"客我"确实与我们周围的对象势必要在我们身上引起的所有不同反应相应。所有这样的对象在我们自身引起反应,而这些反应是对象的意义或本性:椅子是我们可以坐的东西,窗子是我们可以打开从而得到光线和空气的东西。同样,"客我"是个体对其他个体作的反应,只要个体采取他人的态度。不妨说,个体采取了椅子的态度。我们确实在那个意义上采取了我们周围物体的态度;虽然通常在同无生物打交道时我们的态度并不成为交流的态度,但当我们说椅子吸引我们坐下、床诱使我们躺下时,我们的确呈现了交流的态度。在那些环境下我们的态度无疑是一种社会态度。我们已讨论过出现在自然诗、神话、典礼和仪式中的社会态度。在那里我们把社会态度推广到自然本身。在音乐中或许始终有某种社会情境,表现在它所包含的情绪反应上;而且,我想,音乐的激昂应该同完善地组织与这些情绪态度相应的反应有关。关于"主我"与"客我"融合的思想为解释这种激昂提供了一个非常充分的根据。我认为,行为主义心理学恰好为美学理论的这种发展提供了机会。反应在审美经验中的重要性已经得到绘画批评家和建筑批评家的强调。

"客我"与"主我"的关系是情境与有机体的关系。提出问题的情境是对之作出反应的有机体能够了解的,而融合发生在动作中。如果某人确切知道他正打算做的事,他可以从"主我"出发看待它。于是他把整个过程干脆看作达到已知目标的一系列手段。也可以从手段的观点看待它,于是问题似乎是在一系列不同目标中作出选择。某一个体的态度唤起这种反应,另一个体的态度唤起另一反应。存在各种各样的倾向,而"主我"的反应将是把所有这些倾向连在一起的反应。不管是从某个必须加以解决的问题的观点看,还是从在某种意义上根据其行动决定其范围的"主我"的观点看,融合都发生在动作自身中,在动作中手段表现了目的。

36. 民主与社会中的普遍性

人类社会中有一种普遍性很早就从两个方面表现出来,一是在宗教方面,一是在经济方面。这些过程作为社会过程是普遍的。它们提供的目标,是使用同一交流媒介的任何人都能为之投身的。如果一只大猩猩能把椰子带到市场上来,用它交换它可能会需要的东西,它便能在其最广泛的一面参与经济社会组织。所需要的一切只是它要能利用那一交流方法,我们已经看到,那个方法涉及自我的存在。另一方面,任何能够认为他自己是社会一员的个体(用一个熟悉的成语说,在这个社会里他是他人的邻人)也属于这样一个普遍的群体。我们发现,普遍性的这些宗教的经济的表现,在罗马帝国、印度和中国以这样那样的形式发展起来。从罗马帝国发展基督教的成果中，我们发现一种宣传形式，它产生于组织这样一种普遍社会的审慎尝试。

如果在这样一个社会中要发生进化的话，可以说，它会发生在这个更大的有机体之中的不同组织之间。那里不仅会有不同社会相互间的竞争，而且竞争会存在于这个或那个社会与一个普遍社会组织的关系之中。就世界性的宗教而言，我们有穆罕默德那样的形式，它借助武力清除所有其他形式的社会，因而它处于与其他共同体的对立之中，不是要消灭它们，便是要它们俯首听命。另一方面，我们有以基督教和佛教为代表的宣传方法，它们仅仅是把各种各样的个体带进某个精神群体，在那里他们会把自己看作一个社会的成员。这个事业不可避免地把它自己同政治结构联系在一起，基督教尤其是这样；而在那后面存在这样一个假设，它表现在传教事业中，认为这个社会原则即承认人与人的兄弟关系是一个普遍社会的基础。

如果考察经济进程，则没有这样的宣传，没有关于一个致力于证实自己的单一经济社会的假设。只要一个个体可以同他人贸易，一个经济社会便可以界定自身；然后这些过程自身继续结合，在政治上可能明确对立的共同体之间建立越来越密切的联系。在贸易自身的发展以及贸易借以进行的金融媒介的发展中，出现了更加完善的经济组织，而一个共同体中的生产必然要顺应世界经济共同体的需要。从最低级的普遍社会开始的发展，使原先的抽象性让位给越来越具体的社会组织。从这两种观点来看，存在一个包括全人类在内的普遍社会，而且在这个社会里所有人都可以通过交流媒介与他人建立联系。他们可以承认他人是成员、是兄弟。

这样的共同体就其属性来说必然具有普遍性。表现在世界性宗教中的过程必然具有以论域为代表的逻辑共同体的过程，这个共同体完全建立在所有个体凭借相同的表意符号进行交谈的能力之上。语言提供了一个普遍的共同体，有点像经济的共同体。在有共同符号的地方都可以利用它。我们看到，原始部落中有这样的符号，他们不讲同一种语言，但是能借助单纯的示意动作进行交流。在使用手势或象征性图画中他们找到某种共同语言。他们获得某种交流能力，而这样一种交流过程有可能使不同个体相互之间建立更密切的联系。在某种意义上，语言过程比经济过程更抽象。经济过程从单纯的交换开始，用某一个体的剩余产品交换另一个体的剩余产品。这种过程立即反馈给生产过程，必然在一定程度上刺激能导致有利交换的生产。当我们在表意符号的基础上开始简单的交流时，该过程本身或许并不是要搞一种综合，但是这个交流过程将伴随或可能伴随那一综合，它在其中起着中介的作用。

某人学会了一种新的语言，并且如我们所说，有了一种新的灵魂。他让自己采取使用该语言的那些人的态度。不采取那种特殊态度，他便不能读用这种语言写作的作品，不能与属于该共同体的人交谈。在这个意义上，他成为一个不同的个体。人们不可能把一种语言作为纯粹的抽象词语来传播；必定还在某种程度上传达了其背后的生活。而这个结果与个体的有组织态度之间发生联系，该个体掌握这种语言并不可避免地带来观点的再顺应。西方世界共同体及其不同的国籍和不同的语言是这样一个共同体，在它之中，将存在这些不同群体间的持续的相互作用。不能完全孤立地看待一个国家，而只能在它与属于更大整体的其他群体的联系中去看待它。

仅处理最高级抽象词语的论域为不同性质的不同群体之间建立相互关系打开了大门。人们能在这个论域里表现自己，从而有可能把代表不同共同体生活的那些有组织的态度一起纳入这样的关系中，使它们能够获得一个更高级的组织。无论是从宗教的、贸易的还是逻辑思维的观点看，人类社会所有的这些过程的普遍性，至少打开了通往一个普遍社会的门；而且事实上，凡在社会发展达到足够程度使这一点成为可能的地方，都表现出这些倾向。

社会中这一普遍性的增长，在政治上突出表现在一个群体对其他群体的统治上。这种统治最早表现在位于尼罗河、底格里斯河和幼发拉底河河谷的那些帝国中。不同的共同体相互竞争，在这种竞争中发现了帝国发展的条件。不仅有部落与部落之间为消灭对方而发生的冲突，更有另一种冲突，即保存其他的群体从而达到一个群体对另一群体的统治。注意到这一区别十分重要，因为它使通过自我在他人中的实现而达到的自我意识表现得十分突出。在敌视而狂怒的时刻，个体或群体可能只想消灭其敌人。但是即使就军国主义社会而言，自我也是由于征服他人、由于在对他人的优势和利用中得到实现而更突出地表现自己。这种心理态度全然不同于单纯消灭敌人的态度。至少从这个观点看，一个具有较高级自我的个体在征服他人、让他人处于臣服地位中获得确定的成就。

民族尊严感表现了我们在保持对其他民族的优势时势必维护的自尊。某人根据自己对他人的某种优越感来理解其自我的意义，冯特承认这一点对自我的发展十分重要。在我们认为更高的条件下，这种态度消失了，成为对个体在他自己领域里的才能的肯定。这个人现在拥有的优势不是对他人的优势，而是在于与其他人的职责和才能相比他所能做的事。在履行职责上占优势的专家的发展迥然不同于暴民的那种优势，后者完全凭借强迫某人服从的能力来实现自我。在任何特定领域有能力的人都具有一种优势，这种优势在于他本人能做而其他某个人或许不能做的事。这给了他一个确定的地位，使他可以在共同体中实现他自己。他不是在单纯对其他某个人的优势中，而是在他能够发挥的作用中实现他自己；

如果他能够比其他任何人更好地发挥这个作用，他便获得一种我们认为是合理的尊严，它与其他形式的突出自己不同，后者从我们的最高社会标准看是不合理的。

共同体之间也可以处于同样的关系。古罗马人有一种自豪感，为他的管理能力和军事力量而自豪，为他征服地中海周围所有人民并管理他们的能力而自豪。最初的态度是征服的态度，随后便是管理的态度，它更接近于我所指的职能上的优势。维吉尔要求罗马人应当明白，他的统治显示了他所拥有的管理才能。这种才能使罗马帝国全然不同于以前的帝国，那些帝国只知道横行霸道。这里发生了一种过渡，从政治优越感和表现在一种镇压强权上的威严过渡为指导一种社会事业的力量，这一事业中有更大范围的合作活动。政治的表现开始仅仅只是突出自己，与之相伴随的是军事态度，这种态度导致消灭他人，但是它也促使或可能促使一个更高级共同体的发展，在那里，统治采取了管理的形式。可以相信，有可能出现一个比帝国更大的国际共同体，按照职能而不是按照武力组织的共同体。

普遍的宗教态度和广泛的政治发展这两个方面的结合，最充分地表现在民主政体中。当然，有希腊城邦那样的民主政体，这种政体的控制只是控制群众对某些经济上政治上强大的阶级的反抗。事实上，有各种各样的民主政府；不过，这里所说的民主是一种态度，取决于与普遍的兄弟关系相匹配的自我的态度，而不管那是怎么达到的。法国大革命时它表现在兄弟会和工会思想中。每一个体都与其他个体处在平等的位置上。这个思想最早表现在普遍的宗教中。如果推广到政治领域，它只有在民主政体的形式中才能得到表现；而在其背后的学说基本上就是卢梭《社会契约论》中表达的思想。

关于社会有这么一个假设：只有当个体承认其他所有人属于同一共同体的权利时，他才能使自身成为一个公民。有了这样一种普遍性，这样一种利益的一致性，共同体的群众才可能既采取君主的态度，同时也采取臣民的态度。如果每个个体的意志即全体的意志，那么臣民与君主的关系可以体现在所有不同的个体身上。只有当一个人能够承认其他人像他自己一样属于同一政治组织从而实现他自身时，我们才得到卢梭所说的"共同体的普遍意志"。①

民主概念本身像宗教一样普遍，而且这一政治运动的出现本质上是宗教的，因为在它背后有卢梭的福音书。它也运用宣传来进行。它着手推翻旧的社会组织并以它自己的社会形式取而代之。在那个意义上，这两个要素在民主运动中结

---

① 如果你能使你的要求成为普遍的，如果你的权利与相应的义务相配，那么你就会承认所有其他人的同样权利，而且，可以说，你能从整个共同体的角度提出一条法律。因此个体可以有一种普遍的意志，因为所有其他人都表现着同样的事。于是出现一共同体，在其中每个人都可以既是君主又是臣民，就他维护自己的权利并承认他人的权利而言是君主，就他服从他自己制定的法律而言是臣民（1927年）。

合起来，一个是个体或群体对其他群体的统治，另一个是兄弟关系和同一群体中不同个体的一致性；并且它们结合起来必然意味着一个普遍的社会，不仅是在宗教意义上的，而且归根结底是政治意义上的。这一点表现在国际联盟中，其中每一个共同体在维护自己的权利时也承认其他每一个共同体的权利。最小的共同体能够表达自己的意见，正因为它承认每一个其他国家表达自己意见的权利。

一个普遍社会的发展所涉及的正是我们在经济发展中所发现的一种职能的组织。经济的发展是在交换的基础上开始的发展。你把自己不需要的东西用来换别人不需要的东西。这是抽象的。但是在你发现能够生产你不需要的东西以交换你所需要的东西之后，你便用这一动作刺激了一种职能的发展。你刺激一个群体生产这种东西，刺激另一群体生产那种东西；你还控制着经济过程，因为人们不愿继续生产比提供市场交换更多的东西。最后生产出来的东西将是符合顾客要求的东西。在由此产生的职能组织中人们发展出一种经济人格，它有其自己的优越感，但这种优越感被用于实现其与群体中其他人有关的特定职能。在能够比其他任何人更好地制作某种产品的基础上可能有一种自我意识；但是只有当它顺应在这一交换过程中需要该产品的共同体时，它才能保持其优越感。在这样的情境下，存在一种职能发展的倾向，甚至在政治领域都可能发生的职能的发展。

看起来职能性与民主的目的相矛盾,因为它从与整体的关系考虑个体因而忽视了个体;因此,真正的民主必须更多地以宗教式的口气表达自己,而使职能性成为第二位的。如果我们回顾一下法国大革命中提出的民主理想,我们便得出这样一种矛盾。那里重视平等;你要求自己具有他人所有的东西,那便为一种社会结构提供了基础。但是当考虑那个时代的职能的表现时,便不存在同一种平等。然而,职能意义上的平等是可能的,并且我看不出有任何理由,为什么它不能像宗教一样带有一种在人的自我中实现他人的深刻意义。一个医生凭借高明医术能挽救一个人的生命,他能够对于他所施惠的那个人实现他自身。我不明白为什么这一职能态度不能表现某人的自我在他人中的实现。精神表现的基础是在许多人中实现某人的自我的能力,而这无疑是在社会组织中达到的。在我看来,这里考虑的明显矛盾涉及职能组织的抽象的初步发展。在那种职能的组织充分实现之前,存在着利用个体的机会;但是随着这种组织的充分发展,我们将得到一种较高的精神表现,使得个体去做只有他能做的事,从而在他人身上实现他自己。[1]

---

[1] [关于实用主义与美国背景的讨论,参见"罗伊斯、詹姆斯、杜威的哲学及其美国背景",载《国际伦理学杂志》,第60卷(1930年),第211页以下;有关实用主义的历史根源,参见《19世纪思想运动》。]

37. 对宗教态度和经济态度的进一步思考

我想再说一说这些较大的、较抽象的社会联系即我一直在讨论的宗教的和经济的社会联系的组织性。它们各自因其运作特征而成为普遍的,而不是因其所包含的任何哲学抽象而成为普遍的。进行贸易的原始人和进行股票交易的现代人并不对他的交易所暗含的经济社会形式感兴趣;也完全没有必要认为某一个体直接帮助另一个遇到麻烦的人,便是把自己同这另一个人密切联系在一起,向他自己显示这样一种社会形式,其中一个人的利益便是大家的利益。然而,如我指出的,这两个过程就其本性而言是普遍的;它们适用于任何人。

一个人如果能够帮助他发现正在受难的任何个体,他便可能把那种普遍性推广到人类之外,表现为不让任何有感觉的存在物受难。这种态度即是,当任何遇到不幸的存在物事实上是或可以认为是向我们求助时我们对它采取的态度,或对任何可用我们自己的动作对它传递我们的直接满足的存在物采取的态度。它表现为一种温柔的态度。这种态度可以推广到家庭之外的个体。人们对于激起人父母般态度的小生命都会表现出爱,哪怕它不是人。弱小的东西引起人产生温柔态度。这样的事实表明这种态度的普遍性实际上有多么广泛；实际上它发生在一切事情中，一切我们可能与之有个人关系的存在物之中。当然，这种态度并不总是占支配地位，因为在有些时候，各种敌对的反应比任何其他态度表现得更强烈；不过在这种态度出现的范围内，它使一种普遍的社会形式成为可能。基督教圣徒代表着那种社会，每一个个体都可以归属于它的社会。这个理想在宗教的世界概念中获得表现，在那个世界里，所有人都有完全相同的利益。

另一过程是交换过程，在这个过程中，可以说人们用不需要的东西换取所需要的东西。在交流和共同利益基础上的相对需求使交换有可能进行。这个过程不会像另一种态度那样扩展到比人低等的动物身上。人不能同牛或驴交换，但他可以对它们抱友好态度。

我特别想指出的是这两种类型的态度在人类共同体中可能具有和已经具有的组织力。如我指出过的，它们首先是人对他有可能与之交流的任何现实的或理想的人所能采取的态度。我们与家畜处于一种社会联系之中，我们的反应假定，动物与我们的密切关系犹如我们与动物的密切关系，这种假定没有得到最后证明。我们自己的根本态度是以自我为基础的社会联系；因此我们对家畜动作的看法就仿佛它们具有自我似的。我们采取它们的态度，而且我们对付它们的行动意味着它们采取了我们的态度；我们在动作时就仿佛狗知道我们想要什么似的。无须补充说，我们那些意味着家畜具有自我的行动并没有理性的根据。

于是，这样的态度可能导致这样的一种社会组织，它超出了个体发现自己置身于其中的实际结构。出于这个原因，这些态度本身就有可能导致或至少促进这些更大的共同体结构的产生。如果我们首先考察经济态度，此处某人用自己的剩余产品交换其他某个人的剩余产品，使得某人持生产的态度，生产这种以交换为目的的产品（并使某人对交换的方式、建立市场的方式、解决运输工具的方式、发展交换媒介的方式、设立银行系统的方式等持特定的看法），我们认识到所有这一切都有可能从单纯的交换过程中产生，只要它的价值得到承认，足以导致作为原来的交换过程基础的剩余产品的生产。两个孩子可以互相交换玩具，一个孩子把他的旧玩具同他朋友想扔掉的玩具交换；这里有一种剩余产品的交换，它并不导致生产。但是就那些能够考虑未来、懂得交换益处的人来说，交换导致生产。

一个显著的例证是英格兰毛纺工业的发展。起初交换只在英格兰本土进行，毛纺织业处于封建制条件下；然后人们开始将这种交换从一地转向另一地，从而使海外贸易迅速发展起来。英格兰社会由于这一工业的发展而发生的变化是众所周知的，正如这一工业在国际贸易发展中扮演的重要角色一样，造成了英国本身从农业生活到工业生活的逐步变化。然后随着毛织品跨越国界，一种经济组织网络发展起来，为英国以后的全面发展奠定了基础。

当这样一种直接交换的态度成为一种社会行动原则时，它带来一种社会发展过程，即生产、运输和所有与该经济过程有关的媒介的发展，使非常普遍的社会得以形成，这一态度包含着这种社会的可能性。当然，这是一个过程，把具有准备交换的货物的人与需要并愿意换取它们的人直接联系起来。而生产和运输过程，以及接受作为报酬的物品的过程，则把个体与该经济过程所涉及的其他人更密切地联系起来。这是一个缓慢的社会一体化的过程，它使人们越来越紧密地联系在一起。它不是在空间上地理上使他们聚在一起，而是通过交流把他们联合起来。我们很熟悉教科书上的那种抽象说明：三四个人处于荒岛上，互相交换着货物。他们是高度抽象的人，不过他们作为抽象物存在于经济共同体中并因此体现了一种相互交流关系，使得个体在自己的生产过程中把自己与要同他交换某物的个体密切联系在一起。他必须让自己处于另一个人的地位，否则他便不可能生产另一个人所需要的东西。如果他参与那一过程，他当然就把自己同任何可能的顾客、可能的生产者连在一起；如果他的机构是一种非常抽象的机构，那么贸易的网络便可以发展到任何地方，社会的形式可以接纳任何愿意加入这一交流过程的人。社会中的这样一种态度确实有助于建立一个普遍的社会有机体的结构。

正如经济学所讲授的，金钱只不过是一种标志、一种符号，代表一定量的财富。它是愿意进行交换的个体所需之物的象征；交换的形式因而是会话的方法，而交换的媒介则成为姿态，它使我们能够在相隔很远的地方进行这一过程：使某人采取另一个人的态度，从而把他不想要的东西转换成他想要的东西。于是，这些标志财富的媒介在这一交换过程中便是姿态或符号，正如语言在其他领域中的作用一样。

我所讨论的另一种普遍的态度是睦邻态度，它融会在有关宗教关系的原则中，而且这种态度使宗教本身成为可能。这一态度的直接效果只不过是同饥饿的人分享食物，给干渴的人水喝，帮助穷困潦倒的人。它不过是听任感情的冲动，要给在大街上触动你的人什么东西。之后可能就完事大吉了，正如两个孩子之间的交换不会超出该交换过程一样。但是，事实已证明，一旦采取了这种态度，便具有重组社会的巨大力量。表现在普遍宗教中的正是这一态度，并且它表现在现代社会相当大部分的社会组织中。

基督教为现代世界的社会进步（政治的、经济的、科学的进步）铺平了道路，这种社会进步是现代世界的显著特征。因为关于一种理性的或抽象的普遍人类社会或社会秩序的基督教概念，虽然是作为一种基本上属于宗教和伦理的学说产生的，但已逐渐失去了其纯粹宗教和伦理的联系，扩展到包括具体人类社会生活的所有其他主要方面在内；并因此成为有关那个包含诸多方面的、合理普遍的人类社会的更广泛更复杂的概念。它与构成现代社会进步包括理智进步在内的、由个体实现的社会改造有关。

关于进步的概念，在古代世界尤其是古希腊和现代世界之间有一种鲜明的对照。这个概念或观念对于古代世界的思想和文明而言是完全陌生的，几乎是根本不存在的；然而，对于现代世界的思想和文明而言，它却是最典型最重要的观念之一。因为现代文化的世界观本质上是一种动态的世界观。这种世界观允许、事实上是强调真正的创造性变革的现实和事物的进化；而古代文化的世界观本质上是静止的世界观。这种世界观根本不承认任何真正的创造性变革的发生与现实或宇宙的进化。根据这种世界观，凡是上帝未曾在现实中给定（并永远给定）的东西都不可能存在；即，除了个体所认识的一个已经存在并始终存在的固定的普遍型式之外，不可能存在任何东西。根据现代思想，不存在社会进步必定朝着它前进的固定的不可变更的目的或目标；因而这样的进步是真正创造性的，否则便不会有进步（事实上，创造性对于现代进步观念是必不可少的）。相反，古代思想根本不承认现代意义上的进步的现实性或可能性；它认为惟一可能或真实的那种进步是朝着永远确定不变的目的或目标的进步，朝着实现既定的预定的型式前进的进步。现代思想根本不会承认这是真正的进步。

对于希腊社会或希腊文明来说，进步这个概念毫无意义，由于希腊国家独特的组织，它根本不能有效地处理在它中间出现的社会冲突，即各种社会利益的冲突。而对于现代社会或现代文明来说，进步是主要的特征，由于现代国家的足够灵活的独特组织，至少在某种程度上有能力对付在它内部出现的个体间的社会冲突；因为它以希腊国家组织不可能有的方式适应于对其边界多少抽象的思想扩张，所借助的是我们提到过的包含在它之中的个体的心灵：凭借这种扩张，这些心灵能够看到它们周围的一个更大的社会组织或有组织的社会整体，在这个整体中社会利益的冲突得到某种程度的调和或消除，因此，对于这个社会整体，这些心灵能够带来解决冲突所需要的改革。

经济原则与宗教原则经常处于相互对立状态。一方面，是假定一种我们所谓具有"唯物论"特征的经济过程；另一方面，则是确认人们具有的、我们用理想主义词语谈论的共同利益。当然，能够为这种观点找到某种证明，但是它忽视了这些态度必须不断予以修正这一事实的重要性。它假设，经济过程始终是以自我为中心的过程，个体在这个过程中只是增进他自己与他人相对的利益，某人采取他人的态度只是为了超过他。虽然人们坚持说，自由贸易，交换的机会，会导致对共同利益的认识，但人们总是设想这是经济过程的副产品，并不包括在经济态度本身之中，尽管我们在詹姆斯·

布赖斯这样的人身上确实看到了经济理想主义。然而，在过去，宗教曾经是许多战争的根源，正如经济竞争在现在的条件下是战争的根源一样。一切战争的一个显著后果就是强调人们的宗教的民族性。战争期间，曾经有过德国人的上帝和协约国的上帝；神被分派到不同的阵营。宗教生活顺应于冲突的程度屡屡在历史上得到例证；经济生活的理想主义的一面也不乏例证。毫无疑问，经济过程不断地使人们互相结成更紧密的联系，并且有助于使个体达成相互一致。这一点的突出例证是劳工的国际性，以及劳工组织本身在地方共同体中的发展。既存在劳工与其群体中的同伴的认同，也存在一个共同体中的劳工与另一共同体中的劳工的认同。劳工运动在社会主义中成为一种宗教。经济过程是这样的过程，它必然使群体通过交流过程（包括参与在内）更紧密地联系在一起。它已成为我们整个现代社会最普遍的社会化因素，能够比宗教得到更普遍的承认。

以一个共同体的崇拜为中心的宗教变得非常具体，置身于该共同体的直接历史与生活之中，并且比共同体中的任何其他制度都更保守。这种崇拜被赋予一种神秘的价值，我们无法将它充分理性化，因而我们按照它的一贯方式、在它的社会背景之下保存着它。它有助于固定宗教表达的特征，因而虽然宗教态度导致对任何其他人的认同，使它得以制度化的崇拜却很容易最大限度地限制其范围。对于任何带着你想要得到的某种有用的东西前来的人,你是很可能理解他的;如果他能用商业词语表达他的意见,你便能理解他。但是,如果他带着他的特定宗教崇拜到你这里来,你能理解他的机会便微乎其微。表现不同宗教特征的传教运动是这样一个运动,它使得宗教的普遍性反过来向崇拜本身的僵化保守性提出挑战,并且对宗教自身的性质产生了巨大影响。不过即使在这里,宗教还是作为一种崇拜传播开来,并且带着它的一切特征、它的信条和教义。因此它不像经济过程那样直接地用作一种普遍交流的工具。

这两种态度当然是彼此迥然不同的态度。经济的态度仅当某一个体与另一个体参与一个贸易活动时才把两人等同看待。交换是经济过程的生命线,这个过程抽象掉另一个体的一切,只留下与贸易有关的东西。相反,宗教态度使你采取另一个体的直接的内在的态度;你设身处地为那个个体着想,当你支援他,帮助他,拯救他的灵魂,在今世或来世扶助他的时候,你的态度是拯救他。在使个体与他人认同方面那种态度远为深刻得多。经济过程要表面得多,因而可能更迅速地传播,并可能使交流更易于进行。不过,这两种过程的性质始终是普遍的,并且只要它们表现出来,就可能在某种意义上建立一个共同体,像这两种态度一样普遍的共同体。当某个儿童用一个玩具交换另一儿童的玩具,或某个动物帮助另一动物的时候,这些自发的过程可能随着动作的实施而立即停止；不过凡当有这样一个群体时：它由自我本身，由把自身与他人认同并以唤起他人的态度作为获得其自我的手段的个体构成，这时这些过程便远远不只是抓住某人可能得到而他人不想要的东西，不只是帮助他人的单纯冲动。在实现这些活动时，个体已经建立了一个一体化过程，使个体更紧密地联系在一起，创造了一种机制，凭借这一机制，便有可能进行一种更深层的带有参与的交流。

重要的是认识到这个发展是在历史中进行的；这两个过程单独看，都有可能造成更大的共同体，甚至在人们还没有任何实现这个共同体的理想的时候。如果丝毫没有建立这种共同体的倾向，人们便不可能采取把自己与他人认同的态度。使我们能够向后看并且看出这样的社会重建达到了什么程度，这是历史的特定功用。当时的人们没有看出这种重建，而我们能够认识，因为我们具有距离遥远这一优势。领导，即能够把握这样的运动并带领共同体前进的人，其作用在于指示方向，给予动力，并且理解正在发生的事情。

在我看来，我所详细描述的关于自我的这样一种观点使人们能够理解社会发展的逐步积累。如果我们能够承认，某人在把自己与他人认同时达到他自己，达到他自己的意识，那么我们可以说，经济过程必须是个体把他自己同他与之交换物品的可能顾客认同的过程，他必须不断地建立与这些个体的交流手段以使这一过程成功，而且，虽然该过程本身可能是断然以自我为中心,但它必然使他越来越具体地采取他人的态度。如果要成功地继续经济过程,就必须与其他个体结成越来越紧密的联系,不仅要参与这个特定的交换,而且要弄明白他需要什么以及他为什么需要它,支付条件将是什么,所需货物的特定性质如何,如此等等。你必须越来越多地把自己与他认同。我们相当藐视现代商业所强调的推销态度。推销术总带有伪善,鼓吹采取他人的态度以便欺骗他人,使他买他并不想要的东西。如果我们认为这不合理,至少可以承认,即使这里也存在一种假设,即个体必须采取他人的态度,承认他人的利益是成功的贸易所必不可少的。当我们超出利益动机把经济过程用于公共服务事业时,这一目标就看出来了。铁路公司的经理或公用事业的经理必须站在他为之服务的共同体的立场上。很容易看出,这样的公用事业可以完全超出赢利的范围,仅仅作为交流的工具而成为成功的经济事业。社会主义者从这种可能性出发为整个商业提出了一种理论。

38. 同情的本质

"同情"这个词是个含糊的词,一个难以解释的词。我已谈到过一种直接的关切态度,某一个体帮助另一个体,尤其是在低等动物之间的关系中所发现的那种态度。在人类中，同情出现在某人由自身唤起他正予以援助的个体的态度，亦即在某人援助他人时采取他人的态度。医生可能完全以一种客观的态度进行一项手术，并不对病人抱有同情。而在一种抱有同情的态度中，我们的态度在我们自身唤起我们正予以援助的人的态度。我们同情他，我们能使自己设身处地，是因为我们由于自己的态度而在自身唤起我们正在援助的那个人的态度。我认为这是对我们通常所称的"模仿"和"同情"的正确解释。在我们的心理学里，当论述到"模仿"、"同情"时，总是以一种模糊的、未经定义的意义论述的。

例如，以父母对孩子的态度为例。孩子的语调是抱怨、诉苦的语调，而父母的语调则是安慰的语调。父母在自身唤起孩子接受安慰时的态度。这个例子也表明了同情的局限。对有些人，人们觉得很难予以同情。要同情某人，必须有与另一个人的态度相应的一种反应。如果没有这样一种相应的反应，人就不能在他自身唤起同情。不仅如此，如果那个同情者要在他自身唤起这种态度的话，还必须有合作，有被同情者的应答。除了某人自己对受难者的同情态度之外，他并不让自己直接采取那个人的态度。这种情境是一个人援助另一个人，而且由于这一点在他自身唤起他的援助在另一个人身上所唤起的反应。如果没有另一个人的反应，就不可能有同情。当然，人们可以说，如果这个人能表达他的痛苦，人们就能知道他必定在受什么苦。因而他使自己处于另一个人的地位，后者并不在场，但他曾在经验中遇到过他，并根据以前的经验解释这个个体。积极的同情意味着该个体的确在另一个人身上唤起由他的援助所引起的反应并在他自身唤起同样的反应。如果没有反应，人不可能对他同情。这表现了同情本身的局限性；它只能出现在一种合作过程中。不过，是在前述的意义上某人使他自己与另一个人认同。我指的不是黑格尔意义上的自我的同一，而是指一个个体完全自然地在他自身唤起某种反应，因为他的姿态就如对他人发生作用一样地对自身发生作用。

对另一个体采取一种人类所特有的即自觉的社会态度，或者去了解他本身，就是使你自己同情地站在他一边，采取他的态度对待特定的社会情境，扮演他的角色，从而隐含地对该情境作出他明确作出或准备作出的反应；在你与他的姿态会话中，你以基本相同的方式采取他的态度对待你自己，并因而成为自觉的。人类社会活动在极大程度上取决于进行这些活动的人类个体之间的社会合作，而这样的合作产生于这些个体互相间采取的社会态度。人类社会赋予人类个体以心灵；而心灵的社会本性要求他在某种程度上置身于其他个体的经验的地位，采取他们的态度。那些个体属于该社会，和他一起参与该社会所表现或进行的整个社会经验与行为过程。

现在我想用这一机制来论述宗教与经济的过程。在经济领域里，个体采取另一个体的态度，因为他正在向另一个体提供某种东西，并且，作为回报，在拥有剩余物品的个体身上唤起给予的反应。必须有这样一个情境，使个体把自己的物品作为有价值的东西出示给他人。注意，从他的观点看它没有价值，但他使自己置于另一个人的态度中，那个人会回报他某种东西，因为他能发现它的用处。他在自身唤起另一个人为报答他的给予而采取的态度。而且虽然该物品对该个体没有直接价值，从另一个体的观点看它却成为有价值的，前一个个体能使自己置身于后一个体的地位。

使得这一过程如此普遍的事实是，它所处理的是剩余物品，从该个体的观点看可以说是没有价值的物品。当然，它在市场上获得了价值，然后某人根据可以从它得到的东西估价它。不过，使它成为一个普遍物的，是它没有被该个体本人直接使用这一点。即使他拿来的某个物品是他可以使用和用来交换的，但他必须把它看作为了得到某个更有价值的东西而准备放弃的东西；它必须是他不准备用的东西。我们直接拥有某物的直接价值是我们对它的使用，是它的消费；而在经济过程中，我们处理的是没有直接价值的东西。因此我们建立了一种普遍的过程。其普遍性取决于这一事实，即各人都把他不准备用的东西带到市场上来。他用钱这种抽象物来界定它们，他用钱可以得到任何别的东西。正是这一否定的价值产生了普遍性，因为这样它才可能被移交给任何一个能够给他某种可用物作为回报的人。

在原始共同体中，所有人彼此之间都有关系，这里剩余物本身并无意义。物品根据明确的惯例分配；大家分享剩余物。在这样的条件下根本不存在财富。对于工匠有某种报酬，不过不是那种形式的，不是可用于他想要得到的任何货物、以作为对他不想要的某种东西的回报的报酬。因此，交换媒介的建立是某种非常抽象的事。它取决于个体使自己处于他人地位的能力，能够看出其他人需要他本人所不需要的东西，看出他本人不需要的东西为另一个人所需要。整个过程取决于一个人把自我同他人密切结合；在不具有以构成语言的姿态系统进行交流从而把自我置于他人地位这一能力的生物中间，不可能发生这种过程。于是，有两个方面使得普遍的社会（虽然是高度抽象的社会）确实地存在，而我一直在描述的，就是从心理学观点看这些普遍社会所具有的含义以及它们完成自身的趋势。如果不发展交流手段，人们便无法完成把货物带到市场的过程。表达这一点的语言是钱。通过建立越来越多的经济手段以及经济程序所必需的语言机制，经济过程促使人们越来越紧密地联系在一起。

在一种略有不同的意义上看，普遍宗教的观点也是如此。它们往往用共同体规定它们自身，因为它们把自身等同于共同体中的崇拜。传教运动突破了这一点，采取了宣传的形式。宗教可能具有相对原始的特征，如伊斯兰教，也可能具有较为复杂的形式如佛教和基督教；不过它必然要完善包括在拯救他人灵魂、帮助支援他人这一态度中的各种关系。它发展传教士，这些人是医生、艺术家，他们在共同体中建立各种过程，将导致对宗教态度所包含的那些东西的依恋。最早我们可在欧洲的修道院中看到它。在那里，教士们试图使他们自己成为艺术家。他们说明了宗教完善自身、完善原先以抽象形式存在的共同体的趋向。这便是我要描绘的一幅图画，作为对这里所阐述的这样一种自我观的一种有用的解释。

39. 冲突与整合

我一直强调社会过程的不断整合作用，以及作为这一过程的基础、使之成为可能的自我的心理学。现在说一说冲突与分裂的因素。在棒球比赛中，相互竞争的个体都想能引人注目，但只有通过比赛才能达到这一点。那些条件的确使某种动作成为必要，但是在其中可能有各种怀着妒意相互竞争的个体，他们可能破坏球队。在球队所必要的组织中似乎存在着大量瓦解的机会。在经济过程中这种情况更为严重得多。必须有分配、市场、交换媒介；不过在那个领域里，一切竞争和瓦解都是可能的，因为在任何场合都有一个"主我"和一个"客我"。

通常，历史冲突发生在相当有组织的社会共同体中。这样的冲突必须出现在不同群体之间，人们对涉及的其他人抱敌对的态度。但即便在这里，结果通常也是一个更广泛的社会组织；例如，相对氏族出现了部落。部落是一个更大、更模糊的组织，但毕竟是存在的。这种情境在当代也存在；相对各个国家之间潜在的敌对状态，它们组织起来形成某种共同体，就像国际联盟那样。

基本的社会—生理冲动或行为趋向为所有人类个体所共有，导致那些个体集体加入或形成有组织的社会或社会共同体，构成了那些社会或社会共同体的根本基础。从社会的观点看，这些冲动或行为趋向可以分为两大类：导致社会合作还是导致个体间的社会对抗；造成与该情境有关的人类个体间的友好的态度和关系，还是敌对的态度和关系。我们在其最宽泛的和最严格的意义上使用"社会的"一词，不过在十分常见的较狭窄的意义上，即在它具有一种伦理内涵的意义上，只有前一类的基本生理冲动或行为趋向（那些友好的即有可能激发个体间的友好与合作的）是"社会的"或导致"社会的"行动；而后一类的冲动或行为趋向（那些敌对的即有可能激发个体间的敌意与对抗的）是"反社会的"或导致"反社会的"行动。诚然，人的后一类的基本冲动或行为趋向是"反社会的"，因为如果只有它们存在的话便会破坏所有人类社会组织，或者说，单靠它们的话便不能构成任何有组织的人类社会的基础；但是，在其最宽泛和最严格的非伦理的意义上，它们显然与前一类的冲动或行为趋向一样是社会的。它们同样为全体人类个体所共有，同样地普遍，并且如果说有区别的话，它们更容易、更直接地由适当的社会刺激唤起；而且由于它们与前一类冲动或行为趋向连在一起或混在一起，在某种意义上受其控制，它们对于所有人类社会组织就像前一类一样基本，并且在该社会组织本身中、在决定其一般特征方面发挥着同样必不可少的重要作用。例如，在这些"敌意的"人类冲动或态度中，考虑一下自我保护和自我保存在任何特定的人类社会或人类共同体（比如一个现代国家或民族）的组织和有组织活动中的功能、表现与作用。人类个体通过与这两种"敌意"的冲动相联系的社会态度（或通过表现在这些态度中的这两种冲动）比起通过任何其他社会态度或那些态度所表现的行为趋向来，更易于也更乐于认识或意识到他们本身。在一个国家或民族的社会组织内部，这两种冲动的"反社会的"效果受到作为该组织一个方面的法律制度的约束和控制；这两种冲动构成作为该组织另一方面的经济制度得以发挥作用的基本原则；由于同导致参与该组织的个体间的社会合作的人的"友好"冲动联在一起、混合在一起并受其制约，避免了这两种冲动在个体之间造成摩擦与不和，否则，它们自然会造成这种后果，并严重妨害该组织的存在和福利；并且，在作为统一成分进入该组织的基础之后，它们被该组织用作进一步发展的基本动力，即它们充当了社会发展关系网的基础。通常，它们在该组织中最明显具体的表现在于，它们在整个国家或民族内部引起的抗衡和竞争的态度，不同社会职能的个体的子群体（由该组织决定的，尤其是从经济上决定的子群体）之间的抗衡和竞争；而这些态度为该组织预先确定的社会目的或意图服务，并构成该组织内部必要的社会活动的动机。但是自我保护和自我保存的人类冲动亦间接地表现在该组织中，它们与"友好的"人类冲动连在一起，从而产生该组织的主要的基本理想、原则或动机之一，即国家对个体的生活行动提供社会保护、给予社会援助；而且为了那一组织起见，加强"友好的"人类冲动所具有的功效，同时了解或认识到对个体的这种有组织的社会保护和援助的可能性与必要性。不仅如此，在整个国家或民族的全体个体成员共同面临某种危险的特定环境下，这两种冲动便在那些个体身上与"友好的"人类冲动融为一体，这样便加强了个体对于国家有组织的社会联合和合作性社会联系的认识；在这样的环境下，它们不再是瓦解和破坏国家或民族社会组织的力量，而是间接地成为该组织内部增强社会统一、团结和合作的原则。例如，在战争时期，国家的全体个体成员的自我保护的冲动一致针对其共同敌人，暂时不再针对自己人；那种冲动通常在国内那些个体的较小的社会职能群体之间引起的抗衡和竞争的态度暂时消失了；这些群体之间的通常的社会障碍似乎消除了；国内建立了一个对付特定的共同危险的统一战线，根据其全体个体成员所共有的、反映在他们各自意识中的目标融合为一个统一体。国家如果求助于爱国主义，一般总能奏效，其基础主要就在于国家或民族的全体个体成员自我保护的冲动在战时的这些表现。

此外，如果个体自我感到他的继续生存有赖于他所属的特定社会群体的其余成员，在那样的社会情境下，他对该群体其他成员的优越感对于他的继续生存来说当然不再必要。但是如果他暂时不能把他与其他个体自我的社会联系整合为一个共同的、一致的型式，即他所属的有组织的社会或社会共同体的行为型式，反映在他的自我结构之中并且构成这一结构的社会行为型式，在这些情境下，对于他作为其一员的有组织的社会或社会共同体，他会产生一种敌意的态度，"潜在对立"的态度，直到他能整合他与其他个体自我的社会关系时为止；在这一时期内，特定的个体自我必定"请出"或依赖对该社会或社会共同体、对其他个体成员的优越感，以便支持他自身、"维持他自身"。我们总是会尽可能地对自己显示自身的长处；但既然我们全都有维持自身的任务，那么只要我们要维持自身，就完全有必要这样对自己显示自己。

一个高度发展的有组织的人类社会是这样一个社会，在它之中，个体成员以各种错综复杂的方式相互联系，因而他们全都享有许多共同的社会利益（在该社会中或通过改善该社会而享有的利益），但是，另一方面，关于大量的其他利益（仅仅个别占有或只在有限的小群体中相互分享的利益）他们又多少相互冲突。一个高度发展的有组织的人类社会中，个体之间的冲突不只是他们各自的原始冲动之间的冲突，而是他们各自的自我或个性之间的冲突，各有其明确的社会结构（高度复杂的、有组织的、统一的）并且各有其不同的社会方面，由许多不同的社会态度构成。因而，在这样一个社会中，冲突既产生于同一个体自我的不同方面或阶段（当它们过于极端和激烈时导致精神病理学上的人格分裂症），又产生于不同个体自我之间。要解决或终止这两类个体冲突，就要在它们在一般人类社会生活过程中产生和出现的地方重建特殊的社会情境，改变特定的社会联系结构。我们已经说过，这些重建和改变要由个体的心灵来进行，这些冲突发生在他们的经验之中和他们的自我之间。

心灵，作为建设性的、反思的、解决问题的思维，是社会地获得的工具、机制或器官，人类个体凭借它解决在他的经验中遭遇到的各种环境顺应问题，这些问题阻碍他和谐地贯彻他的行动，直到它们被解决为止。人类社会个体成员所拥有的心灵或思维也是通过这些个体实现或完成社会重建所凭借的工具、机制或器官。因为人类个体拥有心灵或思维能力，他们才能回头批判地看待他们所属社会的有组织的社会结构（他们的心灵最初是从他们与社会的关系中得出），并且在不同程度上认识、重建或改变那一社会结构，社会革命不时地提出这样的要求。任何这样的重建，如果它要成为有深远影响的，必须以使得该重建发生的特定人类社会所有个体成员所分享的共同利益为基础；分享，就是由所有有关个体分享，他们的心灵参与该重建、造成该重建。而有关个体的心灵所实施的任何这样的社会重建，在理智上对所有这些个体所属的、经受该重建的特定社会的界限作了多少抽象的扩展，由此产生一个更大的社会整体，在这个整体里，迫使重建该特定社会的那些社会冲突得到调和平息，因此，相对这个整体而言，这些冲突可以得到解决和消除。①

我们在自己所置身的社会秩序中所作的变革必然也包括在我们自身所作的变革。为了消除一个特定的有组织的人类社会中个体成员之间的社会冲突，必须由那些个体对该社会进行有意识的理智的重建和改变，同样必须由那些个体对其

---

① 自我意识的反射性使得个体能够把自身作为一个整体来思考；他在其所属的特定的有组织社会中采取其他个体亦即泛化的他人的社会态度对待自身的能力，使他有可能把自身作为一个客观的整体纳入他自己的经验范围；因而他能够自觉地整合与统一他的自我的各个方面，形成一个始终如一的、一致的、有组织的人格。不仅如此，每当适应社会环境的要求提出这种重建的需要时，他都能通过同样的手段，根据其自我或人格与特定社会秩序的关系着手实现这种理智的重建。

心灵、自我与社会 | 347

自我或人格进行这样的重建和改变。因而，社会的重建与自我或人格的重建之间的关系是交互的、内在的、有机的；任何有组织的人类社会中个体成员进行的社会重建必然要求各个个体进行某种程度的自我或人格的重建。反之亦然。因为既然他们的自我或人格是由他们相互之间有组织的社会联系构成的，他们就不可能在重建那些自我或人格时不在某种程度上重建特定的社会秩序，这种秩序当然也是由他们相互之间有组织的社会联系构成的。在这两类重建中涉及同样的基本材料即人类个体之间有组织的社会联系，只不过在两种情况下分别以不同的方式、从不同的角度或观点来处理罢了；或简言之，社会重建和自我或人格的重建，是一个过程即人类社会进化过程的两个方面。人类社会进步包括人类个体对他们从社会得出的自我意识机制的使用，既包括实施这种进步的社会变革，亦包括发展其个体自我或人格，从而使之与社会重建齐步前进。

归根结底，只有通过构成社会的个体在职能、行为的分化上取得的越来越大的成就，社会才能在复杂的组织中获得发展。个体成员的这些职能的行为的分化，意味着或预设着它们之间个体需要与目标的初始对立，然而，这种依据社会组织的对立是，或已被转换成这些分化，或已被转换成单纯的社会职能上个体行为的特化。

人类社会的理想，人类社会进步的理想或最终目标，是达到一个普遍的人类社会，使得所有人类个体都具有完善的社会智能，以致所有社会意义都同样反映在他们各自的个体意识中，以致任何一个个体的动作或姿态的意义（凭借他采取其他个体的社会态度对待自身并对待他们共同的社会目标或意图的能力，由他实现并表达在他的自我结构中的意义），对于对它们作出反应的任何一个个体来说都一样。

在人类个体所参与的特定的有组织的社会生活过程中，个体彼此连锁的相互依存关系随着人类社会进化过程而变得越来越复杂，紧密交织，高度组织化。例如，中世纪时代封建文化及其相对松散分裂的社会组织，与现时代的国家文化及其相对严密统一的社会组织（以及它朝某种国际文化发展的趋势），两者间的巨大差异表明了人类社会组织的不断进化，这种进化的方向，是构成人类社会的、存在于有关个体间的一切相互依存的社会联系变得越来越统一，越来越复杂，越来越紧密地交织在一起，以致达到完全的统一。

40. 人格与理性在社会组织中的作用

凡在社会围绕着君主组织起来的地方，同一国家中的人民彼此隔离，只有在从属于同一位君主这一点上他们才能彼此认同，于是，服从君主这种关系自然就成为最重要的关系。只有通过这样的关系，才能建立并保持这样一个共同体。在古代美索不达米亚帝国可以看到这种情况，那里，不同语言和习惯的人民只有通过伟大的君主才有联系。它规定了最直接的联系过程；只有当君主的权威有效，并且与君主的联系这一共同基础存在，才有这种类型的社会组织。

君主对于封建秩序的重要性在于这样的事实：君主能够与彼此孤立的人民建立联系，他们只同他有联系。君主以一种普遍的形式代表人民，在此之前他们相互没有联系，只有封建共同体彼此间的敌意。那里可以看到存在一种个人关系，地位关系，这在共同体中很重要。当然，那种关系即君臣关系。它包括接受一个卑下的地位，因为它对整个共同体的重要性，这个接受是愉快地作出的，这样一种秩序使之成为可能。个体所属的共同体以个体对君主的关系为特征，甚至在君主立宪制的条件下，君主也会采取行动使它保持统一。通过对君臣关系的感受，人们能够感受到共同体的庞大，这些共同体确实以某种方式聚合在一起。这样一种状况就使更广泛的更大的共同体成为可能。通过君主和臣民的个人关系，有可能构成一个在其他情况下不可能如此构成的共同体，这一事实在国家的发展中起了非常重要的作用。

看看这种情况如何出现在罗马帝国是很有趣的。在那里，皇帝对臣民的关系本身是拥有绝对权力的关系，但它却是以法律的术语规定的，它把属于罗马法的种种规定搬到皇帝与臣民的关系上。但这就构成一种过于抽象的关系，无法满足共同体的要求，在这些条件下把皇帝神化，表现了建立某种较为个人的关系的必要性。当罗马的共同体成员把他的牺牲奉献给皇帝时，他使自己置于与皇帝的个人关系之中，并因此而感觉到他与共同体所有成员的联系。当然，在那些环境下的神的观念与基督教所阐述的观念不可相比，但是一种个人关系的建立在某种意义上超出了罗马法的发展所包含的纯粹的法律关系。

我们都很熟悉人格在社会组织中所具有的这一作用。我们用领导或用"人格"这个模糊的词来表达它。当某公司的人员由一位好经理组织时，他的人格发挥了作用。当公司中某个成员的行为多少取决于这样一个因素即他害怕受经理的谴责或渴望得到经理本人的赞许时，自我彼此间的个人关系这个因素便在实际的社会组织中发挥了相当作用，甚至是占支配地位的作用。在儿童与其父母的关系中，这个因素当然发挥了支配作用。在父母相互的关系中也可看到这一作用。在政治组织中它经常发挥作用，在那里一个领袖的人格唤起热烈的响应。不必要举更多例子来说明自我相互之间这种人格的关系在社会组织中的重要性。

但是，承认那种组织与以理性为基础的组织之间的差别是重要的。如果人们商量成立一个商业公司，寻找一位能胜任的经理，讨论候选人，着眼于他们的智能、素养、以往的经验，最后选定某个个体；然后他们让他负责管理，而股东们委任的公司董事会成员则负责确定他们将来的政策，于是就出现了这样一种情境，使得这种个人关系对于这一特定共同体的组织来说并非必不可少。职员们以及所有与该企业有关的人的利益都依赖于这个被选出的人进行必要管理的能力。在这样一个情境中，如果人们是明智的，为了使整体能够成功，他们将根据对他人必须履行的职能的认识以及对他们履行自己职能的必要性的认识而组织起来。他们就会寻找一名专家来履行经营管理的职能。

管理型的政府是一个例证，表明一种明确的进步，即从极端依赖对政治领袖的个人关系、依赖各党派对负责人的忠诚的组织，进步到以政府应当在共同体中做些什么为基础的合理组织。如果我们能够完全弄清楚政府的职能；如果共同体的许多人能够充分意识到他们希望政府做些什么；如果在共同体组成之前，我们就能对公共问题、公用事业等有充分的了解，使其成员们能够说："我们想要的正是这样一种政府；我们知道自己想要什么结果；我们期待一个能带给我们这些结果的人，"那么，这将是一个理性的论述，排除了与共同体的职能无关的一切人格因素。它将避免那些凭借党派进行管理的共同体所遇到的困难。如果政府靠的是党派，它必然或多或少靠个人关系组织那些党。当某人成为其选区的好组织者，对这个人的期待是他能掌握人民（尤其是那些想从权力获利的人），唤醒他们的个人关系，唤起所谓的"忠诚"。党派组织使这样一种情境成为必需，而在那一基础上行动的政府不可能排除这些条件或使之合理化，除非在危机条件下，某些特殊问题出现在国家面前时。

我想要指出这一分界线：根据共同体想要通过其政府完成的工作而进行的组织与着眼于个人关系的政府管理这两者之间和界线。依靠个人关系在某种意义上是从过去继承下来的。对于我们自己的民主它们仍然是必不可少的。在现代，如果不求助于与政党有关的个人关系，不可能使人们对组建政府有足够兴趣。不过，我认为，区分这两种组织原则是有趣的。如果有了管理型的政府，那就值得指出，凡是它出现的地方，几乎没有什么共同体放弃过它。这就说明了一种超出以个人关系为共同体组织基础的情境。但是，通常可以说，为了共同体的活动，尤其是为了政府的运行，我们各种民主社会的组织仍然依靠个人关系。

这些个人关系在共同体本身的组织中也有非常重要的意义。如果从职能的观点看，它们看起来可能不怎么光彩；并且我们一般都想掩盖它们。我们可能认为它们是依靠对其他某个人的某种优势实现个人自我的方法。那种状态回溯到这样的情境，某人在使其他人陷于冲突时夸耀自己，以胜利者的姿态出现。在那些看来不怎么重要的问题上，我们常常有那种优越感。我们能够在小事情上坚持；那样便感到自己的一点优势。如果发现自己在某一点上失败了，我们会以其他人还不如我们来安慰自己。任何人都可以为他的自尊找到这样一些小证据。这种现象的重要性显现在群体彼此的关系中。把自己与群体认同的个体有一种放大的人格感。因此，能够获得这种满足感的条件是为作为所有下述情境的基础而寻求的条件。在这些情境里，各群体聚集在一起，并认为自己比其他群体优越。战争是在这一基础上进行的。仇视可以归结为一个共同体对其他共同体的优越感。看到那种优势的基础何等不足道，这是十分有趣的；美国人可能去国外旅行，回来时只有一种感觉，即美国的旅馆更好一些。

在我们所讨论的两种社会组织形式中出现的赋予自我价值的方式有惊人的区别。在一种形式中，你在这些个人关系中实现你自己，这种关系可归结为你自己对其他人的优势，或群体对其他群体的优势；在另一种形式中，你重新理智地履行某种社会职能，并以你在那些环境下的作为实现你自己。很可能一种情况下的热情和在另一种情况下的一样大，但我们可以看出实际感受价值之间的区别。在前一种情况，你所感觉到的价值直接或间接地依靠自己在某种意义上理想化了的优越感；但是由于你把自己与其他某个优越的人认同从而恢复了一种直接的优越感。对你自己的重要性的另一种感觉，可以说，是通过履行一项社会职能来获得的，即通过完成你作为共同体指挥员的责任、指出要做什么和准备做什么来获得的。在你的自我的这一实现中，无需某个比不上你的其他人来使之实现。你需要其他人也履行他们的职能。你也许感到你比未尽职守的邻人强，不过你对他未尽职守这一事实只是感到遗憾。你并非在对某个其他人的优势中而是在执行多少共同的职能时所必需的相互联系中感觉到你的自我。

我希望人们注意这些价值观之间的不同，并承认第二种价值观对第一种价值观的优势。我们不能忽视以各种直接的个人关系为基础的共同体的重要性，因为在很大程度上由于它才有大共同体的组织，否则后者是不会出现的。它给那些没有其他联合基础的人们一个共同的基础；它给具有世界性大宗教的理想共同体提供了基础。我们不断地求助于那种个人关系，在那里人们通过对立实现他自己，在那里一种优势或劣势的关系直接进入情绪的领域。在许多方面，甚至在高度合理的组织中，我们也依赖于它。在那里，一个有进取心的人控制着一种情境，并使人们坚持他们的工作。不过我们始终认为，通过履行在共同体中的一种职能而获得的自我感，比起那种取决于直接的个人关系（其中包括优势和劣势的关系）的自我感来，更为有效，并且由于各种原因，还是一种更高级的形式。

考察一下欧洲目前的形势。就各民族共同体而言，显然都希望聚集在一个合理的共同体组织中，使得所有民族都存在，然而并不希望放弃敌对感，敌对感乃是保存民族自我意识的手段。各民族必须保留这种自我感；它们不能四分五裂乃至消失。获得这种民族的自我意识是向前迈进的显著一步，正如以前一个帝国的建立一样。日内瓦的那些共同体宁愿相互攻击而不愿放弃使他们的组织成为可能的自我意识。日内瓦是一个阶段，或者说应该是一个阶段。在这阶段，各共同体可以一种职能的关系结合在一起，实现它们自己而无须相互挥舞拳头。如果自我不能以任何其他方式实现，也许最好以后一种方式来实现。实现自我是基本的，而如果必须诉诸武力才能做到的话，保持武力的威胁也许更好；不过，就民族而言如同就个体而言一样，以理智地履行一种社会职能来实现自我仍是较高的阶段。

41. 理想社会发展中的障碍与前景

我们已从经验的方面描述了自我；它通过合作的活动产生，通过自我与他人的相同反应而成为可能。个体能够在他自己的本性中唤起这些有组织的反应从而对他自己采取他人的态度，就此而言，他能发展自我意识，即有机体对其自身的反应。另一方面，我们已经看到，这一过程中的一个基本要素是个体对这一反应的响应，该反应包括有组织的群体，是大家共有的，被称为"客我"。如果个体之间差别很大，以致不能互相认同，如果不存在一个共同基础，那么在任何一方面都不可能出现一个完整的自我。

确实有这样一种区别，例如在婴儿与他所加入的人类社会之间。他不可能具有成人的完整的自我意识；而成人发现至少可以说他很难采取儿童的态度。不过，成人在他自己与儿童之间找出一种共同的基础并不是不可能的，现代教育的发展正是以这一可能性为根据的。回顾一下16、17甚至18世纪谈论儿童的文献，可以发现，儿童是被当作小成人来谈论的；从道德的观点以及培养的观点看，对他们的整个态度是把他们看作有某种缺陷的成人，需要予以训导以便使他们端正态度。他们要学习的东西是通过一个成人如何利用知识的形式教给他们的。直到19世纪，那些关心儿童教育的人才明确提出研究儿童的经验，重视儿童的经验。

即使在以等级制度为基础的社会中，也有某些共同态度；但它们为数极为有限，由于这种限制它们降低了自我充分发展的可能性。在那些环境下要获得这样一个自我，就必须远离那种等级秩序。在中世纪，社会存在一种明确的等级组织，有农奴、领主，还有基督教会的级别，因而出现这样的情境，要获得宗教共同体的成员资格，个体必须远离这种等级式社会。这至少在一定程度上解释了修道院生活和禁欲主义。其他共同体中基督教徒的发展，也揭示了同样的道理。他们逃避该社会的秩序，回到这样一种社会，使得这些等级本身得到调和，或者不存在。民主共同体的发展意味着等级的消除对于个体的人格发展必不可少；个体不是要成为处于特定等级或与其他群体相对的群体背景中的他，他的独特之处应该是职能差别上的独特之处，这种差别使他与他人相联系而不是孤立起来。①

早期武士阶级的等级区别把它的成员与共同体分离开。他们的战士特征把他们与共同体的其他成员区别开；他们之所以是他们，因为他们实质上不同于其他人。他们的活动把他们与共同体分离开。他们甚至会损害他们本应保卫的共同体，并且不可避免地会损害它，因为他们的活动实质上是好战的活动。随着 19 世纪初国家军队的发展，就有了人人成为战士的可能性，因此作为战士的人仍然是能与共同体其他成员认同的人；他采取他们的态度而他们也采取战士的态度。因此战士与共同体其余人的正常联系把人们团结在一起，把军队和国家主体结合在一起，而不是分离他们。同样的进步在其他等级中也可看到，诸如统治者与被统治者，这

---

① 在正常有益的特化的范围里，特化增进了具体的社会联系。职业上的差别本身并不造成社会等级。社会等级的出现是外人对群体的输入，正如由于所有权概念动物能够作为有用的东西被带进群体一样。对群体外的人抱有敌意，这个要素对于等级的发展必不可少。印度等级制度产生于征服。当它进入该群体之时，它始终包括群体的敌人；因此我不同意库利的意见，说分化的职业的世袭继承造成社会等级。

　　等级制度随着人类联系变得愈来愈具体而崩溃……奴隶演变成农奴、农民、工匠、公民。在所有这些阶段，都有一种联系的增强。在理想的条件下，从等级观点来看的隔离，从群体的观点来看将成为社会的职能……民主意识产生于职能的不同（1912 年）。

种基本差别使得那一特定群体的个体不可能与其他人认同,其他人也不可能与他认同。民主秩序要消灭那种差别,使得人人都既是君主又是臣民。一个人既是君主,同样也是臣民。只有当他承认其他人的权利时,他才开始运用和维护他的权利。而且人们可能这样对待其他的等级划分。

在任何特定人类社会中,社会个体成员意识中的伦理观念[①]产生于这样的事实:所有这些个体彼此间的共同的社会依赖(他们各自对整个社会或对所有其余人的共同依赖),产生于他们对这一事实的理解、了解、自觉认识。但是,对任何特定人类社会的个体成员而言,伦理问题产生于这样一些时候,即当他们个别地面对一个他们不能顺利地作出调适、不能容易地实现自己、不能立即整合自己行为的社会情境时;当他们面对和解决这样的问题(这些问题实质上是社会地顺应、适应其他个体的利益和行为的问题)时,他们具有的感情是自尊及与其他个体的暂时对立。就伦理问题而言,我们与所属的特定人类社会其他个体成员的关系取决于我们与他们的对立,而不像伦理理想阐发表述的那样取决于我们与他们的统一、合作和认同。每一个人类个体,要合乎道德地行动,就必须把他自己同有组织的社会行为型式结合起来,这种型式反映在他的自我的结构中,为他的自我所理

---

① [关于此处所指的伦理论点,见补充论文 4。]

解，使他成为一个有自我意识的人。错误、邪恶或个体的有罪行动与这一有组织的社会行为型式背道而驰，而正义、善、德行与这一型式相符，这一型式使他成为一个自我，使他是其所是；而且这一事实是关于良心（关于"应当"和"不应当"）的深厚伦理情感的基础。在说到我们在特定社会情境中的行动时，我们全都程度不等地具有这种情感。个体的自我知道他依赖于他所属的有组织社会或社会共同体，这是他的责任感（广义地说是他的伦理意识）的基础和来源；而伦理的和非伦理的行为基本上可以社会来定义：前者是对社会有益的即导致社会安宁的行为，后者是对社会有害的即导致社会分裂的行为。从另一种观点看，伦理理想和伦理问题可以按照个体自我的社会的与非社会的（非个人的与个人的）两个方面的冲突来考虑。自我的社会的即非个人的一面把它与它所属的、它由之获得生存的社会群体结合在一起；而自我的这一方面表现为个体与该社会群体其他成员合作或平等的感情。另一方面，自我的非社会的即个人的一面（不过，这一面也同样是社会的，与自我的非个人的一面一样，从根本上说是从社会中产生的，并且存在于与其他个体的社会联系之中），使它区别于它所属的社会群体的其他成员，使它处于与其他成员对立的独特地位；自我的这一方面表现为个体对该群体其他成员的优越感。人类社会的"社会"性（这无非是所有个体成员的集体自我的社会性）以及与之相随的所有这些个体对合作及社会相依性的感情，是伦理理想在该社会发展和存在的基础；而人类社会的"非社会"性（这无非是所有个体成员的集体自我的非社会性）以及与之相随的所有这些个体对个体性、优越于其他个体自我以及社会独立性的感情，造成了该社会的伦理问题。当然，每一个个体自我的这两个基本侧面在个体自己的经验中同样地或者说同时地造成了伦理理想的发展与伦理问题的产生。个体自己的经验与整个人类社会的经验相对立，而后者无非是其所有个体成员的社会经验的总和。

个体觉得最容易把他自己的行为与其他个体自我的行为结合在一起的社会情境是这样的：所有个体参与者都是特定人类社会整体中无数个社会职能群体（分别为各种特殊的社会目标和意图而组织起来的群体）中的某一群体的成员；在其中，该个体和其他个体都作为这一特殊群体的成员发挥他们各自的能力（当然，任何特定人类社会的每一个体成员都属于更多个这样的不同职能的群体）。相反，个体觉得很难把他自己的行为与其他人的行为结合在一起的社会情境是这样的：他和其他个体分别作为两个或更多个具有不同社会功能的群体的成员而行动，这些群体各自的社会目的或利益是对立的、冲突的或大相径庭的。在前面那种普遍的社会情境中，各个体对其他个体的态度本质上是社会的；而所有这些个体相互之间的社会态度的结合，体现（或者有可能多少完全地实现）任何社会情境关于组织、统一、协调和整合有关的几个个体行为的理想。在任何这样的社会情境中，个体在他与特定社会职能群体的所有其他成员的联系中实现他自身，并且在与所有其他个体的不同职能的联系中履行他自己的特定的社会职能。他采取所有其他个体对他自己采取的和他们相互之间采取的社会态度，据此控制他自己的行为举止，把自己同该情境或该群体结为一体；因此在他与其他个体的关系中没有丝毫竞争或敌意。相反，在后面那种普遍的社会情境中，每个个体对其他个体的态度本质上是非社会的即敌意的（虽然这些态度在基本的非伦理的意义上无疑也是社会的，是社会地产生的）；这样的情境非常复杂，使得涉身其中任何一个情境的不同个体之间根本不能建立共同的社会联系，或者，只有经过长期曲折的相互顺应过程才能建立这样的联系；因为这样的情境缺乏为所有个体所共有的共同群体或社会利益（它没有一个共同的社会目标或意图可以表征它并用来统一、调整、协调所有个体的行动；相反，在那个情境中，那些个体为种种不同的、多少冲突的社会利益或目的所推动）。这种社会情境的例子，有些涉及资本与劳工之间的相互作用与联系。在那里，一部分个体按照他们作为资本家阶级的社会职能行动，这个阶级是现代人类社会组织的一个经济侧面；而另一些个体则按照他们作为劳工阶级的社会职能行动，劳工阶级是那一社会组织的另一个（社会利益直接对立的）经济侧面。这种社会情境的其他例子有，所涉及的个体彼此处于生产者与消费者、买主与卖主的经济关系中，并且按照他们各自的社会职能本身行动。不过即使这种普遍型式的社会情境（包括涉身于这样一个情境中的个体之间的复杂社会对抗和不同的社会利益，各自缺乏为那些个体所共有的共同社会目的和动机进行调整、整合、统一的影响），即使这些社会情境，当出现在一般人类社会经验与行为过程中时，也是那整个过程一般关系型式的确定的侧面或组成部分。

因此，对于建立在我们至今所讨论的自我理论的基础上、得到最充分表现的社会秩序来说，必不可少的是将在所有个体身上发现的共同态度的一种组织。可以料想，这样一种态度的组织可能只涉及那个抽象的人，他在所有社会成员身上都是同一的，而个体的人格所特有的东西则将会消失。"人格"这个词意味着，该个体身上有某些共同的权利和价值观；但是在个体的那种社会资质之上，还存在把他与其他任何人区别开来、使他是其所是的东西。这是个体最珍贵的东西。问题是那个东西能否传递到社会自我上去，或社会自我是否将仅仅体现在一个大共同体中对他来说可能是很平常的那些反应。根据我们已经给出的说明，我们不必接受后一种选择。

当某人实现他自身时，由于他把自身区分出来了，他便

心灵、自我与社会 | 363

在某种特别情境下表现出他自己高于其他人，证明他有理由维护他对他们的优势。如果他不能把他自己的独特性带进共同的共同体，如果这种独特性得不到承认，如果其他人不能在某种意义上采取他的态度，他便不可能得到欣赏，不可能成为他试图成为的那个自我。作家、艺术家，必须有他的听众；他的听众可以是后世的听众，但必须有听众。一个人必须在他自己受到别人赞赏的个体创作中发现他的自我；个体所完成的东西本身必须是社会的。就他是一个自我而言，他必须是共同体生活的一个有机组成部分，而他的贡献必须是某种社会性的东西。也许他所发现的是一个理想，不过它具有其价值，是因为它属于社会这一事实。某人可能在某个方面走在他的时代前面，不过他所提出的东西必定属于他所属共同体的生活。于是，存在一种职能上的差异，不过这必定是共同体的其他人能够在某种真实意义上分担的职能差异。当然，有些人所作的贡献是其他人无法作出的，而且可能有些贡献是人们无法分担的；但是那些构成自我的东西只是那些可以分享的东西。要公正地承认一个个体在社会中的独特性，必须有分化，不仅是一个高度组织化的社会所具有的分化，而且是使有关的各种态度能够被群体其他成员采取的一种分化。

以劳工运动为例。必要的是共同体其他成员要能够采取劳工的态度发挥其职能。当然，等级制度使这一点不可能做到；而且现代劳工运动的发展不仅把实际有关的情境放在共同体面前，还必然促进等级组织本身的瓦解。等级组织势必在自我中间划分个体的基本职能，使人们无法同情其他人。当然，这并不禁绝某种社会联系的可能性；但任何这样的联系都包括着个体采取其他个体的态度的可能性，而职能的分化并未使这一点变得不可能。共同体的一个成员并不因为他能够把自己与其他个体认同就必然像他们一样。他可以与众不同。可以有共同的内容，共同的经验，而无需有职能的等同。职能的差异并不排除共同的经验；个体有可能使自己置身于其他人的地位，虽然他的职能不同于其他人。我想要指出的就是，与一个共同体的所有成员全都共有的人格相对的那种职能上分化的人格。

当然，存在某些人人皆有的共同反应，它们在社会方面并无分化，而是表现在不同共同体成员所特有的权利、一致性、共同行动方式、说话方式等上面。可与那些反应相区别的是与个体社会职能的不同相符的身份。可用下列例子说明个体站在他正予以影响的他人一边的能力：武士让自己处于他所进攻的人的地位，教师站在他正在予以指导的儿童的立场。这种能力使人能够显示他自己的独特之处，而同时采取他本身正在给予影响的其他人的态度。个体能够发展他自己的独特之处，亦即使他个体化的东西，同时仍是一个共同体的成员，只要他能采取他所影响的人的态度。当然，发生

心灵、自我与社会 | 365

这种情况的程度有天壤之别，不过对于作为共同体的公民而言必须具备一些这样的能力。

人们可能说，获得那种职能的分化和充分的社会参与是展现在人类共同体面前的一种理想。在现阶段它表现为民主的理想。人们常常认为，民主是一种社会秩序，在这种秩序中，那些尖锐分化的个性将被消除，一切都将和谐地处于一种情境之下，在那里，所有的人都将尽可能地像所有其他人一样。但是那肯定不是民主所包含的意思。民主的意思是，个体可以高度发展存在于他自己天性中的各种可能性，而且仍能采取他所影响的他人的态度。仍然可以有领袖人物，共同体可以享有他们的态度，只要这些优秀的个体本身能够采取他们所领导的共同体的态度。

个体能在多大程度上承担共同体中其他个体的角色，取决于许多因素。共同体可能在范围上超出该社会组织，可能超出使这种认同成为可能的社会组织的范围。最明显的例证是经济共同体。它包括某人可在任何环境下与之进行贸易的所有人，不过它代表了这样一个整体，在这个整体中，对所有人来说，采取其他人的态度几乎都是不可能的。普遍宗教的理想共同体是这样的共同体，在某种程度上可以说它们是存在的，不过它们暗含着某种程度的认同，而那是共同体的实际组织所不可能实现的。我们经常发现，在一个共同体中存在着等级，使得人们不可能采取其他人的态度，虽然他们事实上影响着其他人并受到其他人的影响。人类社会的理想是这样的，它能使人们的相互关系变得亲密无间，使必要的交流方式得到充分发展，使得执行自己的独特职能的个体能够采取他们所影响的其他人的态度。交流的发展不只是一个抽象观念的问题，而是把人的自我置于其他人态度之中的过程，通过表意符号进行交流的过程。记住，对于表意的符号来说必不可少的是，影响他人的姿态应该以同样的方式影响个体自身。只有当某人给另一个人的刺激在他自身唤起同样的或类似的反应时，该符号才是一个表意的符号。人类的交流通过这样的表意符号进行，问题是组织一个共同体使之成为可能。如果交流方式可以在理论上得到完善，那么个体将以他影响其他人的一切方式影响他自身。那也许是交流的理想，在符合逻辑的话语中达到的理想，只要它能被理解。这里，所说的话对某一个人所具有的意义和对任何别的人一样。普遍话语于是成为交流的规范的理想。如果交流能够进行并达到完善，那么就会存在我们所说的那种民主，使得每个个体都会在自身作出他知道他在共同体中引起的那种反应。这就使表意的交流成为共同体中的组织过程。这不只是转递抽象符号的过程；这始终是社会动作中的一个姿态，它在个体自身引起它在其他人身上引起的同样的动作倾向。

在某种意义上，经济社会和普遍宗教从两个方面接近了我们所说的人类社会的理想，但是这个理想绝没有充分实现。在一个民主型的单一共同体中，那些抽象概念可以放在一起。拿现存的民主来说，还不存在使个体能够置身于他们所影响的人的态度之中的那种交流的发展。于是出现一种拉平现象，以及对这种现象的过分赞誉。这种拉平不只是共同的，而且是完全同一的。只要个体不能采取他们在履行自己的特殊职能时所影响的那些人的态度，人类社会的理想便不能实现。

42. 概要与结论

我们已从行为主义的立场探讨了心理学；即，我们已开始考察有机体的行动，并探寻所谓的"智能"，尤其是"有自我意识的智能"在这一行动中的地位。这一论点意味着，与环境相联系的有机体以及在某种意义上由有机体的感受性选择决定的环境。有机体的感受性决定了它的环境将是什么，在那个意义上我们可以说一个生物决定它的环境。在环境中发现的刺激本身释放出一种冲动，一种按某一方式动作的趋势。我们说这一行动是明智的，只是因为它保存或增进了它所属的生物物种的利益。因此，智能是随生物与其环境之间的关系而变化的。我们研究的行动始终是生物在与环境交流时的动作。生物在对环境作出反应时通过来自环境的刺激释放出它的冲动，在这种时候，我们可以在植物或动物中发现这样的智能。

以前的心理学家（以及许多现代心理学家在谈到这一点时）都认为意识在有机体发展中的某一时刻发生。它应当首先呈现为感情的状态即欢乐与痛苦；并且认为动物通过欢乐与痛苦来控制其行动。他们认为，后来意识表现在对环境先前的刺激过程的感觉中。不过从我们的研究观点来看，这些感觉包括对环境本身的说明；即，除了感觉，我们不可能以任何其他方法说明环境，如果我们承认感觉是一种简单出现的意识这样一个定义的话。如果我们想要给感觉从中出现的环境下个定义，便得通过我们所见、所感和我们的观察认为存在的那些东西。我的想法是，意识本身并不代表外加给动物的一个孤立的实体或孤立的某物，而是相反，"意识"这个词（在它的一个基本用法上）代表某种与敏感的有机体相联系的环境。

这样一个陈述把两个哲学概念结合在一起：一个是突现概念，一个是相对性概念。我们可以认为，某些类型的特征出现在发展过程的特定阶段。当然，这可以扩展到远比我们所说的有机体低级的范围。例如，水产生于氢与氧的结合；它比构成它的原子高级。因此，当我们说到感觉这样的特征出现、突现时，实际上所要求的不过是任何有机合成物的特征。任何作为一个整体而大于其组成部分的东西都有一种属于它的性质，在那些构成它的元素中找不到的性质。

在最宽泛的意义上，意识并不是在某个时刻突现的，而是取决于某物与某个有机体的联系的一组特征。例如，色彩，可以认为是在与一个具有视觉器官的有机体的联系之中出现的。倘若那样，便有某种环境属于某种动物并且在与该动物的联系之中出现。如果我们接受突现和相对性这两个概念，我想指出的只是，它们的确与我们所说的"意识"相应。某种环境存在于它与有机体的联系之中，使新的特征借助于有机体而出现。我不想在此为这个哲学观点辩护[1]，而只是指出，它的确符合在进化的特定时刻给予动物的某些有意识的特征。根据这个观点，这些特征并不属于有机体本身，而只在于有机体与其环境的联系。它们是处于动物环境中的对象的特征。这些对象有颜色、有气味，在它们与有机体的联系中，或者是令人愉快的，或者是令人讨厌的，或者是可恶的，或者是美丽的。我已指出，在动物及与之相应的、由动物本身调节的环境的发展中，出现或突现了一些特征，它们取决于动物及其环境的这一联系。就这个词的一种意义而言，这样的特征构成意识的范围。

我们往往毫不迟疑地使用这个概念。当一种动物出现时，某些对象成了食物；我们知道，那些对象变成食物是因为这种动物具有某种消化器官。有些微生物对人类有危险，

---

[1] ［关于这样的辩护，见《当代哲学》与《行动哲学》。］

但要是没有容易受这些细菌袭击的个体，它们便不构成危险。我们常常提到环境中的某些对象由于动物与环境的联系而存在。有某些对象是美的，但是如果没有欣赏它们的个体，它们不会是美的。美是在那种有机联系中出现的。因而，一般说来，我们承认世上有些客观的领域取决于环境与某些动物的联系。我在此提出的是把这种承认扩展到意识领域。我想指出的只是，凭借这样一个概念，我们把握了我们所说的"意识"本身；如果我们使用这些概念，就不必把意识作为一种精神实体赋予动物，并且，如我说过的，当我们说到这样一个东西由于对象与动物的联系而作为食物在环境中突现时，我们实际使用了这些概念。我们也完全可以相同方式谈论颜色、声音，等等。

那样的话，心灵的东西便与环境对于一个特定有机体所具有的特殊特征相应。这使我们回想起我们在自我的普遍特征与个体特征之间所作的区别。自我是普遍的，它把自己认同于一个普遍的"客我"。我们使自己置身于所有人的态度中，而我们大家所看到的东西是以普遍形式表现的；不过各人有不同的感受性，一种颜色在我看来与在你看来是不同的。这些差异是由于有机体的独特特征，它与符合于普遍性的特征形成对照。

我不想超出心理学分析范围；但我的确认为，承认可以对意识作这样一个论述是十分重要的，因为它使我们进入一个心理学家一直在研究的领域。确定经验到的特征是否是意识状态，或者它们是否属于周围的世界，这一点很重要。如果它们是意识的状态，所产生的研究取向将不同于把所谓"有意识状态"看作与个体相联系的世界的特征时的取向。我所要求的只是，我们应当利用那一概念，就像我们在其他场合用它一样。它打开了用行为主义论述有意识的自我的大门，而过去人们一直认为行为主义不适宜论述那个问题。例如，它避免了完形心理学家提出的批评，即心理学家必须回到人们的某些有意识状态去。

"主我"是重要的，我在它与心理学领域有关的确定范围里论述了它，而没有考虑或辩护可能涉及哪些形而上学假设。这个限制是合理的，因为心理学家不承担维护某种形而上学的任务。当他论述周围的世界时，他只是按照它的现状来接受它。当然，在一些形而上学问题上，这一态度反复受到攻击，但是在科学上这种观点是合法的。

此外，我们所说的"意象"（这是把意识作为实体的最后一招）可以存在于它们与有机体的关系中，而无须交付给某种实体的意识。意象是一种记忆意象。这些作为符号在思考中发挥重大作用的意象属于环境。[①]我们阅读的这段话由记忆意象构成，我们看到周围的人，在很大程度上是借助于

---

① [在补充论文里我进一步论述意象这个题目。]

记忆意象才看到的。我们屡屡发现，我们所看到的东西和我们设想与某个对象的特征相符的东西事实上并不存在；它是个意象。意象存在于它与个体的联系之中，个体不仅具有感觉器官，而且具有某些过去的经验。具有这样的经验的人才具有这样的意象。这样说时，我们采取了一种常用态度，即当我们说已读过某个东西时所用的态度；记忆意象存在于它与某一有机体的联系之中，该有机体具有过去的经验，具有某些价值观，这些价值观也明确地存在于与那个记忆中的特定环境的联系中。

意识本身既涉及有机体也涉及其环境，而不可能单独存在于其中某一方面。如果我们在这个意义上解放了这一领域，便可以进行行为主义的论述，而不会遇到华生在论述意象时所遇到的困难。华生否认存在任何这样的东西，接着又不得不承认它，然后再尽量地缩小它。当然，在把经验作为意识状态加以论述时，存在同样的困难。如果我们认识到事物的这些特征的确存在于与有机体的联系之中，则我们可以自由地从行为主义的观点探讨有机体。

我认为在"选择"的一个现行意义上，意识并不具有"选择"能力。我们所说的"意识"只是使选择得以发生的有机体与环境的那一联系。意识产生于动物与环境的相互联系中，它包括这两个方面。饥饿并不会造成食物，但没有与饥饿的联系，一个对象便不会是食物对象。当存在动物与环境的那一联系时，对象可能出现，否则它是不会出现的；但是，动物并非是在从无中造出一个对象的意义上创造出食物。毋宁说，当动物处于与环境的这样一种联系之中时，便出现了这样一件作为食物的东西。小麦成为食物；正如水产生于氢和氧的联系之中一样。这并不是挑出某种东西并单独持有它（像"选择"这个词所暗示的），而是在这个过程中出现或突现了某种以前并不存在的东西。我要说，当我们说它是某些其他特征的进化形式时，这个观点没有任何魔术的成分，并且我想坚持说，这个概念的确恰好覆盖了我们所说的意识的领域。

当然，当我们回到早期心理学家所用的这样一个意识概念，并且把一切经验到的东西都交付于意识时，我们必须从外部创造另一个世界，并且说那里有某种与这些经验相应的东西。我坚持认为，我们可以采取行为主义的世界观而不受意识概念的搅扰和阻绊；我们提出的这样一种观点肯定不会比下述意识概念有更多的严重困难。那种观点把意识看作在生物史的某一时刻出现、在某个方面与特殊神经系统平行的东西。试图用一种适合于心理学家工作的方式表达这个概念，你将处于各种各样困难之中，这些困难远大于突现概念和相对论概念的困难。如果你愿意从这些概念的观点探讨世界，那么你也可以从行为主义的观点探讨心理学。

我所阐述的另一个概念有关我们归之于人类动物的特殊智能，所谓"理性的智能"，即"意识"这个词的另一个意思。如果意识是一个实体，那么可以说这个意识本身是理性的；仅凭定义就避免了我们所说的合理性现象问题。而我力图让合理性回归于某类行动，即个体置身于他所属的整个群体态度中的行动。这意味着整个群体都参与了某种有组织的活动，并且在这一有组织的活动中，一个人的动作引起所有其他人的动作。当一个有机体在自己的反应中采取了其他有关的有机体的态度时，我们所说的"理性"便出现了。这样有机体便可能在这整个合作过程中采取与它自己的动作有关的群体的态度。当它这样做时，它便是我们所说的"一个理性的存在"。如果它的行动具有这样的普遍性，它也就具有必然性，即包含在整个动作中的必然性——如果某人以某种方式行动，其他人必定以另一种方式行动。好，如果个体能够采取其他人的态度并用这些态度控制他自己的行动，并通过他自己的行动控制他们的行动，我们便具有了可以称之为"合理性"的东西。合理性的范围与有关的群体一样大；而那个群体在职能上、潜力上当然是要多大有多大。它可以包括所有说同一种语言的人。

语言本身无非是一个过程，借助于它，从事合作活动的个体便可采取其他参与同一活动的人的态度。通过姿态，即通过他的唤起其他人反应的那部分动作，他可以在自身唤起其他人的态度。语言作为一套表意的符号，无非是有机体用于唤起其他人的反应的一套姿态。那些姿态不是别的，而只是自然地刺激其他人参与合作过程、发挥他们作用的那一动作的组成部分。合理性因而可以用这样的行为来说明，如果我们承认姿态可以像影响其他人一样影响个体以便唤起属于他人的反应的话。心灵或理性以社会组织以及在这个社会组织中的合作活动为前提。思维无非是个体的推理过程，是我所称的"主我"与"客我"之间的一种对话的继续。

在采取群体的态度时，人已刺激他自己以一种特定方式作出反应。他的反应即"主我"是他采取动作的方式。如果他那样动了，可以说，便是在给群体增加某些东西，是在改变该群体。他的姿态唤起了一种将会略有不同的姿态。自我因而在这种社会生物的发展中出现，这种生物能够采取其他参与同一合作活动的人的态度。这样的行为的前提是神经系统的发展，它使个体能够采取他人的态度。当然，如果没有一个正在进行的有组织的社会活动，使得某人的动作可以重现无数做同一件事的他人的动作，他不可能采取他人的多得不计其数的态度，哪怕所有神经通路都发挥作用。不过，有了这样一个有组织的活动，他便可以采取群体中任何人的态度了。

这便是我想说明的意识的两个概念，因为在我看来，它们使行为主义的发展成为可能，使它突破过去所受的限制，使它成为对社会心理学对象的一种十分合适的探讨。有了这些关键概念，人们便无须回到寓居于个体内部的某种有意识领域；人们自始至终论述的都是个体的行动与环境的联系。

补充论文

1. 意象在行动中的作用[①]

（1）人类行为，或行动，像低等动物的行为一样，产生于各种冲动。一个冲动即在某种以一种特定方式对某种刺激作出反应的天生倾向。饥饿与愤怒是这种冲动的例证。最好称它们为"冲动"，而不是"本能"，因为它们在个体的生活史中受到广泛限制，这些限制远比低等动物的本能所受的限制广泛得多，用"本能"这个词来形容正常成年人的行为是极不准确的。

强调一下对引起冲动的恰当刺激的感受性是有意义的。这种感受性也可以称为"注意的选择性"。注意，就其主动的原动的方面而言，无非是指一种先前形成的动作倾向与释放这种冲动的刺激之间的关系。至于是否有被动的注意，这一点尚有疑问。感觉注意依赖于刺激的强度，甚至这一点也意味着一般的躲避态度或戒备态度，这些态度以这样的刺激或伴随强烈刺激作用的痛觉刺激为中介。在经验中产生的某些限制会使个体对这些强烈刺激的反应消失，例如，工人在工厂里对喧闹的声音毫不在乎。在这样的地方，人们没有能力保持所谓的"被动注意"，是由于这些刺激与反射性的躲避态度和逃跑态度分离了，这样认为至少不是毫无道理的。

在一种冲动寻求表现的地方，有机体还有另一种方法选择恰当刺激。这是在和意象的关系中发现的。十分常见的是，意象使个体能为寻求表现的冲动挑选恰当的刺激。这个意象取决于过去的经验。可能研究的只有人的意象，因为作为一个刺激或刺激的一个部分的意象，只可能为个体识别，或者通过他在社会行动中给予它的说明来识别。不过在该个体或一群个体的这一经验中，该意象所涉及的对象，同一个感觉过程所涉及的对象一样，或者可以看作存在于直接感觉经验范围之外，或者可以看作存在于所谓的"过去"。换言之，意象总是与一个对象有关。这个事实体现在这样的论断中。我们的一切意象都产生于先前的经验。例如，当某人回想起他过去曾遇见过的某个人的面容，当这张脸真的出现并为他认出时，他的态度无异于某人认出一个在远处看不确切的对象时的态度。只有在使感觉过程可能成为私人的或心理的情境下，意象才是私人的或心理的。这种情境即，个体有

---

① [亦见"意象或感觉"，载《哲学杂志》，第1卷（1904年），第604页以下。]

机体的再顺应及其环境都被包括在生活过程的实现之中。经验的私人方面或心理方面即是不能作为直接刺激起到释放冲动这一作用的那部分内容。来自过去经验的内容进入刺激，充实它，使它适合于动作的要求，就此而论，它们成为对象的一个部分，虽然反应的结果可能使人认为它是失败的。这时我们的判断是，那些看起来或硬、或软、或近、或远的东西，与实际情形恰恰相反。倘若这样，我们便说，所估计的内容是私人的或心理的。因而，涉及那些并不出现在刺激领域里的对象的内容以及并不进入对象的内容是心理的。不进入对象的内容，即时空上遥远的对象的意象，它们不是构成物理环境的成分，因为它们超出直接知觉的范围，也不是构成自我的社会结构背景的记忆领域的必要成分。

关于私人的和心理的内容的这一定义，与那种把私人的或心理的内容等同于个体自己的经验的定义，有完全不同的基础。因为，个体是他自己的一个对象，就像其他人是他的对象一样，就此而论，他的经验并不成为私人的和心理的。相反，他从他们当中认出共同特征，就连那些附属于一个个体、与其他人有别的经验，也被看作是他对大家的共同经验所作的一个贡献。因而，某人凭借其较为敏锐的视觉而单独察觉的东西不会被看作是心理性的。那种缺乏它所宣称的客观价值的经验才是私人的和心理的。当然，有些经验必定局限于某特定个体，而且其个体性是他人所无法分享的；例如，那些产生于人们自己的机体的经验，情感经验（感情）。它们是模糊的，无法与对象联系，不可能成为人们所属群体的共同财产（这种神秘的经验在某种程度上造成了有关超自然存在——上帝——的假设，上帝能够同情和理解这些情绪状态）。不过，这些状态具有或被认为具有客观的所指。某人所感到的牙疼不是客观的，因为它不能被分享，而是由他自己的机体产生的。人可能极想得到某种无法得到的东西，结果只有失望和一种未能达到的所指。不过这里仍有某种具有客观现实性的东西的影响。心理的东西即不能确保其所指因而仍然只是个体的经验的东西。即便如此，它要求重现和解释，以便它的客观性可能被发现；但是在做到这一点之前，除了个体经验之外它别无栖息之处，除了用他的主观生活描述之外别无他法。这里包括幻觉，错觉，受挫感，以及关于公认的法则和意义碰到真正例外的观察结论。从这一观点看，意象，就其具有客观所指而言，不是私人的或心理的。因而这幅超出我们视界的扩展的图景（我们的视界或许为近处的树木或建筑物所限制），这种没有疑问的当下的过去，都像知觉对象一样真实，像邻近的房屋的距离一样真实，像大理石桌子光滑冰凉的表面一样真实，或者像眼睛据其知觉跃距只需停顿两三次的印刷字行一样真实。在所有这些经验中都包含我们称之为"意象"的感觉内容（因为它们所涉及的对象不是它们出现的直接场合），它们只表现为私人的、心理的，因为它们的客观性受到质疑，就像与人体末端器官的直接兴奋相应的感觉内容可能受到质疑一样。感性的感觉经验是有机体适应时空上现存的那些对象的刺激的表现，而意象是有机体适应曾经存在但在现在的时空上已不复存在的那些对象的刺激的表现。如果有机体具有过去的经验以充实知觉对象的话，这些意象可融合为直接知觉；或者可以用来扩展在时间、空间或时空上超出直接知觉范围的经验领域；它们也可以不带这些所指而出现，虽然它们始终暗含着一种可能的所指，即，我们认为它们始终可能指涉它们所由产生的经验，如果它们的整个范围可以发展的话。

在后一种情况下，意象被说成是存在于心灵之中。重要的是要认识到，意象寓居于心灵并非由于意象的材料，因为同样的材料也进入我们的知觉和直接知觉之外的对象，它们存在于我们的时空界限之外。应该说，意象寓居于心灵，是由于通常称之为"联想"的心理过程尤其是思维过程对意象出现的控制。在思维过程中，我们重新调整我们的习惯并重新构造我们的对象。

联想律现在一般被认为是简单的重整过程，在这个过程中，意象有可能在时间、空间或职能（相似性）方面完备它自身。人们发现把这些倾向看作神经系统的协调作用是很方便的。观念的联合必须以神经元的联合为前提。因此，看见一个房间使人想起他曾在那里见过的某个人。他们当初相遇时受到过影响的中枢神经系统的那一区域，在后来看到那个房间时又受到一定影响，由于这个刺激作用，熟人的意象便出现了。作为一种作用过程，这同对距离或体积的知觉没有什么区别。这种知觉与我们的视觉经验相伴随，通过过去接触的意象充实着直接的视觉经验，除非关于熟人的意象不符合视觉经验，不能成为知觉的一部分。就幻觉而言，的确发生意象与视觉经验不符的情况，而且只有试图同熟人建立联系才能证明人是在同意象，而不是在同知觉事实打交道。在对联想的这样一个说明中，仍未解释的是这样的事实：一个意象出现了，而同样是该房间的经验组成部分的其他无数意象却未出现。通常根据频率、生动性及对比推出的解释被证明是不充分的，我们必须求助于寻求表现的冲动，换言之，求助于兴趣，或再换个说法，求助于注意。意识的所谓"选择性"对于解释联想同对于解释注意一样是必不可少的。当那些释放各种寻求表现的冲动的刺激从直接知觉领域的对象或从意象产生时，意识的"选择性"就表现为我们对这些刺激的感受性。前者符合有机体对出现在时空中的对象的适应，后者符合有机体对那些不再在时空中出现但仍反映在有机体神经结构中的对象的适应。有机体对两类刺激作用都很敏感。因此，我们认为，意象同外部感官知觉的对象一样，并不存在于心灵之中。它构成刺激领域的一部分，我们的态度或寻求表现的冲动使我们对它变得敏感。我们所需要的刺激的意象比其他的更生动。它足以组织对我们需要识别的对象的知觉态度，如赫尔巴特的术语"统觉体"所体现的。意象的感觉内容可能是比较轻微的，它的轻微程度使得许多心理学家教导说，我们的许多思维不含意象；但是，虽然人们可能很乐意承认有机体为实现包含在整个动作中的反应所作的顺应，因而把意象的这一部分看作最重要的，却没有理由怀疑作为刺激的感觉内容的存在。

观念联想说在解释行动中发挥了支配作用，其根据在于思想对意象所施加的控制。在思维中，我们向自己指明可用于重现知觉领域的意象，这个过程将作为以后讨论的题目。在这里我想指出的是，人们认为受到控制的意象与那些使它进入思考过程的意象服从同样的重整原则。后面的那些原则是表意的有声姿态即符号与它们所表示的东西之间的关系。我们说语词与事物相联系，并把这种联系用于意象的相互联结，以及它们帮助传递的反应。语词与事物的联结原则大部分是习惯形成的。解释这种习惯的形成并无意义。它与我们借以顺应变化条件的经验结构无关。儿童习惯于把某些名称用于某些事物。这并不说明事物在儿童经验中的联系或他对它们的反应类型，而联想主义心理学家正是这样认为的。一种习惯固定了某一种反应，但它的习惯性并不解释反应的发端，也不解释该反应在其中发生的世界的秩序。在对心灵的这一初步说明中我们首先认识到的是并非客观的内容，它们并不构成我们对之作反应的直接知觉世界，因而被称为"主观意象"内容；其次认识到，思想过程及其内容，通过与作为另一个人的自我的社会对话过程而产生，它在行为中的作用我们必须以后再研究。重要的是认识到，自我，作为其他个体中的一个，并不是主观的，它的经验本身也不是主观的。提出这个说明，是为了让意象本身不受包罗万象的主观性断言的影响。某些意象存在着，恰如其他知觉内容存在一样，而我们对它们的感受性与对其他知觉刺激的感受性起同样作用，即，选择和建造将表现出那些冲动的对象〔手稿〕。

(2) 关于意象惟一可说的是，它并不发生在我们的远距离刺激中，这些刺激构成周围世界，是可操纵区域的扩展。在这里，休谟关于生动性的区分或许是合理的，虽然更好的陈述是它在实现其职能时的效率，这种职能即唤起朝遥远对象的运动和接受对接触经验的证实。诚然，在遥远经验中的特征可能来自意象并确实唤起反应。因而一张熟悉面孔的轮廓可能由意象填充，致使我们走近这个人并握住他的手，最终我们确信他果真存在于现在的经验中。幻觉与错觉也引起这些反应，而导致的结论会纠正最初的印象。如果我们发现，遇到的是个陌生人而不是原来料想的朋友，我们或许会辨别出，遥远经验中的这个部分是与所谓"感觉"有别的意象。我们说意象是"在心理上存在"。这是什么意思？

最简单的回答可以是,该意象是个体有机体的经验,是显示在脑海里的感觉事件。如果这样说的意思是,作为意象出现之条件的中枢神经系统中有一种经验,这句话有一定意义。但是众所周知,中枢神经系统中的扰动并不是我们所说的"意象",除非我们把某些内部心理内容安置在大脑分子里,而这样我们便不是谈论作为[知觉]领域里的一个可能对象的中枢神经系统了。

意象当然并不局限于记忆。无论关于它起源于过去的经验可以说些什么,它与将来的联系同与过去的联系一样真实。实际上,这么说是公正的:仅就它在某种实在的意义上与将来有联系而言,它才与过去有关。它可能存在着,却同将来或过去都没有直接联系。我们可能完全无法安置这意象。意象被定位于心理范围,意味着自我存在,并且它在下列理论中不可能被用来说明它的所在,因为这个理论是要表明自我如何在经验中产生,而意象必定会被认为先于自我而存在。此处我们重新依靠生动性,把它看作有机体对意象不像对遥远刺激那样作出反应的一个原因,我们不把遥远的刺激称为意象。也许还有"生动性"这个词所未能表达的某些其他特征。但是很显然,如果意象具有属于所谓"感觉经验"的性质,我们应当对它作出反应,而它像上面指出的那样进入感觉经验表明,它并未由于其性质而被排斥。在我们自己错综复杂的经验里,控制的因素似乎是它没能作为一种构成结构而与复杂的环境相应。在它作为填充或作为幻觉进入时，有机体会毫不犹豫地对它作出反应，就像对感觉刺激作出反应一样；而且它的存在与正常刺激存在的意义相同，即，个体作出动作以达到或避免该意象所暗含的接触。因而，它没能成为遥远环境的一部分造成了它的被排斥。我已强调指出，并非关于坚硬性的意象构成了我们所见的材料。此处，仍是有机体在利用遥远刺激所造成的阻力时的功能性态度，构成了遥远对象的材料，而该意象并不引起这种态度。必须承认意象存在，但不属于在对感觉经验的遥远刺激作出反应这一意义上对之作出反应的领域，而且不这样反应的直接原因似乎在于它没能进入该领域的结构，除非作为填充，而那时它是不易觉察的。我们对它的特征的了解来自这样的根据即它的内容始终存在于以前的经验，来自中枢神经系统在它的出现中所发挥的作用。不过中枢神经系统所发挥的作用大体上是从记忆和期望在经验中的作用推导出来的。现在包括正在消逝的东西和正在出现的东西。我们的动作带我们走向正在出现的东西，而正在消逝的东西则提供了该动作的条件。于是意象加入进来以构造过去和未来。我们前后展望，思慕着不存在的东西。这个构造过程已经在建设现在中发挥作用，因为有机体赋予其领域现在的存在［手稿］。

(3) 意象是一种发生在个体内部的经验，据其本性与可以在知觉世界中给它一席之地的对象相分离；不过它对这些对象有着表象的所指。这种表象的所指见之于与动作的完成相应的象征和发起各种动作的不同刺激之间的联系中。通过对刺激内容的重组把这些不同的态度纳入和谐的关系。完成动作的所谓"意象"参与这一重组。这一意象的内容是多种多样的。它可能是视觉的和触觉的，也可能是其他感觉的。它很可能具有有声姿态的性质。它可以作为对重组对象是否成功的初步检验。其他意象位于动作的开端，例如关于某个不在场的朋友的记忆意象引发了到一个约会地点去会他的动作。意象可以在动作的任何地方发现，发挥着对象及其特征所起的同样作用。因此，它是不能根据其功能来区分的。

确实标志意象特征的，是它在它所涉及的对象并不在场的地方出现。人们公认它依赖过去的经验，即，它与过去存在的对象有联系，这在某种意义上取消了上述区别；不过它说明意象的本性，即一个不再存在的对象的内容继续存在。它显然属于对象的那个方面：依赖于处于出现该对象的情境中的个体的那个方面〔手稿〕。

2. 生物学个体

人类行为中不同类型行动之间最重要的区别，是我所要说的"生物学个体"的行动与"社会的自觉的个体"的行动之间的区别。这一区别大致相当于不包含有意识推理的行动与包含有意识推理的行动之间的区别，低等动物的较有智能的行动与人的行动之间的区别。虽然在人类行为中这些行动类型彼此可以清楚地区别开，它们并非处在互不联系的平面上，而是反复相互作用，在大多数情况下构成一种似乎无法区分的经验。人们用以进行网球快速比赛的技巧和用以设计一幢房子或规划一项生意的技巧，属于同一个体的有机禀赋，处于同一世界，受到同一理性控制。因为网球手不时批评他的球艺并学会针对不同对手把球打到不同地方；而在复杂的设计中，他自信地依靠他对环境和人的鉴别力。但是这种区别具有实在而深刻的意义，因为它标志着我们从低等生物继承来的特征与人类社会动物对其环境及自身所施加的特殊控制之间的区别。

如果认为人就是生物学个体加上理性，如果这个定义是说人过着两重生活，一重是基于冲动或本能的生活，另一重是基于理性的生活，那将是一种错误。如果我们认为理性所施加的控制是借助观念进行的，观念是心理内容，它们不出现在冲动的生活中，并因而形成一个真实的部分，那就更错了。与此相反，现代心理学的整个趋势是要使意志和理性处于冲动的生活之中。这一任务可能还没有取得完全成功，但是，使理性处于进化范围内的尝试是不可避免的；而如果这一尝试成功了，合理的行动必定由冲动的行动产生。我试图表明，这一进化发生在人类的社会行动中。另一方面，推理行动事实上是在冲动式行动失败的地方出现的。在动作未能实现其作用的地方，当获取食物的冲动努力没能带来食物的时候，尤其是，在冲突的冲动互相阻碍、抑制的地方，推理便可能带着一种生物学个体所不具有的新过程进入。推理过程的独特结果是，个体得到对之反应的一组不同对象，一个不同的刺激范围。对于各种事物进行了辨别、分析和重建。这些事物曾引起互相冲突的冲动，现在则引起一种使得相互冲突的冲动彼此顺应的反应。自身分裂的个体重又在其反应中统一起来。然而，就我们直接对周围事物作出反应，而不必寻找与我们的视觉、听觉和触觉直接接触的对象不同的对象而言，我们是冲动地动作的；因而我们是作为生物学个体、由冲动构成的个体动作的，这些冲动使我们对刺激变得敏感，并直接对这一刺激作出回答。

构成这一生物学个体的大量冲动是什么？对于这次讨论的目的来说，只需作一个大致的回答。(1) 这些冲动包括个体为保持其运动或静止的位置与平衡所作的各种顺应；(2) 组织对遥远对象的各种反应，导致趋近它们或离开它们的运动；(3) 身体表皮对于通过运动而接触到的对象作出的顺应，尤其是手对这些对象的操纵；(4) 攻击或防御敌对的捕食动物，包括对刚才提到的一般冲动的专门化组织；(5) 逃离、躲避危险的对象；(6) 趋近或避开不同性别的个体及性过程；(7) 获得并摄取食物；(8) 抚育照料婴幼儿，使孩子的身体得到父母的关怀；（9）避离热、冷、危险，通过休息和睡眠得到放松；（10）营造各种栖息处，用作防卫之所和照料子代之所。

虽然这只是原始人类冲动的一份粗糙的目录，它的确囊括了原始的冲动。如果我们排除群聚本能这一有争议的范围的话，那就没有什么原始反应不能在这里找到，没有什么原始反应不是这些冲动的可能的组合。在这种所谓群聚"本能"中，归根结底有两个因素，首先，群体成员聚在一起与其他成员沿同一方向、按相同速度运动的倾向；其次，整个生活过程在群体内部的实现要比在外部更正规、更平淡。后者显然是一个高度复合的因素，似乎表明在没有群体的情况下对于撤离、躲避刺激的提高了的敏感性。我指出这点，尤其是因为，这组冲动的含糊不清已导致许多人用这种本能来解释处于一个完全不同的行为层次上的社会行动现象。

人们惯于说，人类个体的本能受到几乎无限的限制，因而有别于低等动物的本能。在人身上几乎看不到后面那种意义上的本能，除了乳儿的反应，或许还有低幼儿直接表现出来的愤怒反应，以及其他少数太不成熟以至不能称之为本能的反应之外。儿童在人类社会中的生活使人性所赋予的这些冲动及所有冲动都服从一种压力，这种压力使它们成为动物的本能所不可伦比的；虽然我们已发现，低等动物的本能由于长期积累的环境转换经验也在发生逐渐的变化。当然，这种压力只有凭借理性的特征才成为可能，而理性的特征，照我的看法，在儿童所能参与的社会行为中得到解释。

低等动物中这一本能或冲动的材料得到高度组织。它体现了动物对一个十分确定而有限的世界的顺应。动物所敏感到的刺激、存在于动物栖息地的刺激构成那个世界，与动物可能的反应相应。两者相互适应并相互决定，因为寻求表现的冲动决定了动物对刺激的感受性，并且是刺激的存在释放了本能。组织不仅体现了态度的平衡和运动的节奏，而且体现了连续的相互作用，体现了该动物及该物种整个统一的生命结构。在任何已知的人类共同体中，哪怕是最原始的共同体中，我们都没有看到这样一个统一的世界，也没有这样一个统一的个体。人类世界中存在一个过去和一个不确定的未来，一个可能受群体中的个体行为影响的未来。个体投身于各种可能的情境，运用各种器具和社会态度着手制造一个不同的生存环境，而这会表现出各种不同的冲动。

从低等动物的本能行为的观点看，或从人对感性世界的直接反应的观点看（换言之，从冲动与表现冲动的对象之间的完整联系的观点看），过去与将来俱不存在；然而它们表现在情境中。它们表现在，通过在使人体末端器官兴奋的直接感官刺激中和在意象中选择某些成分而顺利地适应环境。什么东西代表过去、什么东西代表未来，无法从内容上加以区分。代表过去的是，使冲动实际顺应作为刺激的对象。代表未来的是，在动作过程中变动的经验领域对动作的实施保持的控制。

直到反思对具有这些特征（一方面是完善的顺应，另一方面是变动的控制）的某一部分经验产生影响时，经验之流才分化为与当下的现在相对的过去与未来；生物学个体生活在一个未经分化的现在；社会的反思的个体使之成为具有一个固定的过去和一个不太确定的未来的经验之流。经验的现在主要由以上列出的冲动来体现，我们由遗传得来的对物理世界和社会的顺应，不断受到社会反思过程的重组；这种重组根据对刺激领域的分析和选择进行，而不是根据冲动的直接指引和重新结合。对冲动的控制总是通过对刺激的选择来实行，而这些刺激又受制于其他各种寻求表现的冲动的敏化影响。现在的当下性决不会失去，而生物学个体作为无可置疑的现实存在于心灵之中，这些心灵具有不同构造的过去和不同设计的未来。科学反思的任务在于分离出某些固定的顺应（用我们的平衡姿态、朝向对象的运动、同对象的接触以及对对象的操纵）作为一个物理的世界，与生物学个体及其复杂的神经系统相应的世界。

从经验中产生的这个物理世界，不仅与我们关于遥远对象的姿态和运动以及对这些对象的操纵相应，而且与生物学机制，尤其是这些反应借以实现的复杂的神经调节相应。由于我们是在这个物理世界中达到最完善的控制，把个体作为一种机制置于这个物理世界之中的倾向非常强烈。正是因为我们使自己表现为生物学机制，我们能够更好地控制相应的更广泛的条件，决定行动的条件。另一方面，这个机械论的陈述从行动的一切意图和目的中提取出来。如果这些出现在个体的陈述中，它们必定被置于心灵之中，作为自我的表现；换言之，置于一个自我的世界中，即，一个社会的世界中。我不想涉及与这些区别有关的微妙问题：机械论与目的论的问题，心与身的问题，心理学平行论或交互作用论的问题。我只想表明按人们的一般做法，把有关行为的机械论陈述归入物理领域、把关于目的和意图的陈述归入心理世界这种区分的逻辑动机。虽然前面谈到过去与未来之别时所承认的这两点至关重要，有必要强调一下现代科学方法（这无非是一种精致的反思形式）在用实验检验实在时不可避免地回复到简单的直接经验。现代科学最终把它最抽象最精妙的假说置于"现在"的范围，以证明它们的可信性及真理性。

这个现实的、作为对科学假说的实在性以及我们一切观念与设想的真理性的最终检验的直接经验，是我所称的"生物学个体"的经验。"生物学个体"指的是处于这样的态度与时刻中的个体：他的各种冲动与其周围的对象维持着一种完整的联系。有关天平秤上的指针、恒星与望远镜叉线的重合、某个体在房间里的出现、一项商业交易的完成等的最后记录，所有这些可能证实任何假设或设想的现象本身并未经过分析。人们所追求的是一个预期结果同实际事件的一致。我称之为"生物学的",因为这个词强调的是可以同反思相区别的活的现实。以后的反思又回到它上面,力图用物理刺激与生物机制表现世界与个体之间完整的相互联系;实际的经验并不以这种形式发生,而是以单纯的现实形式发生〔手稿〕。

3. 自我与反思过程

反思过程本身是在社会行为中产生的。这个过程首先应以最简单的形式说明。如我已说明过的,它意味着动作的某些挫折,尤其是由于相互妨碍的冲动而造成的挫折。向前取食物或水的冲动受到撤退、逃离冲动的制约,后一种冲动因为发现危险的迹象或禁止入内的标记而产生。比人类低等的动物在这些情况下的态度是前进或退却,这个过程本身导致某种解决办法而无需反思。例如猫在迷箱里不停地瞎跑,最后发现了使它们能跑出去的弹簧;不过这样发现的解决办法并非反思的答案,虽然不断的重复最终会把这一反应铭刻下来,有过经验的猫再被放进迷箱时会一下就松开这个弹簧。人类技能的相当部分就是在玩游戏、演奏乐器的过程中获得的,通过肌肉对新环境的顺应而在不断摸索的过程中获得的。

在这个过程中,相互对立的冲动相继成为主要的,获得表现,直到它被对立的冲动阻止。例如,一条狗走近一个给它肉吃的陌生人,快要走到他跟前时,由于这个人的陌生给它造成的各种刺激的累积,它突然飞快地跑开,同时发出狂叫。对立的冲动交替占优势的情况可能持续一段时间,直到彼此都试完了,它们便让位给其他的冲动,它们的刺激便完全退出了现场。许多人认为这种进退对对象的其他特征发生影响,引起可能解决该问题的其他冲动。向陌生人靠得近些,可能会闻到一种熟悉的气味,从而排除了释放逃跑和敌对冲动的刺激。在我们所举的另一个例子里,即箱子里的猫这个例子,一个接一个冲动的动作最终偶然松开了弹簧。在人类行动中也有同样情况,例如,网球新手或小提琴新手的笨拙、尴尬、踌躇;这里我们可以这样形容他们,说他们正在学习而并不知道自己怎样学习。他看到了以前没有看到过的新的情境。对手的位置以及球来的角度突然变得重要了。这些客观情境过去对他来说并不存在。但他不是根据任何理论建造出它们来的。它们自己存在着,虽然过去并不存在于他的经验之中;反省表明,他认识到它们是由于他对新的反应有了准备。由于他自己的运动态度,它们引起了他的注意。他逐步形成他所称的"形式"。事实上,"形式"是那些运动态度的一种感觉,它使我们对引起寻求表现的反应的那些刺激变得敏感。整个过程是一个非反思的过程,在这个过程中，冲动及其相应的对象或存在或不存在。对客观领域和相互冲突的冲动的重组的确发生在经验中。当它发生时，它便显示在新的对象和新的态度中，而我们可能暂时延缓使那种重组发生的态度。现行解释用的是试验除错法，记住成功的反应，排除不成功的反应，对伴随成功的喜悦和伴随失败的痛苦的选择能力，并未证明是令人满意的，不过这个过程不属于反思的范围，我们现在不必纠缠在这个过程上。

作为简单反思的一个例子，我们可以开抽屉为例。虽然我们用越来越大的力气反复拉它，这个抽屉仍然打不开。这时，人不是用尽全身力气直至把抽屉把手拉下来，而是运用他的智能，尽可能找出阻力所在，看出哪一边略有松动，从而把力气用在阻力最大的地方。或者注意抽屉里东西放的情况，把抽屉往上抬一些，从而能取出妨碍他拉开抽屉的东西。在此过程中，与我们刚才讲的那种不假思索的方法的显著区别在于对对象的分析。抽屉暂时已不只是某个要拉出来的东西。它是一个有不同组成部分的木制品，它的某一部分可能比其他部分鼓胀。它还是一个塞满东西的容器，这些东西凸出来使抽屉框容纳不了。不过，这个分析并未超出冲动的范围。这个人用双手操作，对于某一边比另一边阻力更大的感觉使他在阻力最大的地方加把劲。关于抽屉里所放东西的记忆与拖出障碍物的倾向一致。一般知觉的作用过程，使人的动作倾向引导他觉察到能使该倾向自由发挥的对象，它完全能够处理这个问题,只要他能够保证一个行为范围,在这个范围里,一个单一对象的各部分可以与有组织反应的各个部分相应。这样一个范围不是公开动作的范围,因为那些不同的建议是作为有关最好的进攻计划的相互竞争的假说出现的,而且必须相互联系,以便成为一个新的整体的各个部分。

简单禁止相互竞争的冲动不能提供这样一个范围。这种禁止可能留给我们彼此完全否定的东西:一个不是抽屉的抽屉,因为它抽不动;一个既是敌人又是朋友的人;或者一条禁止通行的路。我们也许只能服从不可避免的命运,而把注意力转向其他动作领域。我们也无权断言心灵乃是反思的所在——处于进化某一阶段的心灵存在着,一种天生的内在禀赋使人们能用新的生活技能装备自己。我们所从事的是要发现心灵在行为中的发展,这种行为并不反思自身,完全属于一个当下事物以及对事物的当下反应的世界。如果它要成为一种行为的进化,它必须可以用我们认为在生物中发生的行为方式来陈述,这种方式即该过程的每一步必定是一个动作,使得一个冲动通过知觉域中的一个对象得到表现。也许又有必要就下述假设提出告诫,这种很容易产生的假设是:起源于体内的经验构成一个内部世界,反思以某种模糊的方式从中产生。还要就这样的假设提出告诫:个体的身体作为一个知觉对象提供了一个中心,经验可以依附于它,从而产生一个私人的心理的领域，其中有表象的根源，并因而有反思的根源。腹痛或脚趾戳痛都不会引起反思，欢乐或痛苦、情绪或心境，也不能构成必然关涉到某个自我的内部心理内容，不会因而构成一个内部世界，使"土生土长的"思想从中产生。表现在上述例子中的反思至少包括两种态度：一是表明造成互相冲突的冲动的对象的一个新特征（分析）；另一个是组织对知觉对象的反应，从而某人对他自身表明的反应犹如他可能对他人作出的反应（复现）。思想由之产生的直接活动是社会性动作，并且可能最早表现在原始的社会反应中。因此我们可以首先考虑最简单的社会行动形式，当我们明白这样的行动是否构成一个反思的领域和方法时再回到反思上来。

任何个体的社会行动可以定义为由冲动引起的行动，这些冲动的特定刺激是在属于同一生物群体的其他个体身上发现的。这些刺激可以诉诸任何感官，但是有一类这样的刺激需要特别注意和强调。这些是运动的态度和其他个体运动的早期阶段，它们控制着有关个体的反应。它们大都被比较心理学家忽视了；正如被达尔文、皮德里克和冯特讨论时那样，它们被看作不是直接地影响其他个体，而是通过表达他们的情绪、意图或观念发生影响；即，它们不是被看作具体的刺激，而是被看作第二级的派生的刺激。但是任何人只要研究所谓"姿态的会话"，准备打架的狗的姿态会话，或婴儿及母亲的调适，或畜群的相互运动，都将认识到，社会性动作的开端引起本能的或冲动的反应，犹如动物对气味、触觉或喊声的反应一样直接。冯特作出很大贡献，把这些刺激置于姿态这个一般术语之下，从而把发出的声音归入这样一个类，即有声的姿态，这些声音发展成为人们明确表达的有意义言语。对社会行动的这个概念还应作点说明。不应把社会行动局限于那些个体的相互作用，局限于他们承认、保全其他人、为其他人服务的行动。社会行动还包括动物的敌人。对于社会行动来说，老虎和水牛、鹿一样是丛林社会的成员。在较狭隘的群体的发展中，敌意和逃跑的本能或冲动，以及体现其初期阶段的姿态，不仅在保护相互支持的动物中发挥十分重要的作用，而且在这些动物彼此采取的行动中发挥十分重要的作用。指出下面一点也并无不当：在动物生命过程的发展中，追猎者与被追者，捕食者与被食者，互相紧密交织在一起，犹如母亲与婴儿或不同性别的个体密切交织在一起一样。

在低等动物中间，社会行动包含在进攻和逃跑的本能中，性本能中，父母和婴孩的天性中，包含在群居动物的本能中（虽然其轮廓有点模糊），或许包含在栖息地的建筑中。在所有这些过程中，动物自身，它们的活动，尤其是这些活动的初期阶段（为了顺应另一动物的动作，即将到来的反应的最初迹象最为重要）以及它们发出的声音乃是对社会冲动的具体刺激。这些反应就其性质而言，与对非社会的物理刺激的反应一样直接和客观。不管这一行动可能变得多么复杂错综，如在蜜蜂、蚂蚁的生活中那样，或者如海狸建巢那样的行动，能干的动物研究者尚未获得可信的证据表明一个动物会向另一动物指示在我们所谓的"心"中形成的某个对象或动作。换言之，没有迹象表明，一个动物能够用表意的姿态向另一动物传达信息。野兽对外部对象直接作出反应，也许也对意象作出反应，但它没有过去或未来，没有作为对象的自我。一句话，它没有上述的心灵，不能反思，也不能"合理地行动"（在这个词现在被使用的意义上）。

我们在鸟类中发现一种奇特的现象。鸟类在性交和哺育幼鸟的行动中广泛使用有声的姿态。有声的姿态尤其具有这样的特点，即很可能直接影响使用这种姿态的动物本身，就像影响其他动物一样。当然，这并不是说这一效果必将实现；它的实现与否取决于冲动的存在，即要求刺激来予以释放的那些冲动。在动物的共同社会生活中，一个动物的冲动并不是要干它刺激其他动物去干的事，因此即便该刺激具有这样一种特点以致像影响其他动物那样影响个体自身的感官，这一刺激通常对他的行动没有直接影响。但是，有某种迹象表明，鸟类中确有这种情况。很难相信鸟不受自己叫声的刺激而让自己发出鸣叫。

如果甲鸟用其叫声对乙鸟引起一种反应，而乙鸟不仅用对甲鸟引起反应的叫声作出反应,而且在其自身产生一种用与甲鸟发出的声音相同的叫声表现出来的态度,乙鸟将刺激自己发出同样的声音,正如它对甲鸟引起的反应一样。这意味着两只鸟寻求表现的同样态度以及表现这些态度的同样声音。如果情况是这样,一只鸟常常听着其他鸟的声音而鸣叫,那么就可能产生同样的音调和叫声。重要的是要看到,这样一个过程并非通常所说的"模仿"。乙鸟并非在甲鸟的声音中发现一种发出同样声音的刺激。相反,我认为乙鸟对甲鸟的回答刺激它自身发出与甲鸟相同的声音。很少有或者说没有令人信服的证据,表明一动物的行动的任何一个方面是对另一动物以同样方式动作的直接刺激。一动物刺激它自身作出它在另一动物身上引起的同样表现,至少在这种意义上不是模仿,不过它说明了大量作为这种模仿而发生的现象。它只能发生在我所强调的条件之下。该刺激以它作用于其他动物的同样方式作用于该动物本身,就有声的姿态而言,这一条件的确是达到了。某些鸟,例如模仿类鸟,的确这样重复其他鸟的有关声音;同金丝雀一起关在鸟笼里的麻雀会重复金丝雀的叫声。我们十分熟悉的重复有声姿态的例子是学舌鸟的技能。在这些情况下,音素的结合(即所谓词语)由鸟重复,犹如麻雀重复金丝雀的叫声一样。这是一个有趣的过程,因为它可以说明孩子如何学会他所听到的语言。它突出了有声姿态的重要性,因为它有可能刺激个体对自身作出反应。但是必须认识到，动物对自己的刺激的反应，只能发生在这一刺激所释放的寻求表现的冲动存在的地方，有声的姿态作为一种既对其他个体发出又对个体自身发出的社会动作，将被发现是极为重要的。

此处在行为的领域中，我们达到这样一种情境，使得个体能像影响其他个体那样影响其自身，并因而可以对这一刺激作出反应，犹如它会对其他个体的刺激作出反应一样；换言之，这里出现一种情境，使得个体可以成为自己行为领域内的一个对象。这便满足了心灵出现的第一个条件。但是，若无与这些自我刺激相应的感应，这一反应便不会发生，自我刺激将会推进和增强个体的行动。两种性别的鸟求爱时的有声姿态是相似的，就此而言，它们所激起的兴奋便会表达为其他声音，而这些声音又将增强兴奋。由于对手的吼叫声而激发起进攻态度的某个动物会发出同样的咆哮，刺激前者的敌对态度。但是，这一吼声，可能会反过来作用于动物自身并唤起一种更新了的战斗兴奋状态，从而唤起更响的吼声。一只公鸡响应另一只公鸡的啼叫声，它会刺激自身对它自己的啼叫声作出应答。如果对着月亮吠叫的狗不为自己的嚎叫声所刺激，它不可能继续叫下去。人们注意到，在照料幼鸽时，身为父母的鸽子因其咕咕叫声而使彼此兴奋。就这些声音影响其他鸟而言，它们势必影响该鸟以同样方式发出这些声音。我们在此发现某种社会情境，使得有声的姿态促进性行为的准备、敌对冲突的准备、照顾幼辈的准备，这些姿态反过来作用于发出这些声音的动物，使之对社会活动做好准备，产生的效果正如在它们直接对之作出姿态的个体身上造成的效果一样。相反，如果有声的姿态在另一动物身上引起不同的反应，表现为一种不同的有声姿态，便不存在这种有声姿态的直接增强。父母的声音引起子辈的声音，除非它在父母身上引起子辈的反应，这种反应再次刺激父母产生声音，否则便不会刺激父母重复其自己有声的姿态。就人类而言，这种复杂情况的确出现，但是在比人低等的动物中，父母与子辈的关系中恐怕不存在这种情况。

在这些实例中，我们看到这样的社会情境，在进行共同参与的动作时，一个动物的行动影响着另一个动物的行动。这些动作使得姿势与相应的态度如此相似，以至于一个动物刺激自己作出另一动物的姿势及态度从而重新刺激其自身。在某种程度上，该动物扮演另一动物的角色并由此突出了表现其自身的角色。在我们引证过的动物中，这种情况只有在下述场合才可能，即当这些角色在准备社会动作的某个阶段上或多或少同一的时候。然而，这一动作不属于由之产生反思的抑制型（虽然在个体对彼此动作的顺应中必定有某种抑制），它也不包括对于分析和复现来说必不可少的如此多样的态度。缺乏态度的多样性（我说的"态度"，是指陷于一种准备表现的冲动之中的有机体的顺应）也不是由于其行动缺乏复杂性。这些低等动物的许多动作像人类由反思控制的动作一样极为复杂。区别在于我已说明的本能与冲动之间的区别。本能可以是极为复杂的，例如，黄蜂在它构筑的蜂巢里下卵，并为将要从卵里出来的幼蜂做好准备；不过，这里整个复杂过程的不同成分非常牢固地组织在一起，以致任何一点上的挫折都将挫败整个事业。它不允许整体的各个部分重新结合。而人类的冲动在面临障碍与抑制时一般是可以经受这样的分解与重组的。

我想，有一种环境同人类动作的可分离性不无联系。我指的是通过人手使人感受到的接触经验。大多数比人低等的脊椎动物的接触经验表示其动作的完成。在战斗、觅食、性交、成年与童年的大部分活动、进攻、逃往安全地带、防热防寒、选择睡眠地点等等活动中，接触与本能的目标是同时达到的；而人手则提供了一种间接的接触，这种接触的内容远比动物的口部或脚爪的接触丰富得多。人的工具乃是人手的作品及延伸。它们提供另外一些更为多样的接触，这些接触存在于他的活动的开端和结束之间。当然，这里考虑的不仅是手这个器官本身，而且包括它通过中枢神经系统与机体其他器官发生的无数合作。考虑到动作各部分的可分离性，这一点尤为重要，因为我们的知觉包括由视觉或某种其他距离感觉提供的接触的意象。我们看出事物是坚硬的还是柔软的，粗糙的还是光滑的，根据我们自身判断它是大的还是小的，是冷的还是热的，是干的还是湿的。这种想象的接触使所见物成为真实的东西。因而这些想象的接触对于控制行动极为重要。各种各样接触的意象可能意味着各种各样事物，而各种各样事物则意味着各种各样反应。我必须再次强调这个事实，只有当存在与这种刺激的多样性相应并寻求表现的冲动时，这种多样性才会存在于经验之中。然而，人手的接触介于动作的开始与结束之间；对大量不同行事方式提供了大量不同的刺激，因而在出现障碍和阻力时，便激起不同的冲动在完成动作中表现自身。人手给予人一个充满各种事物的世界，非常有助于打破固定不变的本能。

现在回到有声的姿态，我要指出人类的另一个特点，在人类特有智能的发展中极为重要的特点，即他的漫长的幼年期。我指的不是菲斯克所强调的优点，伴随以后成熟期而来的各种机会，而是指有声的姿态在父母尤其是母亲对儿童的照料中发挥的作用。构成以后的有声言语的那些音素，属于一种社会态度，它引起其他人的响应及有声的姿态。儿童出于害怕的啼哭具有逃往其父母的倾向，而父母鼓励的语调则是提供保护的组成部分。这种出于害怕的有声姿态唤起相应的提供保护的姿态。

在孩子与父母的这种关系中出现了两种有趣的人类行动类型。一方面，我们发现所谓的儿童模仿；另一方面是父母表示同情的反应。这两种行动类型的基础都在于，个体刺激他自己以其他人对他作出反应的相同方式作出反应。我们已经看到，要做到这一点，需要满足两个条件。个体必须被影响他人的刺激所影响，并且经过同样的感官通道受到影响。有声的姿态便是这样。发出的声音传入讲话人的耳朵，其生理过程同传入听他讲话的人的耳朵一样。另一个条件是，发出声音的人必须有一个寻求表现的冲动，在功能上，它同听到该声音的另一个人对刺激作出反应的冲动属于同一种类。我们十分熟悉的例子是，孩子啼哭之后发出安慰的声音，这原是父母表示保护态度的声音。这种孩子气的行动类型以后发展成无数玩耍形式，孩子在玩耍中扮演他周围成人的角色。玩娃娃这个非常普遍的习惯表明，孩子多么乐于表现父母的态度，也许应当说，表现父母的某些态度。人类的幼儿长期依赖成人，在此期间，他的兴趣集中在他与那些照料他的人的关系上，这就给了他机会反复地玩这种扮演他人角色的游戏。低等动物的幼年很快就对适合于它那个种类成年动物行动的刺激作出直接的反应，靠的是早熟的本能活动，而孩子在相当长时期里注意的是由原来家庭所提供的社会环境，用他的姿态尤其是有声的姿态来寻求供养、食物、温暖和保护。这些姿态必不可免在他自身唤起父母的反应，在孩子的天性中很早就非常明显地表现出这种反应，并且这种反应将包括父母相应的有声的姿态。孩子会刺激他自身发出他刺激父母发出的声音。孩子对之作反应的社会情境是由其社会环境决定的，就此而言，该环境将决定他发出什么声音并因而决定他在他人和自己身上刺激出怎样的反应。他周围的生活将间接地决定他在行动中作出怎样的父母反应，而对成人反应的直接刺激将不可避免地出现在他自己的孩子气的要求中。对于成人的刺激他作出孩子的反应。在这些刺激中没有什么会引起一种成人反应。但是就他注意自己孩子气的要求而言，会出现成人的反应，不过仅当他已准备好表现这些成人冲动的某些方面时才会出现。当然，这些成人反应的不完全性和相对不成熟性给予孩子的行动一种与玩耍相伴随的特征。另一特征是孩子能刺激他自己做这个活动。在幼儿的玩耍中，即使他们在共同玩耍，也有大量证据表明孩子在玩耍过程中扮演不同的角色；孩子单独也会继续玩耍，用他自己有声的姿态刺激自己不停地扮演无数的角色。其他种类的小动物的玩耍没有这种自我刺激的特征，而是展现了成熟的本能反应，远比在幼儿早期玩耍中看到的本能反应成熟得多。很显然，正是从这样的行动中，从自言自语并以他人的适当反应作出反应中，"自我意识"出现了。幼儿在这个婴幼期造了个讲坛，他在这个讲坛里扮演不同的角色，而幼儿的自我便逐渐在这些不同的社会态度中形成，始终保持着对自己讲话并以在某种意义上属于他人的反应对这种讲话作出反应的能力。他带着心灵这个机制进入成年。

我们所描述的成年人的同情态度产生于同一种扮演与自

己有着社会联系的他人角色的能力。这种态度不包括在帮助、支援和保护的直接反应中。这是一种直接的冲动，在低等动物中是一种直接的本能，它与偶尔实行相反的本能并非完全不相容的。间或以十分常见的父母方式行动的动物，可能表现得残酷无情，它们消灭和吞噬其后代。同情始终意味着，某人激发他自己采取援助和照顾他人的态度，他在某种程度上采取了他所援助的人的态度。普通的说法是"设身处地"。也许这是人类特有的行动类型，其特征在于通过像他人那样作出反应来刺激某人的自我采取某个动作。我们将看到，对人的行动的这一控制，通过像他人那样作出反应，并不局限于友善的行动。但是我们倾向于保留"同情"这个词，用于友善的动作和态度，它们是任何人类群体生活的基本纽带。不管我们是否同意麦独孤的这个论点，即我们所定义的人道或温存这个人道意义上的人性的基本特征起源于父母的冲动，无可置疑的是，以各种方式帮助他人这一基本态度明显表现在对幼儿的关系中。任何形式的孤立无援都使我们降低到幼儿的地位，并唤起我们所属共同体其他成员的父母般的反应。对更广泛的社会集团的认识上的任何一个进步都如同天国一般；我们只有作为幼儿才能进入其间。成年人早已带着某种类型的自我通过童年之门进入社会，这个自我通过扮演各种不同角色而产生；因而他带着我们所说的"同情"转向他或她自己的孩子；不过这个母亲或父亲十分经常地在其父母反应中实施这种态度。正是在这种意义上,心理学意义上的社会从家庭中发展出来。父母的态度像婴幼儿的态度一样,首先满足自我刺激的意图(我们在鸟的例子中指出过这一点),并因而突出了有价值的反应,但是它们其次便提供了心灵的机制。

可以在行为中识别的心灵的最重要活动是协调相互冲突的冲动,使它们能和谐地表现自己。回忆一下我们用过的例证,向前觅食或休息的冲动受到躲避陡坡的本能的抑制,心灵对这些相互抵制的倾向加以组织,使个体迂回前进,既向前去了,又躲开了掉下陡坡的危险。这并非通过对运动过程的直接重组而完成。心理过程并非从内部进行的一种机制的重新调整,并非动机和途径的一种重新安排。对冲动的控制仅在于转换注意力,使其他对象进入刺激域,释放其他的冲动,或者重新安排对象,使得这些本能按不同的时刻表表现它们自身,或有所增减地表现它们自身。我们对注意力的这一转换的解释是,原先并不直接参与动作的那些倾向现在参与进来。这些倾向使我们对不在刺激域内的刺激敏感起来。即使突然的强烈的刺激作用于我们,也是由于在面临这种刺激时我们具有突然撤退或进攻的反应。我已经说过,在低等动物的行动中,这种冲突导致从一种反应类型变为另一种类型。在这些动物中,这些冲动牢固地组织在固定的本能中,反应的选择仅在于一种天生的习惯和其他习惯之中。用其他的话来说，本能的个体不可能顺应一个新的刺激域，从而打破他的对象，重组他的行动，因为他的有组织的反应不可能分解并以新的方式结合起来。因此，心灵的机制问题，在于促成一种超出生物有机体之上的行动类型，这种行动类型将分解我们的有组织的反应。对有组织的习惯的这样一种分解，将把与构成固定习惯的不同冲动相应的所有对象带进知觉的领域。

从这样一种观点出发，我希望把自我所参与的社会行动看作一个完整的因素。就它通过自我刺激仅仅强调了某些反应而言（比如在鸟的求爱中那样），它并未引入新的动作原则。因为在这些例子中，自我并不是作为这样一个对象出现，即对它采取的态度被认为是对其他对象采取的，并且它受行动影响。当这个自我确实变成这样一个对象，像其他受到影响的对象一样接受改变和指导时，便出现一种超出于直接的冲动反应的行动方式，它既可以根据我们的各种动作倾向指导注意力的转换，从而令人信服地分析动作，又能提出各种反应结果的意象从而复现动作，而不是让它简单地参与对象的描绘或知觉。对活动作这种反思的指引，并非智能最初出现的形式，也并非其原始功能。它的最初功能，以婴儿为例，是有效地顺应它至今所依赖的小社会。儿童长期依赖情绪和情感态度。他何等迅速地顺应这种态度常常令人吃惊。他对面部表情的反应早于大多数刺激，并且他以自己的恰当表情作出回答，要早于作出我们认为有意义的反应。他加入这个世界，对于所谓"模仿的姿态"十分敏感，并且在适应他的社会环境中运用了他最初的智能。如果他生来便丧失会像影响他人一样影响他自身的有声姿态，而且这种损失没有及早通过原则上与有声的交流遵循相似程序的其他交流手段而得到一定补偿的话，他便被局限于以这种本能的方式顺应其周围的人，过一种很难说高于低等动物的生活，事实上，比那种生活还低，因为他不能像低等动物那样对周围自然界和社会作出各种各样本能的反应。如我们所见，在正常的儿童身上，有声的姿态在他自身唤起他的长辈的反应，由于这些反应对他自己父母般冲动的刺激以及对他后来的其他冲动的刺激，这些冲动以孩子气的形式开始在他的中枢神经系统成熟。这些冲动首先表现在语调上，以后表现在音素的结合上，而音素的结合成为有声的言语，就像学舌鸟的有声姿态一样。孩子由于他自己的冲动变成他自己的父母。导致他使用其周围的一般态度类型，不是通过直接模仿，而是由于在任何情境下他都要在自身唤起他在他人身上唤起的同样反应的倾向。当然，决定这些情境的社会不仅将决定他的直接回答，而且将决定他的回答在他自身唤起的成人反应。他最初在声音中、而后在玩耍中表现了这些，就此而言，他扮演了许多角色，让所有这些人对他讲话。很显然，由于玩耍，他使自己以后能从事成人的各种活动，而在原始人中间,这实际上便是他所受到的所有训练。不过他所做的远非这一点:他逐渐建立起一个确定的自我,成为他的世界中最重要的对象。作为一个对象,它最初是其他人对它采取的各种态度的反映。事实上,在这个初期阶段,幼儿常常以第三人称指称他自己的自我。当他扮演他周围那些人的角色时,他混合了所有他对之讲话的个人。以足够清楚的形式与生物学个体认同并赋予他一个鲜明的人格,我们称之为有了自我意识,这个过程是逐渐发生的。当这一步发生时,他使自己置于这样的地位,从这个所谓"有想象力的行动"使他扮演的角色的观点出发,评论他正在做的事和他想要做的事。就这些角色各不相同而言,这个任务有其不同方面,而他周围的对象域的不同成分突出出来,与他自己不同的冲动相应。如果还不能说他是在思维的话,他至少已具备了思考的机制。

有必要强调一下,儿童直接当下的生活与其自我在行为中的成长之间有很大距离。后者几乎是从外部加上去的。他可能被动地接受他周围群体派给他作为他自身的那个个体。这可迥然不同于热情自信的生物学个体,那个有爱有憎、能拥抱又能攻击的个体。他从来不是一个对象;他的生活是直接遭遇与行动的生活。同时,那个成长起来的自我与儿童扮演的那些角色一样实在。有关这个早期自我的有趣材料可在所谓"想象的伙伴"中找到,许多儿童公开表明有这样的伙伴，而实际上所有儿童都暗暗给自己提供这样的伙伴。当然，他们是儿童对自己的社会刺激的不完全的人格化反应，但是在儿童的玩耍生活中他们比不甚确定的氏族中的其他人具有更密切更持久的意义。当儿童完成他的社会圈子、对它作出反应、刺激自己作出该圈子内的动作时，他以某种方式完成了他的自我，所有这些玩耍活动可能都是指向这个自我的。这一完成表现在从早期玩耍形式过渡到游戏上。这种游戏可以是竞争性的，也可以是多少带戏剧性的，儿童作为一个始终保持其自身的确定个人参与这些游戏。他的兴趣从故事、童话、民间传说转变到连贯的叙述，他可能始终同情处于事件激流中的男女主角。这不仅包括一个从他周围人的眼光来看或多或少明确组织起来的自我（他采取了他们的态度），而且还包括这个作为对象的自我与他行动中的生物学个体在功能上的相互联系。现在，他的反应不再只是对他周围社会事件和物理事物的直接反应，而且是对这个自我的反应，它已成为一个越来越重要的对象。它由对其他人的社会反应构成，这主要是通过其他人的眼睛看的，因为他扮演了他们的角色。于是儿童开始把他自己看作一个玩耍伙伴，如果他要使其他儿童成为玩耍伙伴的话，他必须与他们分享玩具。这就迫使他看到玩具的其他特征，即它们直接引起他的玩耍冲动和占有冲动之外的特征。玩具成了一个混合对象；它不仅是表现他自己冲动的东西，而且是维系他的好朋友的东西。他的反应习惯得到重建，他成了理性的动物。当他周围的对象作为一个自我把自己强加给他的注意力，使他认识到对象的不同特征时，这种重建便不知不觉地发生了。不过，当自我有效地组织起来的时候，便提供了帮助儿童超出它所造的所有情境的方法。在生物学个体与自我之间产生了和谐的相互作用。所有呈现困难的行动都变成这种反思的形式。主体是生物学个体，从不登场，而自我顺应其社会环境，并通过该环境顺应整个世界，它是对象。诚然，在这两者的会话中，主体一会儿扮演这个角色，一会儿扮演那个角色。在以与另一个体讨论的形式进行的思想过程中我们对此很熟悉。很常见的是，某人把他想要对付的论点用鼓吹该论点的人之口说出。该学说的信奉者提供的这个论据出现在思想中；当某人对之作出回答时，他想要作出的答复引起下一个回答。但是尽管这声音是另一个人的声音，它却完全来自某人的自我，即被我称之为生物学个体的有组织的冲动群。是这个个体在动作，并且他注意着对象。他没有进入他自己的视野。但如我们所知，他能对他自己讲话并引起一种反应，就此而言，该自我及其反应确实成了一个对象。

有必要在此作出另一区分，因为经验是极端微妙的。在我们所考察的阶段即幼儿时期，他所扮演的他人的角色是未经认识地扮演的。儿童明白他对该角色的反应，但不明白他扮演的角色。只有以后复杂的内部经验才明白，看不见的

"主我"是扮演了什么角色登台的,并且通过一个必定是以后才出现的布景登台的。主体与客体之间相互作用的媒介是有声的姿态以及聚集在它周围的意象,不过这一有声的姿态只是社会动作的组成部分。它以某种公开的动作体现了对环境的顺应。然而,这一动作是通过姿态向自我表明的,而自我作为另一个社会存在通过它的各种姿态采取了各种反应态度,这便是我用动物行动描述过的姿态的会话。生物学个体即主体又对这一态度及其姿态作出回答;不过他的回答是对自我的回答,而自我的反应则不是针对主体而是针对他引起的那种态度所涉及的社会情境。表现在我们成人的思想里,这是我们头脑里的(我们想到的)想法及其与世界(我们作为对象属于这个世界)的关系之间的区别。它是儿童准备做的事和他因此而采取的态度。他着手做某事,而在该过程开始不久,他反对这种做法并采取了某种其他方针。在某种意义上,他通过与自我的会话试行这一任务。因而该生物学个体本质上与自我相互关联,而这两者构成儿童的人格。这种会话构成心灵的最初机制。这些姿态所发端的动作中包含的知觉材料和意象进入这一会话。特别是,由姿态所预示的关于动作结果的意象变得特别重要。如我们所知,这一意象在直接动作的条件下直接进入对象。面对两种相互竞争的活动,关于行动结果的这一意象与对象暂时分离,起着抑制作用并要求再调整。

我已指出过，从两种观点来看，意象会得到重视。意象是存在的，正如知觉存在一样；而且像知觉一样，意象可以根据它与生理有机体的关系来说明；但是，知觉主要表现了有机体及其对象域的直接联系，意象则体现了有机体与一个现在不存在的环境之间的顺应。如果意象同知觉的其他内容混淆，它就扩展膨胀了对象域。就它并未进入直接环境而言，它呈现了对本能的动物来说很少有用或无用的材料。它可能对它有用，就像对我们有用那样，看出即刻不可能察觉的对象；但是由于进入知觉域的对象与有组织的习惯相应，由于本能的动物不能重建它的天生习惯，意象很难发挥它在人的心灵中重建对象与习惯的作用。这后一种作用是意象扩充对象这一作用的发展。意象把通过距离感觉诸如视觉和听觉获得的内容放入对象，实际接近对象的触觉的内容将被显露。它在反思中的主要作用是提出不同路线的不同结果从而确定应遵循哪条行动路线。这一作用必然强调意象的内容，因为反应得取决于该过程的想象的结果。但是这种强调的含义超出了这一区别及其作用。它意味着明确确定意象的所在和身份，把它同对象的其他内容区分开来。我们已经看到，这种情况发生在过去与将来的构成中，通过这些向度发生在直接环境的延伸部分，超出了感官知觉的范围。但是在这个定位可能发生之前，意象还是悬而不定没有方向的；尤其是当过去和未来呈现较多的确定性时，没有立即找到合适地位的意象便需要一个栖居地，它被安置在心灵中。

按照一种行为主义心理学，说明反思的问题在于表明，在直接的行动中，由于不同的冲动而造成的注意力转移如何可能导致对对象的重组，从而使有组织的冲动之间的冲突可能被克服。我们刚才看到，进入对象结构中的意象，体现了有机体顺应现在不存在的环境的意象，可能有助于重构对象域。重要的是更充分地描述以有声姿态为媒介的个体的社会活动在此过程中发挥的作用。这类社会动作是合作地进行的，而有声的姿态有助于调整整个动作中不同个体对其他人的态度和动作所持的态度。孩子的哭声把母亲的注意力引向孩子所在的地方和他的需要的性质。母亲的反应把孩子的注意力引向母亲和他准备接受的帮助。敌对动物表示挑战的叫声和鸟儿表示求爱的声音起着类似的作用。这些姿态以及对它们的直接反应是以后要发生的共同活动的准备。人类个体通过他的姿态和他自己对该姿态的反应，使自己置身于他人的角色之中。因而他使自己置身于他要与之合作的个体的态度中。幼儿的行动得到大量指导，只有同其长辈的行动结合在一起才能进行；而且早期扮演他人角色的能力给予他们这一相互联系的活动所必需的顺应能力。各种禁令、戒律与相互冲突的倾向有关，而这些倾向按照个人的命令出现。当重新出现要做被禁止之事的冲动时，这些倾向作为意象重新出现。动物只会从禁地溜走，而孩子会扮演父母的角色重复该禁令。对于动物来说，进入对象会有危险，对于孩子则构成一个想象的舞台，因为他自己的社会态度在他自己的反应中唤起他人的社会态度。原来是一个连绵不断之流的一部分的东西，现在成为一个事件，它发生在规律遭到违反之前，或者说是符合规律的。

采取不同态度使对对象的分析成为可能。在孩子的角色中，该事物是一种直接需求的对象。它是非常吸引人的。使人注意的是，这个东西使人产生抓起它吃掉它的冲动。在父母的角色中，该对象是不许动的，要留到其他时间让其他人吃，拿了它便要受惩罚。孩子扮演他人的能力使他面对对象的完全不同的两种特性。该对象并未简单地引他上前或赶他离开，像它对训练有素的狗那样。用这一材料，孩子开始他的想象力创造：母亲发慈悲取消了禁令，或者当他吃掉该东西时躲过了人们的注意，或者在场的不同人物的活动中可能发生许许多多事情，使得那个吸引人的东西成为他的，而当人们看出那是不许动的东西时，不致给他带来可怕的结果。或者，更加讲究实际的孩子可能拿起它吃掉它，面对被惩罚的后果认为是值得的，因而以一种英雄的气概假装这两种相互冲突的特性是一致的，但仍抱着一线希望，希望发生意外的事，掩盖他的行为或改变原先的规定或其强制力。一句话，同情地采取他人的态度，使各种冲动发挥作用，引导人们注意在直接反应态度中被忽视的对象的特征。所采取的迥然不同的态度为重构对象域提供了材料，使得合作性的社会，动作能够经由该域进行，使有关的所有角色都得到满意的表现。凭借有声姿态的器官及其相关的机体装备，使这种分析和重建成为可能。在这个领域内，连续不断的经验之流根据导致某事件的可选择步骤被分成有序的段落，时间及其可以区分的时刻加入进来，可以说，包括变换场景和服饰所必需的间歇在内。某人不可能是另一个人而同时又是他自己，除非从一种由完全独立的成分组成的时间的观点来看。

认识幼儿反思行动的机制如何是完全社会性的，这一点很重要。理由之一是幼儿期的漫长，幼儿期漫长使依赖家庭群体的社会行动成为必需；理由之二则在有声的姿态上，有声的姿态刺激儿童像他人对他采取的动作那样对待他自己，从而使他处于这样的地位，从所有有关的人的观点出发面对他的问题，只要他能采取这些观点。但是，人们不能以为，儿童的这些社会态度意味着他的行动中存在着他采取其态度的那些人的完整人格。相反，他最终发现自己赋有的以及他在他人那里发现的完整人格，是自我与他人的结合。作为社会对象，儿童与之游戏的那些他人的轮廓是不确定的，其结构是模糊的。儿童的态度中清楚而确定的东西是两种角色即自我或他人的反应。儿童最初的生活是在某一范围内的社会活动，包括这种反思的刺激和反应，在这个范围内，无论社会的还是物理的对象都没有确定地出现。忽视这些过程的社会性是个大错，因为就人类而言，这种社会因素还伴随着可能的自我刺激的复杂性。在这个人对那个人作出反应时，姿态发挥了这样一种作用：它能像影响那个人那样也影响这个人本人。这种反应具有一种价值，是对对象的本能的或冲动的直接反应所不具有的，不管它们是其他生物还是纯粹的物理对象。

这样一种反应，即使带着只是隐约存在的自我反思，也必须同我们按现代科学态度对物理对象作出的反应更明确地区别开来。这样一个物理世界并不存在于人较早的不太复杂的经验之中。它是现代科学方法的产物。在天真的儿童或简单的人那里看不到这种反应。然而大多数心理学在论述儿童对周围所谓"物理对象"的反应经验时，仿佛这些对象对儿童的意义就像对成人的一样。原始人对其环境抱有不同态度，这一点有十分有趣的证据。原始人具有儿童的心灵，事实上，是幼儿的心灵。他根据社会行动看待其问题，在社会行动中存在着这种自我反省，它刚成为讨论的主题。儿童通过对其周围事物的社会反应来解决他的问题，从我们的观点来看这些问题完全是物理的问题，诸如运输的问题，搬动东西等等。这不只是由于他不是独立的，必须在婴幼期寻求周围人的帮助，而且，更重要的是，他的原始的反思过程，是一个通过合作性社会过程的有声姿态进行调停的过程。人类个体最初完全是社会地进行反思的。如我前面强调过的，这并不意味着自然和自然对象的人格化,而是说儿童对自然及其对象的反应是社会性反应,并且他的反应意味着自然对象的动作是社会性反应。换言之,只要幼儿经过反思对其物理环境作出动作,他动作时总好像物理环境在帮助他或妨碍他似的,他的反应是带着友好或愤怒的态度完成的。在我们复杂的经验中仍有这样一种态度的许多痕迹。也许最明显的表现是对无生物完全腐败所感到的恼怒,对我们经常使用的熟悉对象的钟爱,以及对自然的审美态度,后者乃是一切自然诗的源泉。这种态度与人格化态度之间的区别,是原始崇拜与以后的神话之间的区别,是玛那时期、原始形态的巫术时期与诸神时期之间的区别。这一阶段反思过程的本质在于,通过友好的或敌对的态度克服困难……[手稿]。

4. 伦理学片断[①]

(1) 按照我们有关自我的起源、发展、本性及结构的社会理论,我们有可能在社会的基础上建立一种伦理学理

[①] [参阅"哲学方法论浅议",载《哲学评论》,第9卷(1900年),第1页以下;"社会的自我",载《哲学杂志》,第10卷(1913年),第374页以下;"社会改革的基础与作用",载《芝加哥大学纪事》,第12卷(1908年),第108页以下;"伦理学的哲学基础",载《国际伦理学杂志》,第18卷(1908年),第311页以下;"科学方法与道德科学",载同上,第33卷(1923年),第229页以下;"从伦理的观点看博爱",载《理智的博爱》,埃尔斯沃思·法里斯等编(1930年)。]

论。例如，对康德的绝对命令，我们可以用这些术语从社会的角度予以说明、表述或解释，即给出其社会的对应物。

人是有理性的存在，是因为他是社会的存在。康德极其强调的判断的普遍性，产生于下述事实：我们采取了整个共同体的态度、一切有理性的存在的态度。我们通过与他人的关系而成为我们自己。因而，无论是从目的的内容（它与原始的冲动相应）来看，还是从它的形式来看，我们的目的必定是一种社会的目的。社会性使伦理判断具有普遍性，并且支持一种流行的说法：大家的意见是普遍的意见，即，所有能够理性地认识所处情境的人的一致意见。我们的判断其形式本身是社会的，因此，目的必定是一种社会的目的，无论从内容看还是从形式看。康德从个体具有理性这一假设出发研究普遍性，他说，如果个体的目的或他的动作的形式是普遍的，那么社会便可以出现。康德首先把个体看作是有理性的，是社会的一个条件；而我们则认为，不仅判断的形式是普遍的，其内容也是普遍的，目的本身可以普遍化。康德说，只能把形式普遍化；而我们则把目的本身普遍化。如果承认可以把目的本身普遍化，那么一种社会秩序便可以从这种社会的普遍的目的产生出来。

(2) 我们可以同意康德的观点："应当"事实上包含普遍性。如他所指出的，就为人准则而言确是如此。每当"应当"的要素参与进来，每当人的良知说话，总是采取这种普遍的形式。

只有有理性的存在可能给他的行动以普遍的形式。低等动物纯粹是随心所欲；它们追逐特定的目的，但它们不能给行动以普遍的形式。只有有理性的存在能够把他的行动及行动准则普遍化，而人具有这样的理性。当他以某种方式行动时，他愿意大家在同样条件下都以同样方式行动。在为自己辩护时，我们通常不就是这么声明的吗？当某人做了某件令人怀疑的事情时，他首先说的话不就是"谁在这种情况下都会这么做"吗？如果某人的行动遭到质问，他就是这样为自己辩护的；某人给受质疑行动提出的辩护理由是，那是一个普遍法则。这与行动的内容完全无关，因为某人可以确信，他正在做的事是他希望所有其他人在同样环境下做的事。己所不欲，勿施于人；就是说，对他人采取的行动，要像希望他人在同样条件下对自己所采取的行动一样。

(3) 一般说，当你欺骗其他人的时候，对于该行动原则的普遍化会取消该行动本身的真正价值。某人希望能偷东西而且还能把它们作为自己的财产保存下来；但是如果大家都偷，就不会有任何财产可言。只要把你的行动原则普遍化，看看你正试图做的那件事会带来什么结果。这种康德式的检验标准不是感情的检验标准而是理性的检验标准，它的确符合我们认为合乎道德的大量行动。它有其自身的价值。我们力图判定我们是否在使自己成为例外，或者说，我们是否愿意所有其他人都像我们正在做的那样行动。

如果某人想把下述原则作为他的行为准则：所有其他人都应该诚实地对待他，而他可以对所有人不诚实，那么他的这种态度就没有事实基础。他要求其他人诚实，但是如果他自己不诚实，他就不能提出这种要求。某人尊重他人的权利，便可以要求他人尊重他的权利；但我们不能向他人要求自己所不尊重的东西。这在实际上做不到。

然而，任何建设性的行动都超出了康德原则的范围。从康德的观点出发，人们假设那个标准存在；但是如果某人自身忽视它却指望其他人实践该标准，康德的原则将使他暴露出来。而在不存在标准的地方，它不会帮人作出判定。在必须作出重申和调整的地方，便有了行动的新情境；对某人的行动原则作简单推广也于事无补。正是在这一点上，康德的原则失了效。

康德原则所起的作用是告诉人们，在某些条件下某种行动是不道德的，但它并不告诉人们什么是合乎道德的行动。康德的绝对命令假设，只存在一种行动方式。如果是这样，则只有一条线路是可以普遍化的；于是对法则的尊重将成为以该方式行动的动机。但是如果人们假设存在可供选择的行动方式，人们便不能利用康德的动机来确定什么是正义的。

（4）康德和功利主义者都希望普遍化，使道德的存在成为普遍的。功利主义者说，这必定是最大多数人的最大的善；康德说，这种行动态度必定呈现为普遍法则的形式。我想指出在其他方面如此对立的这两个学派的这一共同态度：它们都认为一个合乎道德的行动必定在某个方面具有一种普遍性。如果你按照行动的结果来说明道德，那么你的这种说明是依据整个共同体的；如果从行动的态度来说，则必定是指对法则的尊重，而这种态度必定呈现为一种普遍法则、一种普遍准则的形式。两者都承认道德及普遍性，合乎道德的行动不只是私人的事。从一种道德观点看来是善的事情，在同样条件下必定对大家都是善。在功利主义和康德的学说中都可以看到对普遍性的这一要求。

(5) 如果人们像康德所希望的那样遵从绝对命令，每个人都会使他的行动成为一个普遍法则，于是这样的个体的结合会成为一个和谐的整体，由承认该道德法则的人们组成的社会会成为一个道德的社会。这样，康德使他的行动获得了一种内容；他的观点是，虽然不存在内容，但是通过把人作为他自身中的目的，从而把社会作为一个更高的目的，他引进了内容。

关于目的王国的这一幅图景很难同穆勒的学说区分开来，因为两者都把社会作为目的。它们都必须达到某种可能是普遍的目的。功利主义通过普遍的善、整个共同体的普遍幸福达到这一点；康德则是通过有理性的人即把合理性运用到行动形式上去的人的组织达到这一点。他们都不能用个体想望的对象来说明目的。

实际上，必须予以普遍化的是你所想望的对象，你要获得成功必须集中注意这个对象。必须予以普遍化的不仅是行动形式，而且包括行动的内容。

如果你认为你所想要的只是快乐，你就会有一种特殊的经历，一种在特定条件下所经验到的感受。但是如果你想望的是对象本身，你想望的是可赋予一种普遍形式的东西；如果你想望这样一个对象，那么这个动机本身可以和目的一样是合乎道德的。行动在动机和预期的目的之间造成的裂痕便消失了。

（6）存在着努力及成就与意志之间的关系问题，即行动结果是否同行动的道德有关的问题。人们的意向和态度中必定包含着目的。在行动的任何阶段，人们都可以考虑到目的而行动；并且可以在当即采取的步骤中体现该目的。

这便是怀有好意与持有正确意向之间的差别。当然，人们不可能在行动的最初几步便知道最后的结果，但是人们至少可以按照他所遇到的条件来说明该行动。

如果想要成功，人们必须通过实现某个目的所必需的步骤来关心该目的。在此意义上，结果存在于行动之中。一个采取一切步骤来实现某个结果的人在这些步骤中看到该结果。正是这一点使人成为合乎道德的或不合乎道德的，并把一个真正打算做他说他想做之事的人同一个仅仅"抱有好意"的人区别开来。

(7) 我们的所有冲动都是幸福的可能源泉；而且就它们得到自然的表达而言它们导致幸福。在合乎道德的行动中我们的满足将有快乐；不过目的存在于对象之中，而动机存在于针对这些对象的冲动之中。例如，当某人变得极端热衷于某件任务时，他便具有针对某些目的的冲动，而这些冲动成为他的行动的动机。我们把这些冲动与功利主义所承认的动机加以区别。他只承认一个动机：当欲望满足时产生的快感。我们用针对目的本身的冲动来取代那种动机并坚持认为这些冲动是道德行动的动机。

于是问题成为确定我们的行动应当针对哪种目的的问题。我们能够建立怎样一种标准？首先，我们的目的应当是本身值得想望的目的，即，确实使这些冲动得到表达和得到满足的目的。有些冲动仅仅导致瓦解，它们本身不值得想望。例如，我们的某些冲动表现在残酷的言行中。就它们本身而论并非是值得想望的，因为它们带来的结果是缩小、压制、剥夺我们的社会联系。就被涉及的其他人来说，它们还使其他个体受到伤害。

用杜威的话来说，合乎道德的冲动应当是那样的冲动，它们"不仅增强和扩展它们直接由之产生的动机，而且增强和扩展其他能带来幸福的倾向和态度"。[①]如果某人关心其

---

① [杜威与塔夫茨：《伦理学》（第1版），第284页。]

他人，他发现他的这种关心确实会增强那一动机并扩展其他动机。我们对人愈是关心，便愈对生活中一般的事感兴趣。个体身处的整个情境便呈现出新的趣味。同样，获得一种理智的动机能给人们最大的便利，因为它如此广泛地扩展兴趣。我们认为这样的目的特别重要。

因此，从冲动本身的观点看待幸福，我们可以这种方式建立一个标准：目的应当能增强动机，它将增强冲动并扩展其他冲动或动机。这便是我们提出的标准。

如果承认欲望是针对对象而不是针对快乐，我们便摆脱了功利主义和康德主义的限制。康德和功利主义者根本上都是享乐主义者，认为我们的倾向都是针对自己的主观状态——来自满足的快乐。如果那便是目的，我们的动机自然全是主观的事了。从康德的观点看，它们是恶，而从功利主义者的观点看，所有行动都是如此因而是中性的。但是根据本文的观点，如果对象本身较好，则该动机更好。动机可由目的来检验，根据是，目的是否增强冲动本身。

如果冲动增强其自身并扩展和表现其他的冲动，它们便是善。

（8）一切有价值的事是共同享有的经验。即使当一个人独处时，他知道他对自然的经验，对一本书的欣赏，我们可能认为纯属个体的那些经验，如果能与他人分享将会得到极大的增强。即使当一个人离群索居、生活在他自己的观念中的时候，实际上他是同那些思考过他正在思考的问题的其他人一起生活。他读书，回忆曾经有过的经验，设想他可能在其中生活的环境，其内容始终具有社会性。或者它可能成为宗教生活中的那些神秘经验——同上帝交流。宗教生活的概念本身便是一种社会性概念；它聚集在共同体的观点周围。

只有当你能把你自己的动机和你追求的实际目的与共同的善认同时，你才能达到道德的目的并获得合乎道德的幸福。因为人性本质上是社会性的，合乎道德的目的也必定是社会性的。

（9）如果我们从个体的冲动的观点来看待他，我们可以看到那些增强其自身、继续表现自己、唤起其他冲动的冲动会是善的；而那些不增强自身的冲动导致不希望的结果，那些使其他动机减弱的冲动本身是恶的。如果我们现在看着行动的目的而不是冲动本身，我们发现那些使自我成为一个社会的人的目的是善的。我们的道德观集中在我们的社会行动上。作为社会的人，我们是合乎道德的人。一边是使自我成为可能的社会，而另一边是使一个高度组织化的社会成为可能的自我。这两者在道德行动中彼此符合。

在我们的反思性行为中，我们总是重建我们直接所属的社会。我们采取某些确定的态度，这些态度涉及与他人的关系。在那些关系改变的范围里，社会本身也改变了。我们不停地重建。关系到重建的问题，只有一个基本要求：所有有关的利益都必须考虑进去。一个人应当考虑到所有有关的利益来行动：我们可称之为"绝对命令"。

我们无疑与自己的利益认同。一个人由他自己的利益构成；当那些利益受挫时，所要求的是这个狭隘的自我在某种意义上的牺牲。这会导致一个较大的自我的发展，这个自我可以同其他人的利益认同。我想，我们大家都认为一个人必须准备承认其他人的利益，甚至在它们与自己的利益相抵触的时候，不过这样做的人并非真正牺牲他自己，而是成为一个较大的自我。

（10）群体从旧的标准向新的标准前进；从道德的观点看，重要的是这个进步是通过个体、通过一种新型的个体发生的。这种新型个体以过去的个体从未表现过的方式表现自己。希伯来人中的先知和希腊人中的智者便是例证。我想强调的是，这种新型个体是作为一种不同的社会秩序的代表出现的。他并非只是作为一个特定的个体出现；他表现出自己属于一种应当取代旧社会秩序的另一种社会秩序。他是一种新的、更高的秩序的成员。当然，有些渐进变化的发生没有个体的反作用。但是道德变化是通过个体自身的动作发生的变化。他成了把旧秩序改造成一种新秩序的工具、手段。

"什么是正确的"出现在个体的经验中：他参与改变社会秩序；他是改变习惯的工具。因为这个原因，先知成为非常重要的人，因为他代表着那种意识，使人们决定改变关于什么是正确的概念。通过问什么是正确的，我们处于同一情境，并由此促进共同体道德意识的发展。在个体的经验中，价值观相冲突；他的职能是表达不同的价值观并帮助制定比以往有过的标准更加令人满意的标准。

(11) 当我们接触到什么是正确的这个问题，我们能够建立的惟一检验标准是，我已说过，我们是否考虑到所有相关的利益。重要的是，有关人的一切利益都应当考虑到。但是他只能考虑与他的问题有关的利益。科学家必须考虑所有的事实，但是他只考虑与当下的问题有关的那些事实。一个科学家试图弄清获得性特征是否能遗传，他不必考虑相对性事实，而只需考虑适用于他的问题的那些事实。道德问题涉及某些相互冲突的利益。所有那些与冲突有关的利益都必须考虑。

在道德判断中，我们必须提出一个社会假说，而且人们绝不可能仅从自己的观点出发来做到这一点。我们必须从某一社会情境的观点来看待它。这个假说是我们提出的，正如先知提出一个共同体概念使得所有人皆成为兄弟一样。要问什么是最好的假说，我们能作的惟一回答是，它必须考虑到所有有关的利益。我们很容易忽视某些与我们自己的利益抵触的利益而强调那些与我们休戚与共的利益。

我们不能事先订下应当做什么的固定规则。我们可以弄清楚实际问题中包含哪些价值并根据它们合理地行动。这是我们对所有人提出的所有要求。当我们反对某人的行动时，我们说他没能认识这些价值，或者虽然承认这些价值但没有根据它们合理地行动。这是伦理学所能提出的惟一方法。科学不可能告诉我们事实将会是什么，而只能提供一种研究方法：承认属于该问题的一切事实，使得该假说成为一个一致的、合理的假说。我们不可能告诉某人他的行动应采取何种形式，正如我们不可能告诉科学家他的事实将是什么一样。道德行动必须考虑所有有关的价值，而且它必须是合理的，这便是我们所能说的一切。

（12）伦理学能够提出的惟一规则是，个体应当合理地对待在某个具体问题中发现的所有价值。这并非是说，当人们研究一个问题时必须把所有的社会价值都摊在他面前。问题本身规定着价值。这是一个特定的问题，有某些利益是明确地涉及的；个体应当考虑所有那些利益然后制定一个行动计划，它将合理地对待那些利益。这是伦理学能给个体提供的惟一方法。最重要的是，人们必须明确在特定情境下存在哪些利益。人们必须能公正地看待它们。我们觉得，人们很容易对它们采取一种自私的态度。我已指出过，自私的问题乃是维护一个与较大的自我相对立的狭隘的自我。我们的社会是由我们的社会利益建成的。我们的社会关系构成自我。但是当直接的利益与我们还未认识的其他利益冲突时，我们往往忽视了其他的利益而只考虑那些直接的利益。困难在于使自己承认其他的更广泛的利益，然后把它们与更直接的利益建立某种合理的联系。这样有可能犯错误，但错误不是罪过。

（13）一个人必须保持他的自尊，而且他可能必须与整个社会相对抗以维护这种自尊。但是他是从一个他认为比现存社会更高更好的社会的观点出发才这样做的。对于道德行动来说两个方面都是必不可少的，即应当有一个社会组织并且个体应当维护他自己。把那些一方面构成社会一方面构成个体的所有利益都考虑进去的方法是伦理学的方法。

乔治·赫伯特·米德著作表

(按年代顺序排列)

1. 评 K. 拉斯威兹的《现代唯能论的认识批判意义》，载《心理学评论》，第 1 卷 (1894 年)，第 210—213 页。

2. 摘要."拉斯威兹先生论能量与认识论"，载同上，第 172—175 页。

3. 评 C. L. 摩根的《比较心理学导论》，载《心理学评论》，第 2 卷 (1895 年)，第 399—402 页。

4. 摘要."从生理学观点出发的情绪理论"，载同上，第 162—164 页。

5. 摘要."希腊哲学的某些特征"，载《芝加哥大学纪事》，第 1 卷 (1896—1897 年)，第 42 页。

6. "游戏与教育的关系"，载同上，第 140—145 页。

7. 评勒邦的《社会主义心理学》，载《美国社会学杂志》，第 5 卷 (1899 年)，第 404—412 页。

8. "社会改革的有效前提"，载同上，第 367—371 页。

9. "哲学方法论浅议",载《哲学评论》,第9卷(1900年),第1—17页。

10. "精神现象定义",载《芝加哥大学十年纪念刊》,第3卷(1903年),第77—112页。

11. "父母联想的基础",载《小学教师》,第4卷(1903—1904年),第337—346页。

12. "意象或感觉",载《哲学杂志》,第1卷(1904年),第604—607页。

13. "心理学与哲学的关系",载《心理学通报》,第1卷(1904年),第375—391页。

14. 评D. 德勒吉切斯库的《社会决定论中人的作用》,以及《决定论问题,生物学决定论与社会决定论》,载《心理学通报》,第2卷(1905年),第399—405页。

15. "大学科学教育",载《科学》,第24卷(1906年),第390—397页。

16. "冯特论神话与宗教中的想象",载《心理学通报》,第3卷(1906年),第393—399页。

17. "中学科学",载《学校评论》,第14卷(1906年),第237—249页。

18. "编者按语",载同上,第15卷(1907年),第160、164页。

19. 评J. 亚当斯的《和平新理想》,载《美国社会学杂志》,第13卷（1907年），第121—128页。

20. "论动物的知觉",载《心理学评论》,第14卷（1907年），第383—390页。

21. 摘要。"模仿与动物知觉论的关系",载《心理学通报》,第4卷（1907年），第210—211页。

22. "论芝加哥公立学校的教育状况",载《城市俱乐部通报》,第1卷（1907—1908年），第131—138页。

23. "工业教育和商业学校",载《小学教师》,第8卷（1907—1908年），第402—406页。

24. "《小学教师》的编辑方针",载同上,第281—284页。

25. "伦理学的哲学基础",载《国际伦理学杂志》,第18卷（1908年），第311—323页。

26. "社会改革的基础与作用",载《芝加哥大学纪事》,第12卷（1908年），第108—110页。

27. "贸易学校的教育局面",载《工会劳工鼓动》,第8卷,第7号（1908年），第19—20页。

28. "工业教育、劳动者与学校",载《小学教师》,第9卷（1908—1909年），第369—383页。

29. "论小学历史问题",载同上,第433页。

30. "学校中的品行训练",载同上,第327—328页。

31. "与生理心理学对应的社会心理学",载《心理学通报》，第 6 卷（1909 年），第 401—408 页。

32. "心理学须以哪些社会对象为前提？"载《哲学杂志》，第 7 卷（1910 年），第 174—180 页。

33. "社会意识与对意义的意识"，载《心理学通报》，第 7 卷（1910 年），第 397—405 页。

34. "教育中蕴含的社会意识心理学"，载《科学》，第 31 卷（1910 年），第 688—693 页。

35. 评 B. M. 小安德森的《社会价值，经济理论研究》，载《心理学通报》，第 8 卷（1911 年），第 432—436 页。

36. 评沃纳·菲特的《个人主义：意识对社会关系的意义四讲》，载《心理学通报》，第 8 卷（1911 年），第 323—328 页。

37. "论夜间劳动"，载《城市俱乐部通报》，第 5 卷（1912 年），第 214—215 页。

38. "城市俱乐部委员会关于公共教育的展览"，载同上，第 9 页。

39. "社会意识的机制"，载《哲学杂志》，第 9 卷（1912 年），第 401—406 页。

40. "芝加哥等市职业训练报告"，由城市俱乐部的一个委员会提交，乔治·H. 米德为主席（芝加哥市俱乐部，1912 年），第 315 页以下。贾德的评论载《小学教师》，第

13 卷（1912—1913 年），第 248—249 页。

41. "社会的自我"，载《哲学杂志》，第 10 卷（1913 年），第 374—380 页。

42. "学校质询委员会和一位女教育发言人"，载《考察》，第 31 卷（1913—1914 年），第 443—444 页。

43. "国际主义的心理基础"，载同上，第 33 卷（1914—1915 年），第 604—607 页。

44. "自然权利与政治制度理论"，载《哲学杂志》，第 12 卷（1915 年），第 141—155 页。

45. "麦迪逊：大学参加 1914 年国家政治鼓动的通道；Wm. H. 艾伦及其工作班子所作的考察以及 1915 年的立法斗争，并由此表明州立大学在社会中所占据的地位"，载《考察》，第 35 卷（1915—1916 年），第 349—351、354—361 页。

46. "打碎镜子：答辩"，载同上，第 607、610 页。

47. "霍克西教授与共同体"，载《芝加哥大学校刊》，第 9 卷（1916—1917 年），第 114—117 页。

48. 《征服兵役者》，小册子第 33 号，"爱国主义教育丛书"，由国家安全联盟发行，纽约市，1917 年。

49. "乔赛亚·罗伊斯——我的印象"，载《国际伦理学杂志》，第 27 卷（1917 年），第 168—170 页。

50. "科学方法与个体思想家"，载《创造性智力》（纽约，1917 年），第 176—227 页。

51. 评 E. 艾博特与 S. P. 布雷肯里奇的《芝加哥公立学校的旷课与缺席现象》，载《考察》，第 38 卷（1917 年），第 369—370 页。

52. "刑罚正义心理学"，载《美国社会学杂志》，第 23 卷（1917—1918 年），第 577—602 页。

53. "退职演说"，载《城市俱乐部通报》，第 13 卷（1920 年），第 94 页。

54. "对表意符号的行为主义说明"，载《哲学杂志》，第 19 卷（1922 年），第 157—163 页。

55. "科学方法与道德科学"，载《国际伦理学杂志》，第 33 卷（1923 年），第 229—247 页。

56. "自我的发生与社会控制"，载同上，第 35 卷（1924—1925 年），第 251—277 页。

57. "透视的客观现实"，载《第 6 届国际哲学大会会议录》（1926 年），第 75—85 页。重刊于《当代哲学》（芝加哥，1932 年），见第 67 号。

58. "审美经验的本性"，载《国际伦理学杂志》，第 36 卷（1926 年），第 382—392 页。

59. "实用主义真理论"，载《真理本性研究》，《加利福尼亚大学哲学书目》，第 11 卷（1929 年），第 65—88 页。

60. "过去的本性"，载《约翰·杜威纪念文集》（纽约，1929年），第235—242页。

61. "国家观念与世界观念"，载《国际伦理学杂志》，第39卷(1929年)，第385—407页。

62. "贝克莱主教及其预言"，载《哲学杂志》，第26卷(1929年)，第421—430页。

63. "库利对美国社会思想的贡献"，载《美国社会学杂志》，第35卷(1929—1930年)，第693—706页。

64. "罗伊斯、詹姆斯、杜威的哲学及其美国背景"，载《国际伦理学杂志》，第40卷（1930年），第211—231页。亦见与人合作的《约翰·杜威其人及其哲学》(马萨诸塞州，1930年)，第75—105页。

65. "从伦理的观点看博爱"，载《理智的博爱》，法里斯、莱恩、多德编(芝加哥：芝加哥大学出版社，1930年)，第133—148页。

66. "A. W. 摩尔博士的哲学"，载《芝加哥大学纪事》，新系列，第17卷(1931年)，第47—49页。

67. 《当代哲学》，保罗·卡洛斯基金会讲演集，第3卷(芝加哥欧彭考特出版公司，1932年)，刊有阿瑟·E·墨菲的导言和约翰·杜威的前言。导言、前言40页，正文195页。

68. "约翰·杜威的哲学"，即将发表在《国际伦理学杂志》，第46卷(1936年)。

译后记

乔治·赫伯特·米德（1863—1931）是20世纪的一位重要思想家，曾是美国实用主义的带头人之一，也是当代社会心理学的创始人之一。但是不同于许多著作等身的思想家，米德生前没有出版过一本著作，其影响主要是在课堂上。在米德去世之后，他的学生根据课堂记录和他的部分手稿编辑出版了《当代哲学》（1932年）、《心灵、自我与社会》（1934年）、《19世纪思想运动》（1936年）、《行动哲学》（1938年）等著作，在50—60年代又有几种版本的《米德选集》问世。随着这些著作的出版，米德在思想界的影响日益扩大，特别是自60年代末以来，不少学者像发掘被长期埋没的珍宝那样，从不同理论观点出发对他的思想进行了不同侧面的研究。但在中国，米德还较少为人所知。这里呈献给读者的，是米德著作的第一个中译本。

《心灵、自我与社会》是米德讲授社会心理学30年的记录，体现了其社会心理学体系的基本轮廓，可以代表其最重要的社会科学研究成果，尤其是其最著名的贡献即"符号互动论"。关于全书内容，编者莫里斯已在长篇导言中作了颇为详尽的评述；他为全书各篇章所加的大小标题，也为读者把握这些内容提供了比较清晰的参考线索，因此，笔者不准备在此赘述其丰富内容，但有必要概略地提一下米德最基本的理论观点和研究方法。

1. 社会行为主义是米德社会心理学体系的基本立场

莫里斯用米德偶然用过的一个词即"社会行为主义"来标示米德的整个心理学体系，这个做法后来遭到一些人的非议，认为很失策，一方面使米德的学说仅仅被看作行为主义的一个变种而为各种行为主义所排斥，另一方面又使反对行为主义的人失去对米德学说的兴趣。但是，综观米德的社会心理学体系，应当说，社会行为主义这个提法大体上还是准确的，是符合米德本人的思想的。米德始终如一地坚持的行为主义基本观点是，不应当根据人的意识来解释人的行为，而应当根据人的行为来解释人的意识。米德与华生的行为主义有相同之处，即认为心理学应当研究行为的来龙去脉，而不是研究独立存在的心灵。米德与华生又有区别，华生完全摒弃个体的内在经验，在研究行为时绝不考虑心灵之类的概念；而米德则不否定意识是人的经验的内在方面，不否定心理现象或精神现象是心理学现象，而是认为心理活动可以从人的行为背景中加以考察。米德与一般行为主义最大的区别在于，他反对还原论的倾向，反对把现象还原为最简单的行为单位，反对把经验等同于反应。米德认为，人，不仅仅是动物中的一种，人不同于其他动物之处，在于有意识地组织经验。他力图说明社会行为与个体对物理环境的反应之间的区别，主张从较广泛的社会交往的观点出发来论述经验。个人机体的行为乃是某种社会行动的一个组成部分，社会行动要作为整个过程来理解，而不能理解成个别特殊刺激和反应的累加。米德力图从这一基本立场出发，对行为的情境因素从其具体的总体上作更为仔细的研究。

2. 从进化的观点出发，论述人的心灵、自我如何从社会背景中产生和发展，是米德社会心理学体系的基本内容

生物进化论是 19 世纪的重大发现，它给同时代人带来强大影响，使进化发展成为一切理论思考的基本框架。米德正是以进化论为依托，以"突现"概念为中心，打开用行为主义论述人的内部经验的大门的。

在米德之前的社会心理学领域内，没有人完全地解释过心灵及自我如何从行为中产生，人们把心灵自我的实存作为社会过程发生的先决条件，而且未能对心灵及自我的机制作出分析。米德的贡献在于，论证作为心理意识活动的人的心灵与自我完全是社会的产物；而语言，为它们的出现提供了机制。

生物个体转变为具有心灵的有机体，形成具有自我意识的人格，是通过语言这个媒介而发生或突现的，而语言，是进化的产物。生物个体参与社会性动作，把各自动作的初期阶段用作姿态，即用作完成该动作的指导。这种姿态在动物身上已经出现。但符号或姿态必须成为表意的符号或姿态，才能产生语言，生物个体才能有意识地交流自己。有声的姿态能在自我和他人身上唤起同一反应，为意义交流提供必不可少的共同内容。因而有声的姿态乃是语言以及各种衍生的符号体系的实际源泉，也是"心灵"的源泉。心灵是在社会过程中，在社会性相互作用这个经验母体中通过语言而产生出来的。只有人类能够从姿态会话的水平进到表意的语言符号的水平，从而获得心灵或意识。

凭借语言这个媒介，具有心灵的有机体能够成为其自身的对象，而这种能力恰恰是"自我"的独特品性。这种能力是在"角色扮演"中发现的。自我的发展经过玩耍阶段和游戏阶段这两个阶段。在玩耍阶段，儿童挨个扮演以各种方式进入他生活的人或动物，通过有声姿态的自我刺激作用而采取他人的态度；而在游戏中，他扮演参与共同活动的任何一个他人的角色，他已经泛化了角色扮演的态度，或者说，采取了"泛化的他人"的态度。所有他人的态度组织起来并被一个人的自我所接受，便构成了作为自我的一个方面的"客我"，与之相对应的方面则是"主我"，主我和客我的统一便是完整的自我。

总之，支撑着米德对心灵、自我的独特分析的基本思想是意识的突现进化。米德特别强调意识的两个概念。其一，意识并不是从外部加给动物的一种孤立的实体，而是有机体和环境在发展进化途中相互作用的结果。意识是一种机能，它代表着具有感受性的有机体以及与之相联系的环境。其二，意识指的是人类有机体活动的一种性质，这种活动不能简单地混同于生理或行为单位。他把人的具有理性归之于某种行为，即个体采取他人的态度，个体置身于他所属的整个群体态度中的行为。

3. 有机体与环境、个体与社会的相互作用是米德社会心理学体系的基本轴线

米德的论述以合作群体为逻辑起点，从一个客观的社会过程开始，借助于语言把社会交流过程输入个体内部，然后个体把社会行动化为自己的行动。他强调个体的心灵、自我以及相关的思维活动取决于他所参与的社会行为，但他并非把个体完全统摄于社会之中，在他那里，个体与社会始终是相互作用的。

米德的"社会"概念与"泛化的他人"紧紧联系在一起。社会不是一种客观实体，而是相互作用的框架，它以自我和心灵的本性为前提。由于自我只能从社会过程中产生，社会是自我能从中产生的泛化的背景；而随着具有心灵与自

我的生物个体的出现，初始意义上的社会也发生了变化，接受了人类社会所特有的组织形式。社会制度乃是一套特殊的相互联系的角色，一个制度便是一套群体或社会的行为的组织形式。

米德关于自我的基本结构即主我与客我的分析，最典型地体现了个体与社会、主体与客体之间的相互作用。当然，这种相互作用已经内在化了，内在化于一个人的自我之中了。所谓"客我"，指自我的关于他人对自我的形象的心理表象，或在原始水平上，指自我对他人对自我的期望的内在化。客我作为他人在自我内部的积淀，作为自我的一种参照标准，是一种对自发冲动结构的评价因素，也是自我的正在出现的自我形象的因素之一。客我代表自我的被动性、社会性一面。而"主我"则代表自我的主动性、生物性的一面，主我是动作的原则，冲动的原则，创造性的原则。主我和客我共同构成一个出现在社会经验中的人。如果说客我是循规蹈矩、因循守旧的一面，它是始终存在的；主我的可能性则属于实际上正在发生正在进行的事情，它是人的经验中最迷人的部分，人们不断寻求的便是这一自我的实现。主我以其行动改变社会的结构，一般人只能带来细微的变化，而具有伟大心灵和杰出才能的人则可能带来巨大的变化。

4. 客观相对主义是米德全部学说的哲学基础

米德关于心灵、自我与社会的概念分析形成一个完整的逻辑体系，在这个体系的展开过程中，动作的符号性和互动性起了关键的作用，因此人们把他的社会心理学简称为"符号互动论"。但符号互动不仅是社会心理学，也是一般哲学，也可以用到认识论、伦理学等领域。

在米德看来，从笛卡儿以来的哲学史，便是试图避免传统的意识和对象的二元论，避开由笛卡儿式错误问题造成的两难困境。关键在于改变认识论问题的超验的思路，使它成为发生的，把它与人体、人的实践活动、人的主体间性联系起来，从意识、对象尚未分离的地方开始其认识论。米德认为，有机体的环境之所以存在，是由有机体而造成的，是相对于有机体而存在的。他并不否认物理的东西先于科学、先于人的认识而存在，但认为在经验上，物理的东西是从社会对象派生出来的，处于从社会派生出来的经验层次上。认识，无论是人类历史中人的认识的发展，还是单个生命中个体心理的发展，都是有机体和环境相互作用的结果。某些东西是可以食用的，但这只是相对于某一消化系统而言的。经验到的世界是一个自然事件的王国，它是通过有机体的感受性而出现的，这些事件跟观察到的东西一样并不为有机体所有，但是对象的性质跟一个进行条件作用的有机体相关。这就是米德全部学说的哲学基础：客观相对主义。

在伦理学上，米德同样持有这种客观相对主义：价值是一个对象能够满足一种利益的特征。米德说，对于功利主义伦理学来讲，只有一个单一的不变的行动动机即趋乐避苦，善便是最大限度地满足这一愿望的行为。康德的伦理学则是一种周密彻底的信念伦理学，决定道德品性的不是行为的结果，而是行为由之产生的意图，良知和意志自主是合理建设社会的前提。这两种伦理学的缺陷其实是互补的，根源都在对行为的错误看法，人为地把行为的动机和目的分离开来。米德的价值概念是其行为理论基本框架的产物。评价是主体与客体、有机体与环境之间"互动"的结果。价值关系实际上是客观地存在于主体和客体之间的关系。伦理的普遍性只能以社会性为基础，只有通过人的角色扮演能力的普遍性来实现。一个社会的道德价值，要看它在多大程度上使其成员通过理性的程序达到一致，使不同制度通过交流而接受改变。一个社会如果具有这些特征，便是民主的社会。

米德的社会心理学体系具有丰富的内容，蕴含着许多深刻见解，因而在当年讲课过程中便产生了很大影响；在其著作整理出版之后更引起广泛的注意。他关于人类自身如何出现在社会相互作用过程中的论述，是对社会心理学乃至一般哲学理论的最重要贡献，使他成为在有社会学背景的社会心理学家的传统中被引证最多的核心人物，被奉为著名的"符号互动学派"的创始人，与弗洛伊德、勒温、斯金纳并称为当代社会心理学大师。

当然，对任何一种理论，人们都可以提出不同的评价，米德的思想也受到过许多批评。从社会心理学的角度来看，对米德最强烈的抨击恐怕是说他不算社会科学家，特别是在科学实证主义占统治地位的情况下。米德以哲学家为业，在表述基本概念时，往往采取繁琐的哲学论证形式。而且他的论述注重过程和整体，忽视结构的分析。尽管他不厌其烦，反复解释，总还没能把所谈的经验性事物讲清楚。他的符号互动论还存在许多有待解决的问题。例如，社会心理现象的性质究竟是什么？经验性研究应集中寻找的关键性结构是什么？什么是捕捉社会过程的本质的最有效工具？决定论的模式是否适用于人类行动？等等。而人们最主要的批评是说，符号互动论的思想无法加以验证。实际上，米德提出了一个一般的哲学方法，而不是一个科学的理论，他所强调的相互作用，为建立科学理论留下了丰富的材料，但其中心假设不适于实验检验。

从哲学的角度看，由于米德没有明确提出一种体系性的学说，由于他的学说中常常糅合了多种哲学传统，人们往往只从他对社会心理学作出贡献的角度肯定他的哲学活动，只注意他的哲学的折衷特点，直到近期才在多种新的意义上重新发掘他的哲学思想。实际上，在米德生活的时代，哲学、心理学、社会学和自然科学的分工尚处于初始阶段，作为社会科学家和哲学家的米德是一身而二任。他的社会心理学体系呈现较多的哲学色彩，而他的哲学观点则通过对心理学概念的论述体现出来，这正是他的理论特色，也是他所处时期学科发展状况的自然反映。这就要说到米德的生平及思想渊源。

米德1863年生于美国马萨诸塞州的南哈特莱，其父是当地的公理会牧师。米德7岁时，全家迁往俄亥俄州的奥伯林，父亲当上了奥伯林学院的布道学教授。米德1879年考入奥伯林学院，就读期间对自己从小被灌输的神学观点提出质疑，这是他思想上的一次革命。他说自己1882年春天"从独断论沉睡中"醒来，在哲学上作了第一次独立的努力，反对苏格兰哲学的狭隘枯燥，寄希望于康德及康德以后的德国唯心主义。1887年进哈佛大学开始研究生学习。选择这所大学是由于该大学思想解放，由于新黑格尔主义哲学家罗伊斯对他的强大吸引力。但是他又不满意哲学家对问题纯思辨的论述，不满意哲学的远离科学和社会问题。1888年，米德选择了生理心理学，试图走出概念的解释而达到新的知识。1888、1889年的冬季，他在莱比锡大学学习冯特的实验心理学。但由于语言困难，只能听些哲学课程，其中包括冯特的"形而上学基础"。一个学期后，米德转到柏林，成为狄尔泰、埃宾豪斯、泡尔生和施莫勒的学生，这使他直接了解到解释心理学与描述心理学两派的激烈论争。但他所关注的只是如何运用自然科学的方法，从人类的起源和发展来分析人类心灵。1891年他受聘于密歇根大学，开设生理心理学、哲学史、康德与进化论等课程，第一次试图提出进化论对心理学的意义，并把有机体与环境的关系作为心理学研究的基本模型。这时他发现需要对自己的观点作基本的理论的澄清，他希望通过对黑格尔思想的彻底研究达到这种澄清。1894年，米德成为芝加哥大学哲学和心理学系助理教授，从此开始了在那里长达近40年的执教生涯。其间曾任哲学系主任。他在芝加哥大学最后10年对社会学系的影响使该系享有"米德的前哨"之称。

在米德的学术生涯中，他不断汲取了哲学、社会学、心理学、自然科学中的许多研究成果。从科学上说，达尔文的进化论和爱因斯坦的相对论无疑有着决定性的影响；从心理学上说，塔尔德、鲍德温、吉丁斯、库利、冯特的研究成果对他克服个体主义心理学都有帮助，尤其是库利的"镜面自我"和冯特的"姿态"概念（这个方面从《心灵、自我与社会》一书的第一部分可以清楚看出）；而从哲学上说，德国哲学传统尤其是黑格尔理念主义和美国文化氛围尤其是实用主义起了极为重要的作用。

黑格尔被认为是思辨的进化论的先驱，他的哲学是一种过程的哲学、发生的哲学、整体形成的哲学，米德认为黑格尔把他从新教徒缺乏创见的狭隘的个人主义假设中解放了出来。米德自己说过，他经历了一个黑格尔主义阶段。他从黑格尔理念主义中获得了思想上的解放，为哲学寻找更科学的基础，偏重从生物学和社会的角度看问题。黑格尔努力摆脱主体与客体、物与心、神与人的二元论，对米德有很大影响。黑格尔的"客观精神"表明，承认人类个体的心理生活取决于文化结构，取决于人类行为的客观化。米德赞成布拉德雷关于个体的非个体主义概念，起源于黑格尔。米德希望非还原论的心理学会为他的自我形成观念提供理论支撑，实现这一计划的途径是黑格尔主义方法。虽然米德在思想成熟过程中放弃了许多黑格尔哲学的具体内容，但他的符号互动论明显留有黑格尔的思想风格。自我和他人构成一种辩证关系，从中诞生出新的自我意识。从这个过程中生出越来越多的广阔的可能性。

在哲学上，米德是个实用主义者。他是芝加哥学派的带头人之一。这个学派哲学的精髓便是对过程的关注。他们强调人类行为和目的在经验、知识和意义中的重要性。他们把思想看成不断发展中的行动的组成部分。全部生活都涉及行动，行动是自然而然出现并依照目标组织起来的，这些目标在不断的调整再调整的过程中自生自变。米德的社会心理学始终贯穿着这种精神。

米德被认为是与皮尔士、詹姆斯、杜威齐名的实用主义者。他们的观点则是有同亦有异。米德与皮尔士的观点客观上有一致之处，但没有受皮尔士的直接影响。皮尔士曾提出，人的自我概念不是直觉的，而是通过人对错误的经验发展起来的。米德则以其姿态理论，对自我如何从社会互动中产生作了详细说明。皮尔士的指号理论对米德的表意符号的影响也是间接的。米德对詹姆斯的主观主义真理论保持距离，对其心理学概念也保持距离。他有时也用詹姆斯的概念，诸如"主我"、"客我"、"自我"，但表达的意思不同。在詹姆斯那里，"客我"是作为意识对象的个体，而"主我"则是具有意识的个体。詹姆斯只是划出了心理学研究的范围，米德是要发现心理现象的客观性和普遍性。米德和杜威是多年的密友，他们之间的影响是相互的。米德关于有机体与环境、个体与社会的连续性的思想，与杜威的经验自然主义同出一辙。米德承认杜威是实用主义领导人，杜威则承认米德在社会心理学方面的特殊影响，并声称自己极大地受惠于米德的哲学。

如果说，过去人们一般更熟悉詹姆斯和杜威的学说的话，那么，在今天美国实用主义复兴的背景下，倒是米德和皮尔士的理论更受青睐一些。人们对米德哲学的重新关注和多方向研究涉及不同的学科，诸如社会学、社会心理学、认知社会学、社会语言学、形而上学、符号理论、主体间性理论等；研究者来自不同学派，包括从神学、现象学、解释学、人类文化学等角度进行的考察研究。从当今的理论热点出发，人们从不同侧面探讨米德的观点及其思想史关联，其中好几条思路的研究都集中在符号论和主客体之间的辩证法上。这些问题其实也是历史唯物主义理论研究所密切关注的问题。

同历史唯物主义已经得出的理论成果相比，不难指出米德学说的某些局限性。由于他的实用主义的基本立场，虽然他指出人的社会行为与动物的本能行为有重大差别，并把说明这种差别作为自己的研究课题，但实际上没能真正说明这种差别；他所说的社会群体，是完全抽象的东西，抽去了其构成特征和性质差别；他把任何两个或两个以上的有机体的关系或共同活动都称之为社会，并举格斗、竞赛、家庭关系为例来说明社会行为，却不提社会活动中最为重要的物质生产活动；他试图说明人类交往的机制，但只是对人类特征逐渐显示的过程作了逻辑的重建，而没有提出一种完整的包括生物学条件在内的人类学理论。不过，对于深化和推进历史唯物主义的研究来说，更有积极意义的倒是，历史地具体地看待这一学说，汲取其合理因素，发掘其中值得进一步探讨的思路，从新的途径和新的视野努力解决人们曾经提出但尚未完满解决的问题，如个体与社会之间的关系，主体与客体（包括主体与主体）之间的关系，语言与劳动的关系，经济基础与社会运动之间的关系等问题，使社会科学理论得到进一步丰富和发展。

本书从列选到翻译得到复旦大学刘放桐先生多次关心和鼓励；美国夏威夷大学泰尔斯（J. Tiles）教授给我寄来米德研究专家约阿斯（H. Joas）的新著，使我了解国际上研究米德的一些情况，在此深表谢意。由于学力精力所限，这个译本定有许多不足之处，敬请学术界读书界的师友们教正。

赵月瑟

图书在版编目(CIP)数据

心灵、自我与社会/(美)米德(George H. Mead)
著;赵月瑟译.—上海:上海译文出版社,2018.4 (2023.7重印)
(译文经典)
书名原文:Mind, Self and Society
ISBN 978-7-5327-7713-6

Ⅰ.①心… Ⅱ.①米…②赵… Ⅲ.①社会心理学—研究 Ⅳ.①C912.6

中国版本图书馆 CIP 数据核字(2017)第 317208 号

George H. Mead
MIND, SELF AND SOCIETY
The University of Chicago Press, 1962
根据美国芝加哥大学 1962 年版译出

心灵、自我与社会
[美]乔治·H.米德 著 赵月瑟 译
责任编辑/常剑心 装帧设计/张志全工作室
上海译文出版社有限公司出版、发行
网址:www.yiwen.com.cn
201101 上海市闵行区号景路159弄B座
江阴市机关印刷服务有限公司印刷

开本 787×1092 1/32 印张 15.75 插页 5 字数 271,000
2018 年 4 月第 1 版 2023年 7 月第 6 次印刷
印数:13,001—15,000 册

ISBN 978-7-5327-7713-6/B·446
定价:68.00 元

本书中文简体字专有出版权归本社独家所有,非经本社同意不得连载、摘编或复制
如有质量问题,请与承印厂质量科联系。T:0510-86688678